对我们中的许多人而言，马克斯·韦伯都像是一名哲学家。用一种特定的职业或学科来界定这样一位伟人，是不合适的。如果他的确是一名哲学家，那么他或许是我们时代唯一的一位。这名哲学家不同于今天我们看到的那些哲学家。他的哲学存在超出了我们此刻所能理解的范围……在他的人格中，整个的时代，以及它的变动和不确定性，都得以充分地体现。他代表着这个时代；在最为实质的意义上，他就是这个时代……透过韦伯，我们看到了一名存在主义哲学家的化身。其他人在本质上都只是知晓他们的个人命运，而在他广袤的心灵世界中，整个时代的命运在不断奔涌……他的存在使得我们发现，甚至在今日，精神依旧能够以最高秩序的形式来存在。

——卡尔·雅斯贝斯

（《1920年7月17日在韦伯追思会上的谈话》）

自韦伯以来，还没有一个人对社会科学的基本问题投入了那么多的智慧、精力以及几乎是狂热的献身精神。无论他可能犯了什么错误，他都是这个世纪当之无愧的最伟大的社会科学家。

——列奥·施特劳斯

（《自然权利与历史》）

中西之间
马克斯·韦伯的比较法律社会史

赖骏楠 / 著

复旦大学出版社

Preface
前言

本书的形成是一个稍显拖沓但或许不失意义的过程。在完成与韦伯有关的博士论文(2014年夏)后,我逐渐转向了对清代和民初法律史的经验研究。做此转变的原因,首先是想弥补我自认为的自己研究经历上的某些缺憾。我自本科论文以来,就长期从事带有后殖民主义色彩的话语分析研究,以及中西近代的法律思想史研究。这方面的部分成果,曾以《国际法与晚清中国:文本、事件与政治》一书(上海人民出版社2015年版)问世,并获得学界的肯定和鼓励。可惜在从事这些研究后,自己内心却多少有些"发虚":作为一名身处中国的法律史学者,如果缺少对中国古代或近代现实中的法律制度及其实践的深入、扎实的研究,不仅会使自己的研究经历不完整,而且可能会使思想史或理论研究本身的品质受到局限。抱着试试看的心态,我结合档案材料,并借鉴社会经济史学的一些洞见,开始了对清代以来私法史、财税法史乃至宪法史的研究,并涉及地权、地方精英、国家建设等拓展维度。

从事法律史经验研究的另一个原因,与我在博士求学期间的韦伯研究经历直接相关。在梳理韦伯作品时,我极其强烈地感受到这名伟大的欧洲学者身上必然带有的、极其明显的欧洲/西方中心主义倾向。他的选题设定、研究过程和理论命题,均受到这种倾向的支配。在中国法律史领域,韦伯的这种倾向集中体现在他有关中国古代法乃是"非理性"的"卡迪司法"这一论断上,并由此引起激烈的争议乃至批判。然而,我自己也越来越强烈地体会到,将"欧洲中心主义"或"东方主义"这类标签贴给韦伯,然后就置之不理的做法("因为他政治不正确,所以他的书不用读了"),更像是一种学术上的偷懒。韦伯所设定的问题域,如"中国古代司法是否依法审判""中国古代司法是否具有合理性或可预见性"之类问题,依然需要更丰富、更全面又更专业化的档案研究(尤其是对民商事审断的研究)来予以解答。除了在事实层面回答韦伯设定的那些具体问题,这些经验研究还能够与韦伯理论本身展开更为有效的理论-经验对话,并有望生成更具包容性的法律与社会理论。最后,当扎实的经验研究、深刻的理论思辨,以及这两者的交融和对话均完成后,我们或许可以重新拾起那些不再是那么欧洲中心主义的新的理论视野、思路和概念,来启发未来的中国法律史研究。因此,在近年来的经验研究过程中,我也在不断地反思这些半理论、半经验的问题,并始终与韦伯理论本身反复纠缠,乃至搏斗。

在从事了对清代法律史更为经验性的研究后,我终于感觉自己能够以更足的底气和韦伯展开对话,也逐渐能够更心平气和地对待他的理论。我发现我一方面能够从思想史的内在脉络出发,去分析韦伯作品中种种欧洲中心主义问题的具体发生机制,另一方面也能借助自己的经验研究(包括档案研究)以及学界同人相关的丰硕成果,与韦伯理论展开更有意义的对话,并对这一理论做出修正,以期形成对中西历史经验都更具解释力的理论和概念。本书就是这些思考的较为成熟的结晶。从博士论文答辩到本书最终出版,经历了九年的时间,也经历了研究取向上的一个大弯。但我相信,所有这些沉淀和投入都是值得的。

本书有部分内容曾经发表,但也有相当部分是首次与读者相见。某些章的主体内容曾以论文形式发表于《开放时代》(第三章)、《中外法学》(第四章)、《清华法治论衡》(第六章)和《清华法学》(第七章)。不过在收入本书时,为了对问题意识、语言文字和体例结构予以统一,我也对相应内容做了一定修改。本书的第一章导论、第二章、第五章和第八章结论,均为首次出版。无论新旧,我相信这些章节目前已构成一个整体,符合专著的要求。

  由于需要感谢的对象委实太多,在此只能以不具名方式表达我的真诚想法。我一如既往地感谢我在学术成长过程中有幸结识的、来自各个领域的全部师友和同事。没有学术共同体的帮助,本书这种跨学科性质的研究几乎不可能完成。感谢可爱的同学们,你们居然愿意选修我那些奇奇怪怪的法律史和比较法课程,并坚持到期末。这也让我坚信,在任何时代和环境下,总会有些人愿意静下来读几本有趣而无用的书。还要感谢复旦大学出版社编辑团队的辛勤工作,本书那些复杂烦琐的中外文注释想必让你们头疼不已。最后要感谢我的全部家人,没有你们的宽容,我不可能坚持如此奢侈的人文社科基础研究。

赖骏楠

2023年5月

对注释、文献和翻译等问题的说明

（1）出于尊重和鼓励学术本土化的目的，本书在引用韦伯作品时，原则上使用相应中译本，尤其是广西师范大学出版社的"韦伯作品集"系列译本（由我国台湾学者翻译，所以亦可称为"台译本"）。

（2）鉴于台译本在语言表述上与大陆当代汉语表述有一定差异，并出于统一全书术语和专有名词的目的，本书在引用韦伯作品各中译本时，有时会参照德语原著对译文稍作调整。这方面还请读者注意，也恳请相应译者理解和原谅。本书引用的所有韦伯作品中译本所对应的德语原著，均可在本书"参考文献"部分查找。

（3）本书所引用的某些韦伯作品尚无中译本，此时直接引用德语原著，并由我本人翻译。

（4）本书第五章由于涉及对韦伯支配社会学不同版本作品的仔细对比研究，所以此处对韦伯作品的引用，尽量采取了"德语原著/中译本"这一较为烦琐的双语注释模式。

（5）为照顾中文读者的史观和语言习惯，本书对韦伯所处时代及韦伯所描述的其时代各种现象，原则上界定为"近代"和"近代"现象。但在具体论述中，也会根据语境进行微调，有时会使用"现代"字样，如"现代性"（modernity）这种高度抽象、既能覆盖韦伯时代又能覆盖当代的理论术语。

本书作者

Contents
目录

第一章　导论 — 001

　　第一节　马克斯·韦伯的"核心问题" — 001

　　第二节　合理化命题 — 010

　　第三节　在东方主义批判中"找回"思想史 — 019

　　第四节　比较法律社会理论/史学：批判与重构 — 024

第二章　普遍历史：从中国古代（法）到西方近代（法） — 028

　　第一节　"普遍历史"的历史 — 030

　　第二节　韦伯思想中普遍历史观的形成 — 034

　　第三节　普遍法律史的可能性：开端与终点 — 044

　　小　结 — 047

第三章　来自东方的不和谐因素：家产官僚制与中国法　－049

第一节　家产官僚制：理论建构　－050

第二节　家产官僚制：中国案例　－057

第三节　中国法律在韦伯作品中的"归宿"：实质非理性　－063

小　结　－066

第四章　近代资本主义的内部撕裂：私法中的二元对立　－069

第一节　概念重构："形式/实质"　－072

第二节　命题重构：法律与资本主义　－087

小　结　－101

第五章　在近代政治中发现非理性：大众民主与卡理斯玛　－104

第一节　"支配的三种类型"　－108

第二节　韦伯支配社会学中对近代政治的表述　－111

第三节　韦伯"政治理论"之重温　－125

小　结　－143

第六章　调和非理性:"领袖民主"宪制设计 －145

　　第一节　议会主义"领袖民主制" －147

　　第二节　凯撒主义"领袖民主制" －155

　　第三节　"领袖民主制":对韦伯与施米特主张的初步比较 －167

　　小　结 －173

第七章　延续未竟的事业:韦伯理论与清代法的对话 －176

　　第一节　前人所做对话:家产官僚制下的清代政治与法律 －178

　　第二节　家产官僚制对国家法的影响 －181

　　第三节　家产官僚制对社会-法律齐平化的影响 －193

　　第四节　家产官僚制下的市场、习惯与法律 －202

　　小　结 －216

第八章　结论 －218

参考文献 －223

第一章
导　论

第一节　马克斯·韦伯的"核心问题"

马克斯·韦伯(1864—1920)不曾死去。他活在现代社会科学之中：长久以来，他无疑被社会学和政治科学领域的专家均视作学科鼻祖之一。他也活在战后的法律理论之中：他有关法律思维之类型的概念体系启发了无数法学理论领域的思考者。他还活在各种区域研究之中：他对于世界各主要文明之宗教、经济、政治和法律的评价——无论这些评价本身为正面还是负面——都迫使相应的历史学家做出回应。他甚至活在数代人的哲学思考当中：其"知识学"(Wissenschaftslehre)或方法论作品中所体现的世界观意涵，其"理念型"的建构模式，都不断吸引哲学家做着一次又一次澄清的尝试。这一切都促使雷蒙·阿隆(Raymond Aron)感叹到：相比于埃米尔·涂尔干或维尔弗雷多·帕累托，只有韦伯还是"我们的同时代人"，而人们对前两人的理论作品已经"不太感兴趣"了。[①] 阿隆在上世纪60年代发出的这声感叹，依旧可以用来描述新世纪学者的心态。韦伯依旧活在卷帙浩繁的韦伯研究文献之中。韦伯仍在不断敲打我们，始终活在我们时代，甚至与我们

---

① ［法］雷蒙·阿隆：《社会学主要思潮》，葛智强等译，北京：华夏出版社，2000，第379页。

各个学科、各个问题意识并行。

马克斯·韦伯却也暧昧不明。他思考着他的时代和我们的时代所须共同面对的问题,但他的答案却消散在他自己凌乱的文本和后人歧见百出的诠释当中。韦伯在面对近代资本主义、近代政治(以官僚制为代表)、近代法律(以形式合理性法律为代表)乃至近代人(以目的合理性为行动取向)时所展现出的态度和情感始终充满张力。或许也正是这种张力,导致"破解韦伯代码"显得更加魅力无穷。学者们时而将韦伯诠释成近代社会的乐观拥护者,时而又将其奉为现代性悲剧结局的伟大先知。而无论何种诠释,都能够在韦伯自身的文本中找到证据。人们甚至对韦伯本人的具体政治倾向也曾争论不已:沃尔夫冈·蒙森(Wolfgang J. Mommsen)声称韦伯是一名民族主义乃至帝国主义者,而亲身聆听过韦伯教诲的卡尔·勒文斯坦(Karl Löwenstein)则急着为一个自由主义的韦伯"验明正身",但随后伊尔泽·德隆伯格(Ilse Dronberger)又发现韦伯是一个"保守主义者"。①

或许,要摆脱这种韦伯诠释的庞杂局面,有必要获致一种对于韦伯的总体性理解,一种对韦伯"核心问题"的明确意识。对这一"核心问题"的发掘,也正是数代韦伯专家辛勤工作的关键动力。正如威廉·亨尼斯(Wilhelm Hennis)——他也针对韦伯的"核心问题"提出过充满魅力的理解方案——所言,"任何关注韦伯的人,都无法逃离如下印象,即在这些不朽的探索中,有着一个贯穿始终的问题……这个问题使得对这些作品的统一性建构成为可能"。② 因此,借助若干最具代表性的有关韦伯"核心问题"的经典诠释,并

---

① 参见 Wolfgang J. Mommsen, *Max Weber and German Politics, 1890 – 1920*, Michael S. Steinberg (trans.), Chicago; London: The University of Chicago Press, 1990; Karl Loewenstein, *Max Weber's Political Ideas in the Perspective of Our Time*, Richard and Clara Winston (trans.), Amherst: University of Massachusetts Press, 1966; Ilse Dronberger, *The Political Thought of Max Weber: In Quest of Statesmanship*, New York: Appleton-Century-Crofts, 1971.
② Wilhelm Hennis, *Max Weber: Essays in Reconstruction*, Keith Tribe (trans.), London: Allen and Unwin, 1988, pp. 22 – 23.

结合对韦伯自身作品的更透彻理解,来重构出韦伯毕生所关注的"问题"乃至"命题",或许不无裨益。①

首先我们必须让勒维特(Karl Löwith)出场。早在1932年,他就曾尝试以最清晰的笔调来点明韦伯的核心关注。在他看来,和马克思一样,韦伯毕生所关注的议题是:面对着资本主义这股巨大的历史力量,近代人的命运和自由将何去何从?② 与马克思使用明显带有否定意味的"异化"一词来描述资本主义的做法不同,韦伯选择了更为"中性"的词汇:"合理化"(Rationalisierung)。人类历史体现为一部在精神生活和外在生活中逐步合理化的历史,然而合理化本身却在发展过程中制造出非理性。这种非理性就是人对于合理性"铁笼"的依赖和屈服。而这种"铁笼"又最为明显地体现在遍布政治和经济领域的近代官僚制中。这迫使韦伯去思考近代人在这种语境中的"自由"问题。与马克思主张发动革命以实现彻底自由的做法相反,韦伯认定:合理化是一股无法阻挡、近乎宿命般的潮流,因而对人类自由的任何思索和捍卫也只能在这一合理化的框架内来展开。最终,韦伯开出的药方,是在官僚制的顶端召唤"领袖政治家"和"领袖企业家",亦即实施"领袖民主制"。在韦伯看来,只有通过这些"人类英雄",才有可能在一个"专家没有精神,享乐者没有心肝"的彻底合理化的世界中,在"此处或彼处采取行动……以打破某些局部的'奴役'之笼"。③ 不受任何制约的、彻底的

---

① 我在此处所呈现的并非严格意义上的"文献综述",而是撷取若干具备典范意义的韦伯诠释,来服务于导论部分对韦伯"核心问题"的思考和澄清。在我看来,如果缺少清晰的问题意识,如果缺少对相应学术史不同脉络的准确把握,如果不能对现有研究成果的各种成就和不足予以准确的界定,并在此基础上澄清自己的研究所能做出的哪怕是微不足道的新贡献,那么,这种纯粹机械式的堆积人名和书名做法终是意义甚微。当然,读者若想对20世纪欧美学界的韦伯研究获致一个较为完整和清晰的了解,可参见顾忠华所著之兼具文献扎实度与脉络清晰性的梳理(顾忠华:《韦伯学说》,桂林:广西师范大学出版社,2004,第3—70页)。另外,本书每章所讨论的具体议题的学术史,也会在各章的开头部分予以简要交代。
② Karl Löwith, *Max Weber and Karl Marx*, Hans Fantel (trans.), London: Routledge, 1993, p.43.
③ Ibid., p.78.

自由是无从实现的,人类注定只能生存在对合理化世界之认可和以局部方式捍卫个人自由的反潮流之间的紧张性之中。①

弗雷德里希·藤布鲁克(Friedrich H. Tenbruck)对韦伯"主题统一性"的关注也不容忽视。在一篇发表于1975年的论文中,藤布鲁克认定,解读韦伯的关键,在于合理化这一概念和过程。而藤氏重构下的合理化进程,又进一步被清晰地划分成两个阶段。其一是从古代宗教发展到新教伦理的"除魅"(Entzauberung)过程,其二则是随后由科学、经济和政治等新中介所带动的合理化的最终阶段:"近代化"(modernization)。② 在第一个阶段,亦即"除魅"时代,正是宗教担当着合理化之重任。在藤布鲁克看来,"韦伯的重大发现,在于各种历史片段中所呈现的合理化都起源于一种内在逻辑的冲动,这种冲动内在于宗教理念之合理化这种无可阻挡的动力"。③ 藤布鲁克进一步主张,理解韦伯关于宗教"除魅"过程之思路的关键,在于其宗教社会学中的如下三篇文章:《世界诸宗教之经济伦理——导论》(Die Wirtschaftsethik der Weltreligionen. Einleitung)、《世界诸宗教之经济伦理——中间考察》(Die Wirtschaftsethik der Weltreligionen. Zwischenbetrachtung)和《宗教社会学文集——前言》(Gesammelte Aufsätze zur Religionssoziologie. Vorbemerkung)。这三篇文章被认定为韦伯对其核心关注的最终独白。借助这些作品,藤布鲁克梳理出(他所认定的)韦伯所试图展现的合理化的普遍历史。在宗教这一驱动力牵引之下的合理化历史进程,可以简洁地表述如下:最初人类运用巫术来理解和适应周遭世界,随后诉诸非日常性的卡理斯玛来摆脱日常的苦难;再随后人们尝试发展出有关苦难与幸运的"神义论",从而能够以一种

---

① Karl Löwith, *Max Weber and Karl Marx*, Hans Fantel (trans.), London: Routledge, 1993, p.77.
② Friedrich H. Tenbruck, "The Problem of Thematic Unity in the Works of Max Weber", M. S. Whimster (trans.), in Keith Tribe (ed.), *Reading Weber*, London; New York: Routledge, 1989, p.52.
③ Ibid., p.56.

更为合理和系统的方式来解释现实世界中的遭遇;最终,一种人格化的、伦理性的(乃至一神教的)"神观"诞生了,世间的苦难被解释成全知全能的神对人们在日常生活中违背其所指示的伦理戒律的惩罚,这促使宗教教义和人的日常生活的双重(伦理)合理化,而这正是"除魅"历程中的里程碑事件。如果还原至具体历史事实中,那么该历程的第一步正是古犹太教(尤其是古代以色列先知的贡献),而最后一步正是释放出资本主义全部力量的新教伦理。①

尽管施路赫特(Wolfgang Schluchter)在局部观点上未必赞同藤布鲁克,然而他在韦伯诠释上的根本立场依旧与后者保持一致。在《理性化的矛盾》(1976)一文中,他主张,理性主义或合理化问题,是"观察韦伯立场的中心"。② 他也同样将韦伯的宗教社会学视作理解韦伯所描述的合理化进程的关键文本,而这些文本包含了"针对'理性化'阶段所构想的一个尚未成熟的理论"。而施路赫特本人所从事的工作,便是在韦伯作品的基础上完善这个"进化"理论。③ 他将人类合理化进程的各步骤重构如下:(1)"拒斥现世"的宗教,这包括印度教和犹太-基督教;(2)从"拒斥现世"的宗教发展而来的"支配现世"的宗教,包括天主教和基督新教在内;(3)科学的"支配现世"阶段。只有西方世界进展到合理化的最高阶段,亦即以科学的理性主义取代宗教的理性主义。④ 然而,正是在这一"历史的终结"之处,却产生了潜在的悖论:世界越是被彻底"除魅",就越是丧失其"意义"。而且,在这个已遭除魅的世界中,逃遁往救赎宗教来寻求"意义",已不再可能。另一方面,彻底

---

① Friedrich H. Tenbruck, "The Problem of Thematic Unity in the Works of Max Weber", M. S. Whimster (trans.), in Keith Tribe (ed.), *Reading Weber*, London; New York: Routledge, 1989, pp.62-74.
② [德]施路赫特:《理性化与官僚化:对韦伯之研究与诠释》,顾忠华译,桂林:广西师范大学出版社,2004,第4页。
③ 同上书,第12—13页。
④ 参见同上书,第13—47页。

地适应科学化的世界,并最终接受目的合理性的彻底宰制,同样也是一种逃避和犬儒的策略。施路赫特认为,韦伯最终寻找到的解决之道是责任伦理,这种有关人类行动的伦理"追求着在道德合宜性以及效率之间视各种情况的先决条件而加以权衡,以取得两者间充满着张力的平衡"。① 只有在这种伦理的指引下,近代人才有可能在冲突的价值之间,以及在冲突的价值立场与现实之间凭借理智做出判断和决策,并"自行发展操纵及支配自己行为的意义中心"。②

亨尼斯的主张则与"合理化命题"的提倡者针锋相对。在上世纪80年代,他借助一连串的论文展开对藤布鲁克等人的反驳。在《马克斯·韦伯的"核心问题"》(1982)一文中,他首度提出:自韦伯踏入学术舞台之始,他的各种研究自始至终呈现出一种"人类学-性格学"(anthropological-characterological)的特色,而其所关注的根本问题便是"人之特性的发展"(the development of Menschtum)。更确切地说,在亨尼斯看来,韦伯尤其关注如下问题:近代职业人和专家人的"生活样式"(die Lebensführung der Berufs-und Fachmenschen)以及这种近代人的命运问题。③ 在《马克斯·韦伯的主题:"人格与生活秩序"》(1984)一文中,亨尼斯将其对韦伯作品的思考予以更为清晰的展现。他在此处主张,对韦伯全部作品的理解,可以划分为三个层次。首先是社会科学"实然"层面的研究。亨尼斯认为,韦伯大量经验研究中的核心思维方式,在于"人"与各种"生活秩序"(或"生活领域")之间的关系乃至张力:某种特定类型的"人"(容克贵族、农民、资产阶级、工人、近代公民)往往与历史上出现的特定类型的"生活秩序"(庄园制、资本主义、民族国家)存在着"选择性亲缘关系","人"与"秩序"在这种"亲缘关系"中相互影响,但历史上(尤其

---

① [德]施路赫特:《理性化与官僚化:对韦伯之研究与诠释》,顾忠华译,桂林:广西师范大学出版社,2004,第52页。
② 同上书,第52—53页。
③ 参见 Wilhelm Hennis, *Max Weber: Essays in Reconstruction*, Keith Tribe (trans.), London: Allen and Unwin, 1988, pp. 21–61。

是前现代)的"人"始终未曾彻底丧失其在"秩序"中的自主性。在第二个层次上,对"人与秩序"问题的理解也可以从"应然"层面展开,亦即从对近代社会秩序的批判层面展开。匿名的、非人格的近代资本主义已经彻底吞噬了"人"的自主性空间。面对这种不带人格属性、不具感情的"机器",传统的伦理批判以及传统的以自主"生活样式"来决定命运的道路,都已经不再可能。因此,面对"秩序","人"的尊严岌岌可危。第三个层次则涉及一种整体性的"人格"在近代社会是否可能的问题。复数的、分裂的各种近代"生活秩序",导致近代人"心灵"的复数化与分裂化,"文化人"(Kulturmensch)的理想也最终只能成为过往云烟。①

总体而言,在上述所有韦伯诠释中,以最为清晰和精确的语言点明韦伯的核心问题意识的,依旧是勒维特的作品。勒维特的诠释兼顾了韦伯问题意识的两面:合理化及其后果(在其作品中体现为人的自由受到威胁)。他也清楚地意识到,韦伯并未给这两面之间的冲突找到一个"终局性"解决方案,在合理性与人的自由之间包含着潜在的永恒紧张性。当然,由于勒维特的作品是对韦伯和马克思思想的比较研究,所以他无法将重心完全集中于韦伯。这导致该作品对作为一个整体的韦伯宗教社会学缺乏关注:在阐述合理化的进程时,勒维特只引用了《新教伦理与资本主义精神》。然而,正如之后其他学者的研究所显示的,包括《儒教与道教》《印度教与佛教》和《古犹太教》等作品在内的整个宗教社会学研究,正是理解韦伯合理化命题的关键所在。此外,尽管近代人的命运无疑是韦伯面对高度合理化世界而心生的核心担忧之一(而勒维特本人也正是站在哲学家的高度将韦伯思想的这一面向勾勒得淋漓尽致),但它并非韦伯唯一的关切。作为一个生活在19世纪后期和20世纪初期的德国思想家,韦伯针对合理化命运尚且有着其他不容忽视的关注或忧虑,这尤其体现在其"政治理论"和"政治著作"当中(这也

---

① 参见 Wilhelm Hennis, *Max Weber: Essays in Reconstruction*, Keith Tribe (trans.), London: Allen and Unwin, 1988, pp.62-104。

将是本书的研究对象之一)。

藤布鲁克的成就在于以其论文展现出韦伯思想中的关键维度,亦即合理化的"普遍历史"。然而,他将合理化明确地划分为两个阶段、且将此二阶段分别命名为"除魅"和"近代化"的做法,却无法在韦伯作品中找到充分的文本依据。一方面,韦伯将其自身所处时代依旧界定为"除魅"的时代。① 另一方面,韦伯更是几乎从未使用过"近代化"这一术语。另外,藤布鲁克对《经济与社会》这一作品的相对忽视(他甚至曾主张"告别《经济与社会》"),则导致其对韦伯在该巨著中明确提及的合理化命题构想视而不见。② 要彻底理解韦伯的合理化命题以及该命题在各个"生活领域"的展开,便不能脱离《经济与社会》这一尽管异常破碎但却无法舍弃的文本。最后,最大的问题在于,由于藤布鲁克将解读重心始终置于合理化命题和过程本身之上,所以他也就未能如勒维特那样充分注意到这种合理化所可能造成的负面后果。这无疑是藤氏作品的重大遗憾。

施路赫特的贡献在于,结合韦伯宗教社会学的所有实质研究(而不仅是藤布鲁克所钟情的那三篇"关键"文章),对合理化命题做出了血肉丰满的重构。然而,身为德语世界中韦伯专家的施路赫特,在其作品中总是(或许是不由自主地)展现出一种对韦伯思想进行"解经"或"润滑"处理的倾向。通过对"责任伦理"创造性的解读,并通过赋予此概念韦伯自己或许都未曾料到的重大角色,施路赫特对韦伯思想中的近代世界"意义"和近代人"命运"问题进行了明显过于圆融的解释,以致反而掩盖了韦伯思维中某些原本不可调和的张力。

---

① 韦伯在《以学术为业》中关于"我们的时代"遭遇"除魅"之命运的著名表述,参见[德]马克斯·韦伯:《学术作为一种志业》,载[德]马克斯·韦伯:《学术与政治》,钱永祥等译,桂林:广西师范大学出版社,2004,第 190 页。
② 韦伯在《经济与社会》的第一章,亦即"社会学基本概念"之中,就明确写到:对"合理化"的"概念分析"留待"结论部分!"(德语原著中即为感叹号),参见[德]马克斯·韦伯:《社会学的基本概念》,顾忠华译,桂林:广西师范大学出版社,2005,第 41 页。

亨尼斯的作品尽管极富启发性和挑战性，但却依旧只是在有限意义上拓展了勒维特的韦伯诠释中的一个面向。合理化以及合理化背景下人之命运这两种问题意识之间的关系，近似于同一硬币之两面那种相互依存状态。亨尼斯着力于解读韦伯的"人类学"，因此也就相对忽视了这种"人类学"关怀之所以产生的理论和现实缘起：合理化。另外，尽管亨尼斯不断强调韦伯对近代"职业人与专家人"的生存状态忧心忡忡，他却未能清晰地展现韦伯心目中"应然"层面的"人之图像"。亨尼斯时而暗示韦伯所欣赏的"人之图像"是一种"古典-政治"的类型，时而借韦伯的语句暗示这种"古典"的"政治人"必须有着"威严、激情和伟大行动"，时而又主张韦伯所钟情的"人之类型"是一种有着完整人格和心灵的"文化人"。① 然而，对所有这些语词，他都没有展开充分论述。由于未能厘清韦伯笔下那个拥有"自由"与"尊严"之人的确切形象，所以亨尼斯未能充分地描绘这一形象与近代人之实际生存状态之间的冲突，也未能去追寻韦伯可能提出的解决此一冲突的方案，从而使他关于韦伯"核心问题"的讨论流于破碎，乃至在一定程度上成为空泛口号。

韦伯的核心研究选题无疑是合理化。无论是在其宗教社会学还是在《经济与社会》中，其所探究的主题始终是合理化的历史过程及其在各个生活领域中的具体呈现形态。韦伯甚至在价值判断的层面上也倾向于这个概念。这种价值倾向体现在韦伯对作为一种高度合理化的"生活样式"的新教伦理的赞叹上，也体现在对古代人"生活样式"合理化道路具有里程碑意义之事件——古犹太教先知的诞生——的钦慕上。② 在韦伯一生的研究历程

---

① Wilhelm Hennis, *Max Weber: Essays in Reconstruction*, Keith Tribe (trans.), London: Allen and Unwin, 1988, p.57, p.58, p.69, p.101.
② 参见［德］马克斯·韦伯:《新教伦理与资本主义精神》，康乐、简惠美译，桂林：广西师范大学出版社，2007，第73—146页;［德］马克斯·韦伯:《古犹太教》，康乐、简惠美译，桂林：广西师范大学出版社，2007，第356—418页。施特劳斯也正是在这一点上嘲讽韦伯未能在其宗教社会学研究中坚守"价值中立"立场，参见［美］列奥·施特劳斯:《自然权利与历史》，彭刚译，北京：生活·读书·新知三联书店，2003，第53—54页。

中,合理化和资本主义这类概念更是起着"价值关联"的作用。否则,难以想象韦伯竟会以如此巨大的热忱和能量,投入到宗教之合理化及其对人类"生活样式"之影响这类议题中,也难以想象韦伯会在《经济与社会》中对经济、法律与政治领域内的各种合理化阶段和形态进行近乎决疑论式的详尽探讨。如果韦伯将"人的自由和尊严的缺失"或者"单向度的人"这类议题置于优先地位,那么他本不该去创作《新教伦理与资本主义精神》(下文或简称《新教伦理》)。相反,他大可以写出诸如《理性人批判》《合理性"铁笼"批判》《工业社会批判》这类作品。韦伯不属于马克思主义、批判社会理论或后现代主义阵营。韦伯始终是一名现代性理论家。

当然,将韦伯的核心问题乃至根本价值取向界定在合理化一面,并不是要否认如下事实:作为其所处时代中最为清明的学术人格,韦伯无疑在诸多层面清醒地意识到了合理性乃至现代性所引发的问题和悖论,并进而对此深感忧虑。而本书的任务之一,也正是要考察一系列韦伯作品所展示的近代生活各领域中,体现或暗含的现代性困局,以及韦伯对这些困局的焦虑心态乃至最终选择。不过,在进入这一正式主题之前,我们首先需要以适当篇幅对韦伯作品中的合理化或合理性概念本身,以及韦伯所描绘的合理化历史进程做一清晰而又简要的叙述,并以此作为本书的根本理论背景。

第二节 合理化命题

(一)韦伯作品中的"合理性"概念

合理化的最终目标即合理性(Rationalität)。[①] 因此,理解韦伯的合理化

[①] 我之所以将 Rationaliät 译为"合理性",是为了将其与 Vernunft(reason)概念相区别,后者在本书中将被译成"理性"。此外,在本书中,Rationalisierung(rationalization)一般译作"合理化",而 Rationalismus(rationalism)一般译作"理性主义"。

命题,不能脱离对合理性概念的理解。不过,韦伯并未对合理性概念本身提供一个通用的定义,而是在不同作品中对不同领域和层次上的合理性分别予以界定。合理性既可存在于人的思考和行动之中,也可存在于客观世界的各种社会秩序之中(如经济、法律和政治)。

在《经济与社会》的第一章,亦即"社会学基本概念"中,韦伯将人的(尤其指个人)的社会行动区分为四种类型:"目的合理性的"(zweckrational)、"价值合理性的"(wertrational)、"情感的"(affektuel)和"传统的"(traditional)。因此,合理性于此处呈现为两种形态。"目的合理性"的行动,是指行动主体在为自己选定行动目的之后,思考可能采取的行动手段以及可能产生的行动后果,进而在目的、手段和后果之间进行权衡,并决定最终的行动方案。而"价值合理性"的行动,是指行动者有意识地坚信某些特定行为的自身价值、且不论其成功与否从而采取的行动,这种自身价值可能属于伦理、审美、宗教或其他任何价值形式。①

在韦伯的宗教社会学之中,合理性概念的核心用法存在于"生活样式"方面。在韦伯看来,一切有系统的、毫不含糊地指向无可移动之救赎目标的实践伦理,都是"合理的"。② 这种实践伦理或"生活样式"的最高成就便是"入世禁欲"的新教伦理。由于以巫术、神秘主义冥思或教会的制度性恩宠而得到救赎的道路都已经断绝,清教徒为了确证自己得到上帝的恩宠,只能努力以一种伦理上合理的方式来改造自己的日常生活乃至周遭世界。由此,笼罩着整体"生活样式"的一套首尾一贯的方法便得以形塑,人在此世的生活便被彻底地合理化。③

---

① [德]马克斯·韦伯:《社会学的基本概念》,顾忠华译,桂林:广西师范大学出版社,2005,第31—32页。
② [德]马克斯·韦伯:《比较宗教学导论——世界诸宗教之经济伦理》,载[德]马克斯·韦伯:《中国的宗教;宗教与世界》,康乐、简惠美译,桂林:广西师范大学出版社,2004,第493页。
③ 参见[德]马克斯·韦伯:《新教伦理与资本主义精神》,康乐、简惠美译,桂林:广西师范大学出版社,2007,第73—146页。

在韦伯的经济研究中,经济的合理性也体现为多种形态。在《经济与社会》中紧随"社会学基本概念"的"经济行动的社会学基本范畴"一章中,韦伯将合理性的经济行动区分为"形式合理性"(formale Rationalität)和"实质合理性"(materiale Rationalität)两类。前者体现为可计算的权衡,从而使合理性经济所固有的"事前准备"成为可能。而后者则意味着"经济取向的社会行动"乃是从某种价值前提出发,并且受此种前提检验。① 经济合理性的最高成就是近代资本主义。然而,韦伯对近代资本主义的核心要素的界定并非绝对清晰。在相当长的时期内,他都将近代资本主义的核心特征界定为"(形式上)自由劳动力的合理资本主义组织",并辅之以"家计与营业的分离"和复式簿记等要素。② 直至1919年冬季学期韦伯讲授经济史课程时,他才更为清楚地认识到,近代资本主义的核心特征在于"可计算性"(Berechenbarkeit),亦即经济的"形式合理性"。③

韦伯对法律领域"合理性"的表述集中在《经济与社会》的"法律社会学"一章中。与经济的合理性情形类似,法律的合理性同样表现为"形式合理性"和"实质合理性"两种形态。④ "形式合理性"的根本形态是将事实进行逻辑加工,形成明确、抽象的法律概念,并在此基础上创造出一般性的法律规

---

① [德]马克斯·韦伯:《经济行动与社会团体》,康乐、简惠美译,桂林:广西师范大学出版社,2004,第36—37页。
② [德]马克斯·韦伯:《资本主义精神与理性化》,载[德]马克斯·韦伯:《中国的宗教;宗教与世界》,康乐、简惠美译,桂林:广西师范大学出版社,2004,第454—458页。该文即《宗教社会学文集》的前言,其写作时间大约在1919年(冬季学期开始之前)。
③ [德]马克斯·韦伯:《经济通史》,姚曾廙译,上海:上海三联书店,2006,第173页。
④ 可以初步断定的是,"形式合理性"和"实质合理性"这组概念应是首先被韦伯用于法律社会学中,之后才被借鉴到经济合理性的类型学之中。"法律社会学"的创作时间应为1911至1913年,而"经济行动的社会学基本范畴"则是韦伯在第一次世界大战之后完成的。关于《经济与社会》中各部分的大致创作年代,参见京特·罗特(Guenther Roth)为该书英译本所写的导读以及温克尔曼(Johannes Winckelmann)的相关讨论(参见[美]京特·罗特:《导读》,载[德]马克斯·韦伯:《经济与社会》(第一卷),阎克文译,上海:上海人民出版社,2010,第7—88页;Johannes Winckelmann, "Vorbericht", in Max Weber, *Rechtssoziologie*, Neuwied: Luchterhand, 1960, S.16)。

则,乃至完整的法律体系。而"实质合理性"的法律实践同样遵循一定的规则体系,不过这种规则来源于"法外"的伦理、功利或政治准则。① 在韦伯看来,"形式合理性"的法律位于法律进化阶梯的最高位置,而19世纪德国潘德克顿学派则是这种法律思维形态的最典型体现。

韦伯对政治现象的理论探讨,见于其支配社会学研究之中。在其最成熟版本的支配社会学作品,亦即创作于1919年至1920年间的"支配的类型"(《经济与社会》第三章)中,最合理的支配类型为法制型支配(legale Herrschaft),而这种支配最纯粹的实现形态则为官僚制。在这种支配当中,被支配者对支配者的服从原因,并不在于其对支配者本人的服从,而在于其对整个法律秩序的服从。而这种法律秩序之所以值得服从,则在于它完美地体现了法律的(主要体现在形式层面的)合理性。此处的法律体系乃是由抽象规则依首尾一贯的方式系统化而形成。所有人,包括支配者本人和所有官员,都必须服从此法律秩序。每个官员在此种支配体系中的分工,也是建立在所管辖任务和所擅长专业技能的明确划分的基础之上,这些行政人员相互之间存在着严密且合理性的科层制度。②

在一定程度上,这些体现在不同作品、不同领域中的合理性概念无疑相互间存在着"亲缘关系"。例如,韦伯长期相信,形式合理性的近代资本主义,需要依赖形式合理性法律和近代官僚制机器的保障。③ 这三种现象的本质关联,至少需要依赖某种最低限度的、共通的合理性要素,例如可计算性。而这三种现象无疑既依赖又塑造了合理性的、专业化的近代人,亦即在很大

---

① [德]马克斯·韦伯:《法律社会学》,康乐、简惠美译,桂林:广西师范大学出版社,2005,第28页。
② [德]马克斯·韦伯:《经济与历史;支配的类型》,康乐等译,桂林:广西师范大学出版社,2004,第307—312页。关于"支配的类型"的创作年代,参见 Wolfgang J. Mommsen, *The Age of Bureaucracy: Perspectives on the Political Sociology of Max Weber*, New York: Harper & Row, 1974, p.17。
③ 参见本书第四章的相关论述。

程度上依赖"目的合理性"方式来思考和行动的人。与此相对,这些"合理性"概念的各自对立概念也无疑在相互之间存在暗合。例如,传统型的行动模式隐约对应于韦伯支配类型学中的传统型支配,而情感型的行为方式则合乎卡理斯玛型支配下被支配者的行为模式。①

然而,韦伯自己的研究却又揭示出,各生活领域中的合理性状态尽管存在着"根本气质"上的一致性,但却又同时展现出本身的独特性乃至相对于其他领域的"不可通约性"。上文的列举已经表明,在韦伯于不同作品、对不同生活领域中的合理性的表述方式中,存在着各种差异。韦伯没有去提出一个严密的、足以统摄各生活领域中各自合理性的、一以贯之的合理性概念。韦伯也未曾就如下问题提供明确答案:合理性,就其根本意义而言,究竟意味着可计算性,还是体系性,抑或特定价值引导下生活的首尾一贯性? 相反,韦伯在其作品中曾数度强调,合理性或理性主义的意涵毋宁是多重的,而不同生活领域的合理性也可能是程度不一乃至在质上相互冲突的。② 不过,伴随着韦伯本人对合理化命题的越来越强烈的关注,合理性概念也越来越成为韦伯连接各个生活领域发展史的一个关键线索。在这样一种渐趋抽象化的普遍历史思维之中,韦伯也的确不由自主地将合理性设想为一种同步(甚至同质)发展于各生活领域的现象,从而产生了强使各领域合理性的性质和程度一致的冲动。而这也是本书在讨论韦伯法律社会学时所遭遇到的现象。

---

① 有关四种行动类型与三种支配类型之间的概念关联,参见[法]雷蒙·阿隆:《社会学主要思潮》,葛智强等译,北京:华夏出版社,2000,第374—375页。
② [德]马克斯·韦伯:《新教伦理与资本主义精神》,康乐、简惠美译,桂林:广西师范大学出版社,2007,第50—51页;[德]马克斯·韦伯:《比较宗教学导论——世界诸宗教之经济伦理》,载[德]马克斯·韦伯:《中国的宗教;宗教与世界》,康乐、简惠美译,桂林:广西师范大学出版社,2004,第492—493页;[德]马克斯·韦伯:《资本主义精神与理性化》,载[德]马克斯·韦伯:《中国的宗教;宗教与世界》,康乐、简惠美译,桂林:广西师范大学出版社,2004,第459—460页。

(二) 合理化命题在韦伯作品中的展开[①]

在韦伯的"作品史"(Werkgeschichte)中,合理化命题首先体现在对资本主义起源的研究之中。尽管韦伯所接受的学术训练多属于法学学科,但他却是凭借其对中世纪和古罗马商业史和农业史的研究,而首度受到学界的实质性关注。此后,身为"政治经济学家"的韦伯自然而然地关注到其所处时代最为显著的经济现象:近代资本主义。如上文所述,近代资本主义的核心要素是持续的、具有可计算性的、追求利润的经营。而要保证这种经营的持续性,就必须有合理的劳动力组织、家计与营业的分离以及复式簿记制度。韦伯已经注意到这种资本主义之不断扩张和蔓延的事实。有鉴于此,充分地理解其诸多面向,尤其是其历史起源,便成为韦伯的首个研究重心。

韦伯选择从"精神"层面来理解近代资本主义的诞生。尽管韦伯在其作品中反复宣称他同时反对极端的唯物论和极端的唯心论,尽管韦伯不断地宣称,在他所研究的特定"精神"或"理念"与特定经济的客观形态之间,所存在的是一种互动的"选择性亲缘关系"[②],但《新教伦理》一书依旧给人造成如下印象:"入世禁欲"的新教伦理塑造了早期现代合理性的"生活样式"以及"志业"(Beruf)观念,从而"催生"了近代资本主义。因此,尽管有着层层"修正",韦伯最内核的想法莫过于《新教伦理》一书中的这句话:"所以,以下的研究或许稍微可以帮助我们了解,'理念'(Ideen)是以何种方式在历史当中发挥作用的"。[③] 韦伯有关理念在历史上的作用更为清晰的表述,则见于其

[①] 从纯粹"作品史"的角度来看,此处的论述可能略显粗糙,尤其是考虑到《经济与社会》中各部分的创作年代极为不同。不过,需要强调的是,这方面的潜在瑕疵,并不妨碍我在此处对韦伯学术生涯不同时期的根本问题意识和根本思维方式及其发展演变的梳理。
[②] 例见[德]马克斯·韦伯:《新教伦理与资本主义精神》,康乐、简惠美译,桂林:广西师范大学出版社,2007,第69、189页。
[③] 同上书,第68页。

为"世界诸宗教之经济伦理"系列论文所创作的导论中的这段话:"是(物质上与理念上的)利益,而非理念,直接支配人类行动。但是,由'理念'所创造的'世界图像',常如铁轨上的转辙器,决定了轨道的方向,在这轨道上,利益的动力推动着人们的行为"。① 因此,在韦伯看来,如果试图理解资本主义的起源和发展,那么理念以及作为人类历史上最重要理念形态的宗教,是一个关键线索。而韦伯的整个宗教社会学研究也正是在这个方向上的努力。

因此,宗教社会学的一系列研究,便可视作韦伯对历史上各大宗教下的"经济伦理"以及这种"伦理"对经济之影响的研究。经济行动的最初合理化始于古犹太教。古代的以色列先知将犹太人宗教中的巫术性成分排除在外,并将耶和华改造成一个伦理报应之神。为避免神的惩罚,同时也是为获取神的奖励,古以色列人不得不在日常生活中时刻谨守各种伦理戒律,从而得以实现日常生活中较高程度的清明和合理化。而这种合理化的生活,则有助于合理性经济的展开。不过,古犹太教依旧缺乏相对体系化的禁欲主义,也没有如同加尔文教下那种为着确证救赎而努力工作的动力,因此,其对经济合理化的助力是有限的。② 经济的合理化随后是由早期基督教和中世纪天主教进一步完成的。中世纪修道院中的生活方式已经实现高度的禁欲-合理化。僧侣通过辛勤的劳动和极端的禁欲,已经持续创造出巨大的财富。然而,这种合理性的生活作风只是存在于少数人构成的"行家宗教"(Virtuosenreligion)的圈子里,大部分民众却由于教会制度性恩宠(如赎罪券制度)和忏悔制度的存在,而缺乏将日常生活予以彻底合理化的动力。③ 最

---

① [德]马克斯·韦伯:《比较宗教学导论——世界诸宗教之经济伦理》,载[德]马克斯·韦伯:《中国的宗教;宗教与世界》,康乐、简惠美译,桂林:广西师范大学出版社,2004,第477页。
② [德]马克斯·韦伯:《宗教社会学》,康乐、简惠美译,桂林:广西师范大学出版社,2005,第292—293页。
③ 参见[德]马克斯·韦伯:《新教伦理与资本主义精神》,康乐、简惠美译,桂林:广西师范大学出版社,2007,第102—112页;[德]马克斯·韦伯:《经济通史》,姚曾廙译,上海:上海三联书店,2006,第228—229页。另见[德]施路赫特:《理性化与官僚化:对韦伯之研究与诠释》,顾忠华译,桂林:广西师范大学出版社,2004,第27—28页。

终,"入世禁欲"的加尔文教徒和清教徒消除了中世纪的双重伦理模式,伦理的、禁欲的和合理的教义成为在俗世中也必须实现的目标,"志业"的概念也为经济领域内的行动主体赋予一圈伦理的光环。由此,新教伦理便成为"守护着近代'经济人'的摇篮"。①

如果说"前期"韦伯的首要关注是宗教与经济之间关系的话,那么,20世纪10年代的"后期"韦伯(韦伯去世于1920年),则开始以更为明确的问题意识,将目光投向更为丰富的历史和社会现象之中。而贯穿所有这些研究的"红线"便是合理化概念。在大致创作于1915年的《中间考察》一文中②,不同于稍早撰写的《世界诸宗教之经济伦理——导论》一文,韦伯此时的核心问题意识明显从宗教与经济的关系,转移到了更为宏大的合理化进程。这或许也正是他在尚未完成整个宗教社会学研究的情况下,却迫不及待地发表此一"中间"考察的原因。在该文中,韦伯首度以清晰的笔触,发展出一种在合理化的进程中人类内在和外在生活"分化"为各个"领域"(Sphäre)的观念。这些领域包括宗教、经济、政治、审美、性爱和知性(Intellect,即学术领域),它们都依循各自的"内在法则性"而运转。而世界越是"除魅",这些领域就越是得以合理化或"升华"(sublimieren),其各自的"内在法则性"也就越是清晰,并从而在相互间发生难以避免的冲突。值得注意的是,在该文中,宗教领域已经不再是那个位居其他领域(尤其经济领域)之上并引导这些领域合理化的更高驱动力。相反,它已经成为处于平行关系的诸领域之一,并与其他领域发生各种联系或冲突。而在所有这些领域背后,似乎有一种更高的合理化的动力

---

① [德]马克斯·韦伯:《新教伦理与资本主义精神》,康乐、简惠美译,桂林:广西师范大学出版社,2007,第178页。
② 关于该文章写作年份,参见 Friedrich H. Tenbruck, "The Problem of Thematic Unity in the Works of Max Weber," M. S. Whimster (trans.), in Keith Tribe (ed.), *Reading Weber*, London; New York: Routledge, 1989, p.58;另见[德]施路赫特:《理性化与官僚化:对韦伯之研究与诠释》,顾忠华译,桂林:广西师范大学出版社,2004,第136页。

存在。① 因此,在该文中,合理性已经被抽象为一种类似于黑格尔之"绝对精神"的"原生的总体性"(此处乃借用勒维特的用语②)。也正是借助这种抽象,韦伯最终得以建构起一套有关世界之不断走向合理性的普遍历史叙述。

因此,在这种意义下,韦伯的宗教社会学便暗含了第二条理解线索:在合理化的作用下,以及在与宗教的关联下,作为一种整体的人的"生活样式"(Lebensführung)的逐步合理化历程(而不仅仅是资本主义的历史)。人的"生活样式"的合理化同样始于古犹太教先知的贡献。先知的预言打造出一种伦理而非巫术导向的宗教心志,使得犹太人的日常伦理在古代世界中独树一帜。"生活样式"的彻底合理化依旧归功于新教伦理。为着确证自己乃是被上帝选中从而可享受恩宠之人,清教徒竭尽全力朝向一种合理的、讲求方法的、整体的"生活样式"发展,并最终完成一个伦理上合理的整体人格。这也正是"人之类型"的发展的最高成就。

与此同时,合理化不仅仅作用于宗教和"人"的领域,它还呈现在经济、法律、政治、科学乃至艺术等领域中。在经济领域,它表现为具备高度可计算性和可预见性的近代资本主义(由此区别于历史上出现的其他非理性的资本主义)。法律则经历了卡理斯玛的"法启示"、法律名家的法律实践、世俗君主制下的法律和宗教法直至法律职业者之法律的发展过程,并在最终时刻体现出高度的"形式合理性"。③ 在政治领域,合理性体现为"合理的国家"以及支撑这种国家日常运作的官僚制。在科学领域,合理性体现为近代数学、理性实验、生物学、化学等等。④ 甚至连最不可捉摸的艺术领域,也呈

---

① 参见[德]马克斯·韦伯:《中间考察——宗教拒世的阶段与方向》,载[德]马克斯·韦伯:《中国的宗教;宗教与世界》,康乐、简惠美译,桂林:广西师范大学出版社,2004,第505—550页。
② Karl Lowith, *Max Weber and Karl Marx*, Hans Fantel (trans.), London: Routledge, 1993, p.63.
③ [德]马克斯·韦伯:《法律社会学》,康乐、简惠美译,桂林:广西师范大学出版社,2005,第319—320页。
④ [德]马克斯·韦伯:《资本主义精神与理性化》,载[德]马克斯·韦伯:《中国的宗教;宗教与世界》,康乐、简惠美译,桂林:广西师范大学出版社,2004,第448页。

现出合理化的踪迹:对位法、合音、半音阶、弦乐四重奏、记谱法、奏鸣曲、交响乐和歌剧(乃至乐器本身)。①

第三节 在东方主义批判中"找回"思想史

上述一整套韦伯命题,无疑体现出强烈的欧洲中心主义色彩。他自豪于"欧洲文化之子"的自我认同。他坚信有些"文化现象"仅仅发生于西方世界。而欧洲学者们的使命,便是去观察这些现象,并思考这些现象的产生原因。② 而且,在韦伯的眼中,合理化毕竟不单纯是一个欧洲历史现象,它尚且具有"普遍意义及价值"。③ 既然在欧洲发生的合理化有着"普遍意义",那么它至少可以作为一种价值尺度,来对东西方各文化的发展状况进行一种统一的衡量。而且,从欧洲历史中揭示的合理化命题,甚至有可能成为对全人类都通用的发展规律。正是在这种思维的指导下,韦伯展开了他的"跨文化"比较研究。这种比较,不仅要呈现出西方世界与"东方世界"是何其不同,而且要呈现出那些异样的"东方"文化,是处在由欧洲历史规定下的发展位阶体系中的具体哪一位阶。换言之,借用汪晖的话来说,韦伯作品中西方与非西方的关系,固然是一种空间关系,"但这种空间关系是一种时间性的空间关系,因为对韦伯而言,只能在西方产生的理性化过程是在具有普遍意义的发展中的过程"。④

在韦伯的跨文化研究中,中国享有独特的地位和样貌。在他的世界历

---

① [德]马克斯·韦伯:《资本主义精神与理性化》,载[德]马克斯·韦伯:《中国的宗教;宗教与世界》,康乐、简惠美译,桂林:广西师范大学出版社,2004,第449页。
② 同上书,第448页。
③ 同上。
④ 汪晖:《韦伯与中国的现代性问题》,载汪晖:《汪晖自选集》,桂林:广西师范大学出版社,1997,第13页。

史观下,地处欧亚大陆东端之尽头的中国,是一个与近代西方在各方面都构成鲜明对比的、绝对的"他者"。如果西方是历史的终点,那么中国就是历史的起点(在完成历史起点的功能后它就"停滞"了)。如果西方是合理性,那么中国就是非理性,或者只是合理化进程的初步阶段。值得一提的是,在黑格尔的《历史哲学》中,体现着"神意""绝对精神"和"自由"的世界历史,也同样开端于中国,而终结于日耳曼种族。① 可以想见的是,韦伯在这种思路下叙述的中国历史与文化,无疑会与真实情形产生众多抵牾。

自从爱德华·萨义德《东方主义》(Edward Said, Orientalism, 1978)一书问世以来②,几乎全世界的学者都参与进了对近代以来西方学术、思想与文化中东方主义或西方中心主义认识论与方法论的批判事业之中。作为一名百科全书式学者和西方 20 世纪学术的标志性人物,韦伯自然不能免于东方主义批判,而且这种批判具有正当性。在中国研究领域,鉴于中国在韦伯跨文化研究中的突出地位,他的这种认识论局限就受到了来自不同学科方向的关注。林端在其充满洞见的作品中就指出,韦伯时常混淆"文化内的比较"与"文化间的比较"。换言之,韦伯在观察和思考中国传统法律时,常常不自觉地将中国传统法律的特质置于西方内部法律发展谱系之中来看待,并将"中国法"等同于"传统西方法律",从而使两者一道处于法律发展过程的低级位阶之上。而西方近代法律尤其是韦伯所处时代在德国广为流行的潘德克顿学派,则属于这个发展谱系的最高端。于是原本试图将各宗教与文明做平等比较、但又不失一核心参照系的"启发式的欧洲中心主义",无可避免地落入"规范式的欧洲中心主义"。③ 林端进一步指出,韦伯思维体系中根深蒂固的二元对立思维,也加剧了其对中国传统法律的曲解。对于韦伯

---

① 参见[德]黑格尔:《历史哲学》,王造时译,上海:上海书店出版社,2006。
② 参见[美]爱德华·W.萨义德:《东方学》,王宇根译,北京:生活·读书·新知三联书店,2007。
③ 林端:《韦伯论中国传统法律:韦伯比较社会学的批判》,北京:中国政法大学出版社,2014,第 2、36 页。

而言,各种法律现象,似乎不是合理性的,就是非理性的;不是"形式"的,就是"实质"的。在这样一种"非此即彼"的概念建构下,西方近代法与传统中国法也构成鲜明对照的两极:"一个是进步的、现代的、冷冰冰的'只论国法、不论人情',另一个则是落后的、传统的、充满温情的'只论人情、不论国法'"。① 曹新宇从新文化史角度出发,系统梳理了韦伯所借鉴的汉学知识的来源,尤其指出了荷兰汉学家高延(de Groot,1854—1921)有关中国宗教停留在"泛灵论"的"低级"阶段、中国长期迫害异端宗教等等论述,对韦伯中国观形成的强烈影响。结果,"在高延-韦伯的轴心系谱当中,祛除了'历史'的中国宗教仪式,获得了一种'巫术'的外观,而得到历史诠释的清教徒的仪式,却赢得了'理性'的赞赏"。② 何日取对韦伯宗教研究的考察表明,为了证明西方文化的先进性和独特性,韦伯并非从真正对等的原则来展开比较研究,而是在非西方文化中只强调那些明显不同于西方的面向,对类似于西方的那些面向则明显忽视。这导致韦伯一方面侧重于考察西方历史文化中的合理性维度,另一方面又对中国和印度的非理性面向予以强调,并忽视或贬低这些文化中对资本主义发展或文化合理化有重要意义的因素。③ 最后,近年来在国内学界声名大噪的络德睦的《法律东方主义》(Teemu Ruskola, Legal Orientalism,2013)一书,虽然未曾直接批判韦伯的法律学说或中国观,但仍构成对包含韦伯在内的、19世纪以来西方法学界之"中国无法律"话语的强烈冲击。④

然而,东方主义批判不能成为"东方"学者的最终目的。的确,韦伯将

---

① 林端:《韦伯论中国传统法律:韦伯比较社会学的批判》,北京:中国政法大学出版社,2014,第39—40页。
② 曹新宇:《异端的谱系:从传教士汉学到社会科学》,载黄兴涛主编:《新史学》(第3卷,文化史研究的再出发),北京:中华书局,2009,第214页。
③ 参见何日取:《西方中心主义与韦伯宗教研究》,《宗教学研究》2011年第3期。
④ 参见[美]络德睦:《法律东方主义:中国、美国与现代法》,魏磊杰译,北京:中国政法大学出版社,2016;魏磊杰编:《法律东方主义在中国:批判与反思》,北京:商务印书馆,2022。

"非理性""卡迪司法"(Khadi justice)①这些标签粗暴地扔给了中国文化和中国法。如果纯粹追求以牙还牙的快感,中国学者可以将具有类似杀伤力的标签扔回给韦伯本人,这类标签包括"东方主义""欧洲中心主义"等等(或者直接指责韦伯不懂汉语)。在普遍追求"政治正确"的当代全球学术舞台,任何西方学者,只要有幸获得这两种"主义"称号的任何一种,都将面临"失宠"乃至遭到"封杀"的危险。这是因为,说一种研究是"东方主义""欧洲中心主义"的产物,在当代语境下,似乎就等于是在说它是纯然偏见的产物,是全球资本主义权力格局在学术话语上的自动呈现。因此,这种研究似乎就纯然成为偏见,成为话语,它将没有学术价值,引用它也将是政治错误。于是非西方学者就可以将这种研究置之不理,从而高枕无忧了。然而,这种"省事"的处理方式,一方面阻止了我们从每一个西方学者的作品内部,去思考这类"主义"和偏见在内在理路和思维方式上的深层发生学诱因(从而不利于我们在根本上反击这种偏见,并预防其在未来发生),另一方面也抹杀了每一个学者(包括韦伯)本身的学术尊严:任何思想,都不会全然是经济或政治结构的纯粹"反映",即使这种思想被经济或政治绑架,它仍旧有着思想所特有的原创性和独特性。

而且,在剥除种种"主义"所带来的影响后,思想仍可能服务于新的研究。这一认识,对于韦伯的理论体系尤其适用。韦伯是20世纪最伟大的百科全书式社会科学家,后世学者绝对不能对这一知识宝库弃之不顾。韦伯对于理解西方社会的重要性,充分体现在二战后直至今日西方学界卷帙浩繁的韦伯研究或以韦伯理论为底色的研究之中。这点无须任何赘言。同样地,在明晰韦伯的认识论与方法论局限后,他的作品仍有望给我们提供一个用以理解古代中国社会(乃至现代中国社会)的迄今为止最权威、最富启发

---

① 卡迪是伊斯兰世界历史上的教法官。传统观点认为,卡迪主导下的司法审判呈现出较强的任意性,缺乏规则约束,参见高鸿钧:《无话可说与有话可说之间——评张伟仁先生的〈中国传统的司法和法学〉》,《政法论坛》2006年第5期,第99—102页。

的社会科学概念和理论体系。至少在政治史和法律史领域,孔飞力(Philip A. Kuhn)、黄宗智、徐忠明等学者,分别利用"家产官僚制"/"君主官僚制"、"实质合理性"等韦伯概念,尝试对帝制中国——尤其是清代——政治与法律文化进行有益的理论性解读。①

  但是,在完整、系统地利用韦伯理论去解释中国历史文化之前,仍有一些前提性工作需要完成。尽管不少现有研究都指明了韦伯理论中的欧洲中心主义色彩,但多数这种主张仍然停留在韦伯思想体系的外缘,更像是一种上文提到的贴标签式的简单处理,或者说是利用后殖民的理论逻辑所做的话语分析,并偶尔指出话语背后的殖民主义时代特色。但是,这种外缘性分析,不足以令我们充分、透彻地理解韦伯式欧洲中心主义在思想内部的发生原因。我们将无法知晓是哪些具体的思想或学术成分导致了韦伯的认识论偏差,从而也就无法真正彻底剥离韦伯理论中的有害部分,更是无法真正做到将改造后的韦伯理论运用到解释中国历史文化之上。而且,正如本书将表明的,韦伯的认识论偏差甚至导致他无法清醒、完整地理解近代西方法律与社会本身。为着超越东方主义,为着真正继承韦伯的有益遗产,有必要"找回"(bring back)从内在理路出发的、手术刀般的、微观细致的思想史操作。

---

① 参见[美]孔飞力:《叫魂:1768 年中国妖术大恐慌》,陈兼、刘昶译,北京:生活·读书·新知三联书店,2012,第 232—291 页;[美]黄宗智:《清代以来民事法律的表达与实践:历史、理论与现实》(卷一),北京:法律出版社,2014,第 181—188 页;徐忠明:《清代中国司法类型的再思与重构——以韦伯"卡迪司法"为进路》,《政法论坛》2019 年第 2 期。另见 Robert M. Marsh, "Weber's Misunderstanding of Traditional Chinese Law", *American Journal of Sociology*, Vol. 106, No. 2(2000), pp. 281 - 302; Qian X. Y., "Traditional Chinese Law v. Weberian Legal Rationality", *Max Weber Studies*, Vol. 10, No. 1(2010), pp. 29 - 45;张玲玉:《韦伯"卡迪司法"论断辨正》,《环球法律评论》2012 年第 3 期;张辉:《论中国传统法律的理性——从韦伯的"中国法"问题说起》,《学术交流》2017 年第 12 期;张玲玉:《理性之辩:韦伯论中国传统法的批判性反思》,《西南政法大学学报》2018 年第 4 期;张辉:《正当性与合理性:韦伯支配理论中的"中国法问题"》,《哈尔滨工业大学学报》(社会科学版)2020 年第 6 期。

第四节 比较法律社会理论/史学：批判与重构

本书正是在充分认识韦伯理论之欧洲中心主义认识论局限的前提下，对韦伯的比较法律文化研究所做的思想史与理论对话研究。众所周知，韦伯是法学专业出身，且法律在其理论体系中一直占据重要地位。韦伯在《经济与社会》这一侧重社会理论建构的鸿篇巨著中，有专章讨论法律与资本主义和近代社会的关系，而且该书中有关支配社会学的各章节，也均涉及对相应支配结构下法律形态的讨论。在其比较宗教与文化研究中，各大文化中的法律形态，要么作为宗教发展的背景条件，要么作为宗教和伦理影响下的产物，始终占据一席之地。而且，无论是在其社会理论还是在宗教/文化研究中，法律始终与社会其他领域——政治、经济、文化、宗教——发生着复杂而又紧密的互动。因此，比较法律社会理论，或者说比较法律社会史，构成韦伯思想体系的核心之一，也无疑需要得到最为深入细致的认识论批判和内在理路考察。

本书试图解答如下一系列问题：在其比较法律文化研究的最初设计中，韦伯是如何在所处时代思潮的影响下，来构想中国法和西方法的各自位置和形态的（如非理性的中国法与合理性的中国法）？当韦伯对各大法律文化进行真正的经验研究时，他是如何发现自己这一原本清晰的构想与历史事实间存在的各种抵牾的（如在中国发现合理性，又在西方发现非理性）？韦伯采取了哪些手段，来对这种种抵牾予以调和（也可能是纯粹掩盖）？在澄清韦伯比较法律社会理论/史学的这些局限后，我们可否再次拾起韦伯那些充满创造性的概念工具，并借助更丰富、公允的当代经验研究，来展开理论与经验间的对话，并最终建构出更具包容性、真正具有"普世性"的法律与社会理论？

本书接下来各章的主要内容和观点如下：

第二章将尝试还原韦伯思想体系中的普遍历史/法律史观念。自18世纪启蒙运动以来，将人类各主要文化按照一个线性演化序列依次对号入座，并将西方近代文化置于这一序列的最前沿，是一种近乎"时代精神"（Zeitgeist）的普遍社会思潮。康德、孔多塞、黑格尔等思想家，均对这一思潮的形成和发展产生过重要影响。而法学家约瑟夫·科勒（Josef Kohler, 1849—1919）和列奥波德·温格（Leopold Wenger, 1874—1953）也将这一思路运用到法学研究之中，并在1914年出版有《普遍法律史》（*Allgemeine Rechtsgeschichte*）一书。尽管韦伯也深受历史主义的个殊主义史观和新康德主义对文化科学只能研究"个性"之论断的影响，但他最终还是接受了作为启蒙运动遗产的普遍史观，并尝试描绘一幅从中国法、印度法，经历古犹太教法、中世纪天主教法，直至西方近代法（尤其是德国法）的、准线性的法律"合理化"发展图景。在这里，中国古代法是作为映衬西方近代法的绝对的"他者"般的存在，从而表现出高度非理性的特色。

第三章将深入分析韦伯对其普遍法律史系谱之开端——中国古代法——的描述。韦伯有关中国传统法律乃是"卡迪司法"（亦即实质非理性法）的论断，至今仍困扰着中国法律史学界。我们有必要从韦伯理论本身出发，来反思韦伯这一论断的产生原因。韦伯在支配社会学框架下对中国的思考，是影响其有关中国法律之表述的关键因素。在其支配社会学理论建构中，"家产官僚制"（Patrimonialbürokratie）由于混合了家产制与官僚制两种支配因素，所以是一种非理性支配与合理性支配间的混杂或中间状态，该支配下的司法与行政因而并不体现为完全的恣意和擅断。韦伯认为帝制中国是家产官僚制的典型代表，并在其作品中偶尔承认中国官僚制运行中的合理性成分。然而，正如第二章所言，韦伯对于世界历史之不断合理化的设想，诱使其将中国置于合理化进程的最初阶段，而将近代欧美世界置于其终点。在这种思维的作用下，韦伯有意无意间忽略帝制中国家产官僚制中官僚制的面向,且刻意放大其家产制面向,从而使其笔下的"中国法"呈现为一幅实质非理性的"卡迪司法"画面。

随后三章将直接跳跃到韦伯普遍法律史系谱的最后一环——近代西方法或德国法之上。我们将发现,韦伯在对近代西方法与政治展开深入研究时,遭遇了最初未曾预料到的、与"西方合理性法律"理念型(Idealtyp)相冲突的种种现象。第四章处理的是韦伯对近代私法的研究。韦伯"法律社会学"中由"形式/实质非理性"和"形式/实质合理性"构成的有关法律思维类型的概念体系,同康德哲学有着紧密牵连。这种哲学思维在很大程度上影响了原本是四维的合理性概念体系,从而使该体系始终存在着蜕变成简洁但更为尖锐的、呈现为"形式合理性/实质非理性"这一形态的二元论的可能。对相关韦伯文本的审视映证了这一可能。韦伯有关近代法律中的核心张力的论断,因而体现为形式合理性和实质非理性之间的冲突。由于韦伯在"法律社会学"中将近代资本主义视为"核心议题"乃至"最高价值",且认定形式合理性法律与之存在选择性亲缘关系,所以他个人倾向于"形式合理性"一侧,并将"实质非理性"的法律主张主要归因于工人运动。然而,资本主义经济的历史与现实——如英国法与资本主义的关系,以及垄断资本主义的出现——表明,资本主义同形式合理性法律之间的联系并非绝对。整个"法律社会学"文本都体现出韦伯将概念和观念置于经验事实之上的倾向,而这些概念和观念本身又受到韦伯自身价值取向的引导。因此,这也意味着对社会科学客观性的背离。

第五、六章处理韦伯对近代西方公法与政治的讨论。其中第五章追问的是,韦伯是如何在支配社会学的理论框架内,来定位近代官僚制与大众民主的各自位置和相互关系的。通过对现有学术史和韦伯各个版本的支配社会学作品的详尽考察,本章将澄清韦伯在不断深入思考法制型/官僚制支配时逐渐意识到的理论和现实困境,而韦伯对"政治"之本质的"反合理性"理解方式,最终促使他将大众民主理解为一种民选领袖对选民的卡理斯玛型/

非理性支配,并将这一领袖置于官僚制的顶端,从而完成了其对近代政治的完整构建。第六章则观察韦伯在现实制度设计上对大众民主与官僚制的调和方案,亦即所谓"挟'机器'以俱来的领袖民主制"(die Führerdemokratie mit "Maschine")。本章也将处理学界较为感兴趣的一个话题:韦伯与卡尔·施米特(Carl Schmitt,1888—1985,亦译作卡尔·施密特)各自"领袖民主"思路的异同问题。

第七章会将视野再次调回中国。经过上述各章对韦伯理论体系的认识论局限和相应后果的澄清与批判,我将在此处重新利用经过改造的韦伯概念体系,并结合清代法律史的当代经验研究,展开更为平等、有效的理论与经验间的全面对话。这一对话表明,家产官僚制概念仍是理解清代法的核心线索。这一支配类型对清代国家、社会和经济等领域中的法律与习惯,产生了广泛又深刻的影响。在清代刑法与行政法中,家产官僚制中的官僚制成分起着主导作用,从而使法律运行呈现出职业化和合理性色彩。清代家产官僚制法律尝试创设一个身份齐平化的社会,但该进程遭遇了来自父权制家庭伦理的阻碍。在清代独特的政治和意识形态语境下,已初步实现齐平化的清代社会,实现了以市场作为资源配置主要手段的经济体制,诸多民事习惯也呈现出明显的市场-产权逻辑。清代国家法在原则上尊重习惯,保护产权,认可市场。但当面临市场脱嵌带来的社会和政治威胁时,国家法又倾向于从家产官僚制的本能出发,施加效果并不明显的局部干预。以修正后的韦伯理论重观清代法,有助于发现这一法律体系所蕴含的、与欧洲历史上绝对主义国家之法律具有足够可比较性的早期现代性。

结论部分是对全文观点的总结。我也将在此处主张,中西之间的差异并不绝对,对异与同的界定常常取决于研究者本人的认识论,而认识论又经常取决于现实政治经济力量对比、个人经历乃至情感取向。在21世纪的政治经济形势下,我们完全能够主张一种更为平等的中西对话,以及更具包容性的法律理论建构。

第二章
普遍历史：从中国古代（法）到西方近代（法）

"近代欧洲文化世界（Kulturwelt）之子"，理应研究"普遍历史性"（universalgeschichtliche）的问题，"即在——且仅在——西方世界，曾出现（至少我们认为）具有普遍性意义及价值之发展方向的某些文化现象，这到底该归诸怎样的因果关系呢？"①在1920年首版的《宗教社会学文集》"序言"（Vorbemerkung，该文写作于1919年9月②）的开篇，马克斯·韦伯如是写道。紧接在这篇序言之后排印的（同样是在该《文集》的第一卷），便是大名鼎鼎的《新教伦理与资本主义精神》一书。这里的"近代欧洲文化世界之子"，自然是指包括韦伯本人在内的近代欧洲学术圈。这里的"普遍历史性"的"文化现象"，是指韦伯在序言中详细描绘的欧洲历史上种种合理化过程。1920年，也是韦伯因罹患西班牙流感而去世的那年。我们有理由相信，序言的这段话，是韦伯对其毕生学术关怀的最终独白。

蒙森曾以专文形式探讨过韦伯思想中的普遍历史观念。在蒙森看来，

---

① ［德］马克斯·韦伯：《资本主义精神与理性化》，载［德］马克斯·韦伯：《中国的宗教；宗教与世界》，康乐、简惠美译，桂林：广西师范大学出版社，2004，第448页。遗憾的是，台译本未能将"普遍历史"一语译出。

② Max Weber, *Max Weber Gesamtausgabe*, Band I /18. *Die protestantische Ethik und der Geist des Kapitalismus/Die protestantischen Sekten und der Geist des Kapitalismus. Schriften 1904 - 1920*, Wolfgang Schluchter (hrsg.), Tübingen: Mohr Siebeck, 2016, "Editorischer Bericht" S. 65.

韦伯的主要学术目标之一,就是将西方文明及其价值体系和行为模式之"独特性",置于一个普遍历史的框架中进行解释。而这一普遍历史解释,需要通过对人类历史上所有得到详细考察的社会进行比较分析,才能最终完成。蒙森在论文中初步做到了对两种普遍历史的区分。一种是方法论意义上的普遍历史:在对静态的历史个别现象——尤其是西方历史现象——予以提纯并形成理念型,甚至是建构出动态的、有关"文化值生长规则"的理念型后,再将这些理念型(比如历史呈现为一个合理化过程)运用到对一切文化的分析中去。在这种情形下,普遍历史仅是一种分析工具,它并不意味着历史现实必定按照理念型——尤其是有关历史发展的理念型——的规定来运行和演变。另一种普遍历史则更具实质理论意味(蒙森称之为"普遍历史的实质纲要"):晚年韦伯确信,合理化不仅是一种分析工具,而且是实在的历史过程;西方历史本身就呈现为一个人类生活各领域不断合理化的过程,在经济、科学、政治、法律,乃至音乐等等方面,合理化的轨迹均清晰可见。①

与此相反,凯斯勒(Dirk Kaesler)则质疑韦伯曾否提出过如此系统的合理化历史"理论",并认为韦伯的相关文字至多构成一种"大叙事"(great narrative)。而且,由于韦伯只是在"接近其生命尽头"时才发展出这套叙事,所以"普遍合理化"不能成为其生前大部分作品的指针。②

本章认为,韦伯作品中的合理化普遍历史,既是一个方法论,又是一种有实质意味的理论,而且对合理化的关怀——不论是将其视为一个问题意识、方法论,还是一种理论——也绝不是迟至韦伯生命最后时刻才得以产生。至迟到1915年,韦伯就已经开始尝试将其所有作品——尤其是宗教社会学作品——统摄于合理化这一主题之下。此时距离韦伯去世尚有五年,

---

① 参见 Wolfgang J. Mommsen, *The Age of Bureaucracy: Perspectives on the Political Sociology of Max Weber*, New York: Harper & Row, 1974, pp.1–21.
② 参见 Dirk Kaesler, "Universal Rationalization: Max Weber's great narrative", *Irish Journal of Sociology*, Vol.25, Iss.3(2017), pp.315–23.

除了《新教伦理》和《儒教与道教》这两部作品,韦伯规划的其他宗教研究作品——包括后来出版的《印度教与佛教》《古犹太教》以及未能完成的对伊斯兰教的研究——均未完成。因此,韦伯思想中的普遍历史观,值得严肃对待。就本书而言,韦伯思想中的普遍历史观对中西文化与法律的原初界定,更是值得严肃对待。本章将对韦伯普遍历史观的学术语境、形成过程,以及这一观念对韦伯之法律史思考所造成的影响,进行尽可能清晰、完整的呈现。

第一节 "普遍历史"的历史

普遍历史观念是18世纪启蒙运动的产物。对于理性(raison/Vernunft/reason)的信仰,诱使启蒙哲学家将历史设想成人类在理性的指引下,不断挣脱自然和人为的束缚,从而逐渐走向完善地步的过程。这种观念的最经典形态,可以通过三个不可或缺的要素来予以界定:(1)目的论,亦即历史发展是有目的的,比如朝着理性和自由这类目标;(2)线性史观,亦即由于历史是朝着确定的目的而运动的,所以历史发展的本质路径应该是单一的,如果现实中某个文化的发展偏离了该路线,那必定是某些非理性的外力造成的(如迷信、宗教或专制统治);(3)阶段论,亦即将历史发展的最终目的作为标准,并以此将历史划分为不同阶段,距离最终目的远的阶段,就更为"低级""野蛮"或"非理性",而距离终点更近的阶段,就更加"高级""文明"或"理性",不仅欧洲历史本身被划分成数个阶段,而且地理大发现以来欧洲人观察到的世界其他民族的历史和当时状态,也被分别置于这个由欧洲历史经验规定的阶段序列中的某个位置上(这些民族的位置自然全部"低于"近代欧洲)。

康德是首个在启蒙视域内明确提出普遍历史议题的哲学家。在其发表于1784年的《世界公民观点之下的普遍历史观念》一文中,康德对普遍历史的可能性做出了严谨的哲学论证。受当时主流的机械论自然法观的影响,康德认为,人类行为和自然事件一样,都是自然律所决定的,所以历史是有规律可循的。整部人类历史"可以看作是大自然的一项隐秘计划的实现",这个计划的最终目的,便是实现尊重法权(Recht)的公民社会和永久和平的各民族联盟。不过,康德此文仅限于罗列和证明有关普遍历史的九个抽象命题,而没有借助历史案例来填充这一理论框架。①

法国思想家、政治家孔多塞在大革命时期创作的《人类精神进步史表纲要》一书,虽然在哲学品格上不如康德的前述论文,但却胜在包含较为丰富的世界各地的历史事实,并能够将历史归纳为数个阶段或时代。在孔多塞看来,人类历史表现为一个人类理性不断从各种自然或人为的束缚中解放出来,从而使人类不断走向完美性的过程。人类的历史始于部落时代,随后进展至游牧时代,再至农业时代(中国处于此一时代)。然而,非欧洲民族的精神在达到农业时代后就陷入停顿,之后的"进步"仅属于欧洲。孔多塞作品将"进步"划分为十个时代,非欧洲民族只能达到上述前三个时代,而之后的七个时代是由从古希腊直至大革命的欧洲历史独立完成。当然,孔多塞相信,由于所有人类都拥有相同的理性和可完善性,已经彻底实现启蒙的西方民族——"例如像法国人和英裔美国人"——终将对其他民族完成"文明化"使命。②

尽管在19世纪存在着大量启蒙运动的反对者,但启蒙时期形成的线性目的论史观仍然是此时西方社会思潮的根本(尽管它未必能在全部学术领域站住脚),并被包装以更精致的学术语言。

19世纪上半叶出现的最具影响的普遍历史构想,无疑出自黑格尔在1822至1831年间就历史哲学所做的演讲和相应出版物。相比于康德的短

---

① [德]康德:《世界公民观点之下的普遍历史观念》,载[德]康德:《历史理性批判文集》,何兆武译,北京:商务印书馆,1990,第1—21页。
② 参见[法]孔多塞:《人类精神进步史表纲要》,何兆武、何冰译,北京:北京大学出版社,2013。

篇论文,黑格尔的普遍历史体系更为庞大和完善,且具有更强烈的目的论乃至宿命论色彩。在黑格尔的讲述下,整部世界历史就是绝对精神演化的历史,而绝对精神一词也可以用"世界精神"(Weltgeist)、"神意"、"自由"、"理性"等概念代替。世界精神自东向西漫游,各大民族——中国、印度、波斯、希腊、罗马、日耳曼——就像上帝操纵的提线木偶一般,依次登上普遍历史的舞台,展现出"神意"安排好的、属于特定阶段的精神意识。由于"东方各国只知道一个人是自由的,希腊和罗马世界只知道一部分人是自由的,至于我们知道一切人们(人类之为人类)绝对是自由的",所以中国是历史的起点,而欧洲——尤其是日耳曼民族——是历史的终点。①

至19世纪下半叶,将国家或社会设想成像自然人或动物一样的有机体的看法②、来自生物学上达尔文主义的刺激,以及深入考察诸原始部落的早期人类学的发展,使得普遍历史观念进一步发展成具有"社会科学"意味的社会进化论。斯宾塞、梅因、摩尔根(Lewis H. Morgen)等重磅学者,都是这一理论阵营的得力干将。在这些社会学家或人类学家眼中,人类社会的发展是有方向可循的,例如梅因声称的"从身份到契约"、斯宾塞主张的"从同质性到异质性"、摩尔根认为的从"未开化"(savagery)到"文明"。③ 与韦伯同为古典社会理论创始人的涂尔干,也主张人类社会——涂尔干也将社会理解成生物体并主动借鉴了大量生物学认识——整合的方式,依循的是从"机械团结"到"有机团结"这一发展轨迹。④ 对世界上各个文化与社会进行的比

---

① 参见[德]黑格尔:《历史哲学》,王造时译,上海:上海书店出版社,2006,引文见第17页。
② 有机体隐喻本身由来已久,而且在19世纪上半叶德语世界的法律理论和国家理论中就已大行其道。但这一阶段的有机体学说更多呈现为历史主义和保守主义色彩,从而与启蒙史观形成对抗。直到19世纪下半叶,尤其是在英语世界中,有机体学说才得以和进化论结合,从而形成那种认为人类各个社会都沿着相同轨迹进化的认识图景(早期萨维尼所持的那种历史主义的有机体说,则认为各个民族有自己的生长轨迹)。
③ Robert A. Nisbet, *Social Change and History: Aspects of the Western Theory of Development*, New York: Oxford University Press, 1969, pp.169-170.
④ 参见[法]涂尔干:《社会分工论》,渠东译,北京:生活·读书·新知三联书店,2000。

较研究,也被置于统一的进化论框架之中。与启蒙哲学家一样,第一代社会科学家也相信,从欧洲历史中总结出来的历史发展的方向和阶段,能被运用于对全世界各民族和文化的分类之中,而且分类的结果将表明当时的西欧乃是处在社会进化的最高点。① 甚至在最具"技术性"的法学圈中,尤其是在国际法学中,"文明论"视野下的进化序列也被用于对各个国家、民族或部落予以归类,尽管多数法学家对社会学或人类学的了解仅限于皮毛。被归为"未开化""野蛮"或"半文明"的社会,就不能享受只能由西方"文明"国家享有的国际法上完整主权。②

法律史和比较法学也接纳了上述一整套普遍历史观念。1914年,德国籍比较法律史学家约瑟夫·科勒和奥地利籍法律史学家列奥波德·温格尔合作出版了《普遍法律史》(Allgemeine Rechtsgeschichte)一书的第一卷("东方法与希腊罗马法")。科勒在之前有过研究非西方法(包括中国法)的经历,而温格尔则是欧洲古代法专家。在"普遍法律史"的标题下,两位作者轻车熟路地将各自研究成果串联成了一个法律史演化体系。科勒在此书导论部分采纳了一种较为精致的社会进化论:"所有民族的基本发展进程都是相同的,但它们的个别性也时刻变化和变动,一个民族的某些方面属于更早的发展阶段,另一些方面又属于更后的发展阶段。"③在这种史观的牵引下,此书依次介绍了"自然民族"(Naturvölker)或原始民族的法,东方民族(阿兹特克、印加、玛雅、马来亚、蒙古、巴比伦和亚述、埃及、以色列和犹太、阿拉伯和伊斯兰、印度、佛教、波斯、亚美尼亚、中国、日本)的法,以及古希腊和罗马的法(后两大类民族被作者界定为"文化民族"[Kulturvölker])。值得一提的

---

① Robert A. Nisbet, *Social Change and History: Aspects of the Western Theory of Development*, New York: Oxford University Press, 1969, pp.190-191.
② 参见赖骏楠:《国际法与晚清中国:文本、事件与政治》,上海:上海人民出版社,2015,第18—65页。
③ Josef Kohler and Leopold Wenger, *Allgemeine Rechtsgeschichte. Erste Hölfte. Orientalisches Recht und Recht der Griechen und Römer*, Leipzig; Berlin: B.G. Teubner, 1914, S.4.

是,1888年,科勒开始担任柏林大学的民法、商法、刑法、民事诉讼与法哲学教授,而韦伯此时也正在同一所大学撰写以中世纪商法史和经济史为主题的博士论文。此外,韦伯也在自己后来的研究中,多次引用过科勒的法律史学作品。①

很显然,在这种语境下,作为百科全书式学者的韦伯,如果不弄出一套属于自己的历史理论,甚至都有点"说不过去"了。

第二节 韦伯思想中普遍历史观的形成

(一) 普遍历史观的若干思想"障碍"

韦伯自幼即对历史感兴趣,他在大学时代听过罗马史学家老蒙森(Theodor Mommsen)和德国史学家特赖奇克(Heinrich Gotthard von Treitschke)的历史课。② 韦伯的博士论文选题为中世纪商业组织法,他的教职论文(Habilitation)则是有关古罗马农业史和法律史。③ 其成名作《新教伦理》本身就可算作历史研究。而其在20世纪10年代完成的一系列比较宗教社会学研究,也是包含了大量对世界各地历史的描述。这些经历都能为韦伯提供建构一个普遍历史系谱所需的"质料"。

---

① 参见[德]马克斯·韦伯:《中国的宗教;宗教与世界》,康乐、简惠美译,桂林:广西师范大学出版社,2004,第157页;[德]马克斯·韦伯:《法律社会学》,康乐、简惠美译,桂林:广西师范大学出版社,2005,第59、117页。
② [德]玛丽安妮·韦伯:《马克斯·韦伯传》,阎克文等译,南京:江苏人民出版社,2002,第113页。
③ 参见[德]马克斯·韦伯:《中世纪商业合伙史》,陶永新译,上海:东方出版中心,2019;Max Weber, *Max Weber Gesamtausgabe, Band* Ⅰ/2. *Die römische Agrargeschichte in ihrer Bedeutung für das Staats- und Privatrecht: 1891*, Jürgen Deininger (hrsg.), Tübingen: Mohr Siebeck, 1986.

然而,韦伯毕竟生活在与启蒙运动已经相隔百年之久的19、20世纪之交,而且其身处的德国学术圈本身就时常以反启蒙的姿态自鸣。这就导致韦伯思想中实际上存在着若干不利于线性普遍史观的因素。具体来说,就是历史主义与(掺杂了历史主义信念的)新康德主义认识论。

韦伯深受历史主义思潮——尤其是法学和经济学中的历史学派——的影响。与启蒙史观针锋相对,典型的历史主义者(如赫尔德和早期萨维尼)不承认各民族历史都会朝着统一方向或目标演进。如果说历史呈现出什么规律的话,那么这种规律毋宁是各民族遵循各自的"民族精神"(Volksgeist)发展出属于自己的、相比于普遍性事物更具优越性的个殊性。也正因此,萨维尼才在1814年著名的法学大论战中,激烈反对在德意志民法典编纂事业中机械照搬《法国民法典》。① 受到萨维尼的启发,同样诞生于德意志地区的经济学历史学派(其早期代表人物为罗雪尔[Wilhelm Georg Friedrich Roscher]与克尼斯[Karl Gustav Adolf Knies],后期代表人物为施莫勒[Gustav von Schmoller]),出于对由英法学者开创的、去历史化的古典政治经济学之不满,开始主张广泛考察多样又丰富的各民族经济历史,乃至从历史研究中得出经济生活无规律性可言的结论。② 作为柏林大学法学博士,韦伯对历史法学的产生和发展了然于心。作为"国民经济学家"和经济史学家,韦伯也对经济学历史学派有深刻的理解,并在自己作品中数度将其本人界定为历史学派的传人。③

韦伯也与兴起于19世纪下半叶的新康德主义哲学流派保持着密切的

---

① 参见[德]弗里德尼希·卡尔·冯·萨维尼:《论立法与法学的当代使命》,许章润译,北京:中国法制出版社,2001。
② 参见[波兰]奥斯卡·R.兰格:《政治经济学》(第一卷),王宏昌译,北京:商务印书馆,2017,第213页,第247—248页。
③ 参见[德]马克斯·韦伯:《罗雪尔与克尼斯:历史经济学的逻辑问题》,李荣山译,上海:上海人民出版社,2009,第37页;[德]马克斯·韦伯:《社会科学认识和社会政策认识中的"客观性"》,载[德]马克斯·韦伯:《社会科学方法论》,韩水法、莫茜译,北京:中央编译出版社,1998,第55页。

私人往来和学术交流。在该学派中,李凯尔特(Heinrich Rickert)对韦伯思想的影响最为直接。在其所著《文化科学和自然科学》一书(该书被韦伯反复引用)中,李凯尔特主张,在"质料"层面,文化领域里只有个别的现象,自然领域里才有一般的、合规律的现象。自然领域内个别之物可以看作是一般概念或一般规律的事例,文化领域内的个别性则无法被视为一般概念或规律的例证,而只能从个别本身出发获得理解。在"形式"层面,自然科学就应采用普遍化的方法,去形成普遍的概念乃至规律。与此相反,历史的文化科学的目的,则不是形成普遍的概念或规律,而是发现和研究个别本身。① 很显然,这种认识论对于任何想在历史中发现规律性的企图,都构成明显打击。

以上两种思想因素,导致韦伯在其早期方法论作品中,严格拒斥那种将人类历史视为按某种规律向前演进的企图,并坚持从个别性的角度,来挖掘历史中的"意义"。在名为《罗雪尔与克尼斯》的系列论文(1903—1906)中,尽管韦伯高度尊重这两名历史学派的"前辈大师",但仍对他们(尤其是罗雪尔)思想中残留的"历史变迁有法则或公式可寻",乃至"各民族发展原则是相同的"这些"非历史主义"念头,提出了严肃批判:"历史实在,包括我们认为具有重大意义的那些'世界-历史'事件与文化现象,显然都不能从这些公式中演绎出来"。② 而在更为著名的《社会科学和社会政策认识中的"客观性"》一文(1904)中,韦伯则是直接援引李凯尔特的思路,强调社会科学的研究对象乃是个别性的社会文化生活,或者说——借用韦伯原话——各种因素的"个别组合""有意义的具体的相互作用""这种组合具有当代意义的个别特性"。③ 而具有一般性的概念或者说理念型的作用,仅在于协助研究者分析具体观察对象"在多大程度上接近或远离这种思想图

---

① 参见 H. 李凯尔特:《文化科学和自然科学》,涂纪亮译,杜任之校,北京:商务印书馆,1986。
② 参见[德]马克斯·韦伯:《罗雪尔与克尼斯:历史经济学的逻辑问题》,李荣山译,上海:上海人民出版社,2009,引文见第 45 页。
③ [德]马克斯·韦伯:《社会科学认识和社会政策认识中的"客观性"》,载[德]马克斯·韦伯:《社会科学方法论》,韩水法、莫茜译,北京:中央编译出版社,1998,第 24、26 页。

像",并以此对历史个殊性产生更全面和精确的理解。① 理念型绝不可能替代现实本身。

在某种程度上,韦伯也承认建构一种历史发展规律之理念型的可能性,但同时强调这依旧只是理念型,而非历史本身。韦伯明确指出了混淆两者带来的"危险":

> 经验中的某些情况使得严格地维持这种区别格外困难。考虑到直观地证明理想类型或理想类型的发展的长处,人们将试图通过来自经验-历史的实在的直观材料阐明这种证明。这个自身完全合法的做法的危险在于,历史的知识在这里看来是理论的仆人而不是相反。或者把这种关系看作正常的关系,或者更糟的是使理论和历史相互换用乃至使它们彼此完全混淆起来,这显而易见颇能诱惑理论家。②

换言之,至少在方法论作品中,韦伯至多承认一种方法论意义上的、作为启迪工具的普遍历史规律建构,同时并未承认历史现实本身果然如历史规律理念型那样,呈现出一种清晰的线性逻辑。

(二)迈向普遍历史的实质理论

但身为理论家的韦伯,最终还是未能抵挡住将理念型与历史现实混淆的诱惑。下文将显示,在创作《新教伦理》(1904—1905)之后,韦伯历史研究的视野不断扩大,越来越多的来自不同文化、不同社会生活领域的历史

---

① [德]马克斯·韦伯:《社会科学认识和社会政策认识中的"客观性"》,载[德]马克斯·韦伯:《社会科学方法论》,韩水法、莫茜译,北京:中央编译出版社,1998,第40页。
② 同上文,第51页。

素材进入其研究中。这促使韦伯开始脱离其原初设定的"宗教与近代资本主义"这一问题意识,转而寻求一个更为宏大的选题与线索。于是,合理化的普遍历史,注定要成为统摄韦伯全部历史研究的问题意识、方法论和理论命题。

20世纪第一个十年的韦伯,尚未产生从普遍合理化的视野来观察人类历史的念头。在其成名作《新教伦理》系列论文中,韦伯毋宁关注的是近代资本主义的起源问题。资本主义及其起源,无疑是当时经历着工业革命和相伴随的阶级斗争的西方社会科学的核心关注之一,马克思、宋巴特(Werner Sombart)也都对这一历史现象进行过深入思考。为着回应历史唯物主义对资本主义起源的解释,韦伯主张,在科学技术、生产力、生产关系这些"物质"角度之外,对近代资本主义起源的研究,还应从人的"精神"层面来展开考察。而促使西欧经济阶层从"传统主义"心态向资本主义精神转变的,正是16世纪以来的新教——尤其是加尔文教和清教——所衍生(或变异)出来的一系列伦理(如努力工作创造财富,以确证自己已获得恩宠)。①

而在随后的十余年中,韦伯历史研究的重心渐趋脱离了狭义的欧洲史,并转向更为开阔的世界史领域。在完成《新教伦理》的创作后,韦伯原本的设想,是进一步研究整个西方基督教的发展史,及其对经济(或者说资本主义)的可能影响。然而,当他获悉友人特洛尔奇(Ernst Troeltsch)已经着手研究中世纪基督教的社会思想史时,鉴于两人研究可能发生重叠,所以就转向了跨文化的比较宗教研究。② 至迟从1911年起,韦伯已经计划在"世界诸宗教之经济伦理"("Die Wirtschaftsethik der Weltreligionen")这一标题和构

---

① 参见本书导论部分中的相关讨论。
② [德]玛丽安妮·韦伯:《马克斯·韦伯传》,阎克文等译,南京:江苏人民出版社,2002,第378页。特洛尔奇的作品,见[德]特尔慈:《基督教社会思想史》,戴盛虞、赵振嵩译,香港:基督教文艺出版社,1991。该作品内容与韦伯的研究实际上联系不大。

想下,对儒教、印度教、佛教、犹太教、基督教与伊斯兰教之宗教伦理,及其对经济的态度,依次展开研究。① 韦伯大约在1911年至1913年间基本完成了《儒教与道教》的研究,并在1913年为"世界诸宗教之经济伦理"这一研究规划创作了一篇导论(Einleitung)。1915年9月,这篇导论以及遵循其思路的第一项经验研究——《儒教与道教》的前半部分,均正式发表于《社会科学与社会政策文库》(Archiv für Sozialwissenschaft und Sozialpolitik)这一杂志。《儒教与道教》的其余部分也在这一年之内发表于同一杂志。

此一阶段的《导论》和《儒教与道教》,均是对《新教伦理》思路的延续和拓展。与《新教伦理》一样,《导论》关注的是宗教所打造的实践伦理对经济态度的影响。与《新教伦理》不同的是,《导论》宣称其规划下的作品将对世界各大宗教展开研究,而非局限于基督教或新教。② 由于是紧随着《导论》发表,《儒教与道教》本身并无单独的导论,这就意味着韦伯此时的中国宗教研究也是默认了《导论》本身的问题意识。韦伯首先检验了中国文化的政治、经济与法律结构,并认为这些结构中既有不利于近代资本主义的因素,又有对其有利的因素。韦伯随后对儒、道二教展开分析,指出前者的传统主义和后者的消极倾向,均对近代资本主义构成不利条件。因此,"只要看看此一心态(指中国宗教影响下的心态)的固有法则性,也就不难指出这是强烈阻碍资本主义之发展的一个有力因素了。"③

然而,也正是在1915年,韦伯宗教研究的问题意识发生了微妙但又清

---

① 韦伯的比较宗教研究构想,参见[德]马克斯·韦伯:《比较宗教学导论——世界诸宗教之经济伦理》,载[德]马克斯·韦伯:《中国的宗教;宗教与世界》,康乐、简惠美译,桂林:广西师范大学出版社,2004,第462页。
② 参见[德]马克斯·韦伯:《比较宗教学导论——世界诸宗教之经济伦理》,载[德]马克斯·韦伯:《中国的宗教;宗教与世界》,康乐、简惠美译,桂林:广西师范大学出版社,2004,第462—463页。
③ [德]马克斯·韦伯:《中国的宗教;宗教与世界》,康乐、简惠美译,桂林:广西师范大学出版社,2004,第334页。另见[美]杨庆堃:《导论》,载[德]马克斯·韦伯:《中国的宗教;宗教与世界》,康乐、简惠美译,桂林:广西师范大学出版社,2004,第335—376页。

晰可辨的变化。在1915年11月出版的《社会科学与社会政策文库》第41卷第2册中,紧跟在《儒教与道教》的结论文字之后,还刊载有韦伯撰写的《中间考察:宗教拒世的阶段与方向》(Zwischenbetrachtung. Stufen und Richtungen der religiösen Weltablehnung)一文。韦伯应该是在已完成《儒教与道教》的研究,并初步展开对印度宗教的研究后,产生了一些与"世界诸宗教之经济伦理"的原初问题设定不同的想法,所以才抢在《印度教与佛教》问世之前,迫不及待地将自己的新思考以《中间考察》一文公之于众。韦伯此时的新想法,正是包括宗教在内的人类精神与物质生活各"领域"(Sphären)的相互分化、"升华"与合理化。

与其说《中间考察》研究的是"宗教拒世",不如说它呈现的是宗教与世界间的紧张关系问题,而且这种紧张是双向的。而引发紧张关系的根本原因,便是合理化。在人类理性或合理化力量的作用下,一方面宗教本身愈加从"仪式主义"升华为"心志主义",愈加强调人自身的内省(而非依赖其他权威),并导致对现实世界的主动、积极的排斥,另一方面与宗教相对的世界诸领域也愈加合理化或升华,并愈加呈现出"独立内在的法则性",从而既在相互间构成紧张关系,又分别与合理化的宗教发生冲突。① 韦伯详尽描述了合理化宗教与合理化的现世诸领域间的紧张关系:救赎宗教的普遍同胞伦理,与合理性的经济带有的普遍非伦理性相敌对;以普遍同胞伦理为根基的救赎宗教,也与地域性和暴力性的政治秩序相冲突;艺术能够将人从日常生活的例行化中解救出来,但却与宗教的救赎之道发生冲突;性爱也能使人远离日常事务,并使其体会到"与一切生命的自然根源连接在一起"的状态,但这种现世内救赎方案无疑又与救赎宗教构成冲突;知性或科学每增进一分,宗教就被迫向非理性的领域退入一分。②

---

① [德]马克斯·韦伯:《中间考察——宗教拒世的阶段与方向》,载[德]马克斯·韦伯:《中国的宗教;宗教与世界》,康乐、简惠美译,桂林:广西师范大学出版社,2004,第512页。
② 参见同上文,第515—542页。

在韦伯眼中,这一整套关于分化与合理化的表述,并不仅仅是单纯辅助分析历史的理念型,而且具有实质结论的意味。韦伯当然在文中强调,他此处所建构的只是理念型,以便研究者得以确定某一历史现象在类型学上的定位,"就此而言,概念的建构只不过是为求扩大视野与使用术语之便而设的一种技术性辅助手段"。① 可惜韦伯没能憋住,因为他马上笔锋一转:"不过,在某些情况下,其意义并不只如此"。随后韦伯化身为启蒙哲学家,开始主张理性是贯穿古今的根本人性:"理性(das Rationale),就其逻辑上或目的论上的'首尾一贯性'而言,不管是采取知性—理论立场的理性,或采取实践—伦理立场的理性,无论古往今来都一直强烈支配着人类——尽管这股支配力在面对其他历史力量时显得多么的有限与不稳定"。② 于是,方法论意义上的普遍历史,就轻易滑向了实质理论意义上的普遍历史。

结果,在《中间考察》之后陆续发表于1916年至1919年间的《印度教与佛教》和《古犹太教》,在问题意识、考察内容和结论上,也都发生了相应调整。与《儒教与道教》的结构类似,《印度教与佛教》首先考察"社会制度",然后才关注"救赎学说"。但韦伯的关心已经不限于这些因素与"经济伦理"或"资本主义"的关系,而是转向更为整全性的合理性的生活样式(Lebensführung)问题。《印度教与佛教》的最后一章,实际上是韦伯对他所考察的全部亚洲宗教的总结。他在此处声称,亚洲的精英阶层要么通过逃离现世来寻求救赎(如在印度),要么直接认同于现世(如在中国),但这两种情形都无法像西方新教那样催生一种既在现世中积极行动,又对现世保持冷漠态度的理性主义生活态度;而亚洲的大众宗教意识,又保留了太多的巫术成分,从而更加"不可能开出一条道路通往现世内的、理性的生活样式"。③ 而在《古犹太

---

① 参见[德]马克斯·韦伯:《中间考察——宗教拒世的阶段与方向》,载[德]马克斯·韦伯:《中国的宗教;宗教与世界》,康乐、简惠美译,桂林:广西师范大学出版社,2004,第507页。
② 同上文,第507页。
③ 参见[德]马克斯·韦伯:《印度的宗教——印度教与佛教》,康乐、简惠美译,桂林:广西师范大学出版社,2005,第460—477页。

教》中,韦伯提到"资本主义"一词的次数,更是远少于"合理化""合理性"和"理性主义"(Rationalismus)等概念的出现次数。① 韦伯将古犹太教的成就认定为一场"革命",亦即这一宗教促成了"一则高度理性的、意即从巫术与一切形式的非理性救赎追求当中脱离出来的、现世内行动的宗教伦理",从而与亚洲宗教"遥远隔阂",并"相当程度地成为现今欧洲与近东宗教伦理的基础"。② 韦伯还将这场"革命"与欧洲历史上其他的合理化过程并列:"希腊精神文化的发展,以及专就西欧而言罗马法的发展和奠基于罗马官职概念上的罗马教会的发展,还有中世纪的身份制秩序的发展,以及最后在宗教的领域上以其影响力打破此种秩序但使其诸种制度得以延续推进的基督新教的发展。"③

最后,当韦伯在1919年决定将之前发表过的全部宗教研究汇编成《宗教社会学文集》(Gesammelten Aufsätze zur Religionssoziologie,注意标题的变化也显示韦伯此时的关注绝不局限于"经济伦理"了)再度出版、并为此写作一篇新的序言时,在其头脑中已经存在了好几年的、实质理论意义上的普遍历史构想,终于以完整形态行诸文字。正如本章开头所言,韦伯在此文的第一段就明确提出,在普遍历史的范围内,欧洲历史中出现的某些"独特"现象,值得认真研究。而这一独特现象,便是社会诸领域的全面合理化。韦伯不厌其烦地从科学、史学、政治与法律思想、音乐、建筑、报纸、期刊、大学体制、官僚制、立宪制国家等一系列角度,来阐述欧洲史上的合理化成就。近代资本主义自然也是合理化的最重要成就之一。韦伯表示,《宗教社会学文

---

① 可参考《韦伯全集》的编辑者所做概念索引,参见 Max Weber, *Max Weber Gesamtausgabe*, Band I/21, 2. Halbband. *Die Wirtschaftsethik der Weltreligionen. Das antike Judentum. Schriften und Reden 1911–1920*. Eckart Otto (hrsg.), Tübingen: Mohr Siebeck, 2005, S. 1101, S.1122–1123。
② [德]马克斯·韦伯:《古犹太教》,康乐、简惠美译,桂林:广西师范大学出版社,2007,第14页。
③ 同上书,第16页。

集》的任务,就在于"去认识(一般的)西方理性主义的特质,以及(特殊的)近代西方的理性主义,并解释其起源",而且侧重从"生活样式的能力与性向"的角度来解释这一起源问题。① 除了研究欧洲宗教本身,比较宗教社会(经济)学的研究,也能为解答这一问题提供助益。通过对非西方各大宗教中诸种有利于和不利于合理化或资本主义的要素予以呈现,就能够更清晰地判断出西方宗教中促成合理化的"固有要素",并澄清宗教与合理化或资本主义间的"因果归属"。韦伯甚至愿意讨论一下人种学在这种比较研究中的作用。他承认这方面的现有研究完全不足以帮助学者推断出"遗传素质"究竟是如何影响合理化和经济进程的,但他又忍不住地宣称:"在个人主观见解上,赞成生物学的遗传素质具有重大的意义"。②

至此,韦伯终于冲破了历史主义思维和新康德主义方法论设定的"囚牢","勇敢"地陈述出了其有关普遍历史的理论命题。与其说他在思想层面"战胜"了历史主义和新康德主义,毋宁说他只是直接回避了它们(韦伯思想中这类分裂和矛盾随处可见)。对于1915年至1920年间(这当然是韦伯本人思想——包括政治思想——最为成熟的时期)韦伯的普遍历史观,我们可以归纳如下:人类都拥有依照合理性模式思考和行动的本能,所以历史在本质上可以向最高的合理性方向发展;在古犹太教、中世纪天主教和近代新教伦理的持续引导下,欧洲历史呈现为一个精神与物质生活均不断合理化的过程,而且韦伯时代的欧洲也正是处在全人类合理化进程的最高峰;种种非欧洲文化,由于其宗教本身合理化程度不足,并由于来自社会、政治、经济、法律结构的种种阻碍,所以合理化程度明显不如欧洲文化,只能在由欧洲的过去所设定的合理化阶段理念型中挨个对号入座。

---

① 参见[德]马克斯·韦伯:《资本主义精神与理性化》,载[德]马克斯·韦伯:《中国的宗教;宗教与世界》,康乐、简惠美译,桂林:广西师范大学出版社,2004,第447—460页。
② 参见[德]马克斯·韦伯:《新教伦理与资本主义精神》,康乐、简惠美译,桂林:广西师范大学出版社,2007,第13—16页。

根据韦伯的设计,普遍历史的现实发展序列如下:在"前历史"时期,人类由于只有巫术,没有宗教,所以生活在一片混沌或非理性之中;中国文化代表着普遍历史的开端(所以他的比较宗教学研究的第一个对象便是中国),随后印度的宗教实现了程度稍高的合理化;古犹太教的登场意味着完全合理化之宗教的首度出现,此后的基督教和伊斯兰教也深受其影响;新教的出现则将合理化的要求从宗教领域拓展到了生活的方方面面,包括经济领域;近代科学则带来了彻底的除魅(Entzauberung)和即事性(Sachlichkeit)(当然韦伯对除魅的后果也表达了若干隐忧)。由于这幅图景实在是和黑格尔的历史哲学太相像,韦伯不得不在注释中澄清:"我们考察的顺序——由东向西——的地理性安排,只不过纯属偶然。事实上,并不是外在的地域性分布,而是为了达到论述之目的的内在理由,才是考察顺序的决定性要素"。① 也就是说,韦伯否认自己照抄了黑格尔有关"世界精神自东向西漫游"的命题(这方面我们可以信任社会科学家韦伯)。即便如此,韦伯比较宗教社会学考察顺序的"内在理由"(实际上就是合理化程度由低到高),无疑与整个德意志观念论哲学中的"理性""自由"或"绝对精神"难以撇清关系。②

第三节　普遍法律史的可能性:开端与终点

按照韦伯宗教社会学中的普遍历史逻辑,由于中国位于历史的开端,所以其法律必须呈现为一种非理性成分远多于合理性成分的状态。在《儒教

---

① [德]马克斯·韦伯:《资本主义精神与理性化》,载[德]马克斯·韦伯:《中国的宗教;宗教与世界》,康乐、简惠美译,桂林:广西师范大学出版社,2004,第494页(注释13)。
② Peter Knapp, "Hegel's Universal in Marx, Durkheim and Weber: The Role of Hegelian Ideas in the Origin of Sociology", *Sociological Forum*, Vol. 4, No. 4(1986), pp. 586 - 609.

与道教》中,对中国法的讨论被置于第四章第四节("家产制法律结构")。韦伯在此处引用了科勒对中国刑法的判断①,但本节大部分内容应该是韦伯自己的思考结果。正如本节标题所显示的,韦伯是在家产制支配这一框架下来讨论中国法的,而家产制结构的一大特征便是权力行使的恣意性。② 不过韦伯还是先承认了中国家产制法律中的某些合理性现象,例如行政领域存在大量制定法,又如刑法在规定犯罪构成要件方面对犯罪动机的考虑。但韦伯还是对中国法给予了更多的负面评价:中国的法典中没有私法规范,也不存在"自由权"的意识;司法与行政在现实中没有分离,司法活动本身也是去职业化的,带有强烈的"反程序主义的""家父长式"的性格,追求的是"实质的公道",而不是"形式法律";没有"判例集成",没有"像英国那样的中央法庭";君主的谕令毋宁是"法典化的伦理规范,并具有高超的文学素质";此外,在中国也不存在"西方观念中的律师"。归根结底,中国法的实际运行依旧"停留"在"卡迪司法"的状态。③

在韦伯生前未能完成、而由其妻子玛丽安妮·韦伯(Marianne Weber)整理出版的《经济与社会》一书的"法律社会学"一章中,也存在对中国法的讨论。不过,我们可以首先观察一下韦伯在该章中对法律"发展阶段"的讨论。要注意韦伯在原文中对"发展阶段"一语就是打上引号的④,所以我们可以猜测,韦伯认为自己在此处的建构主要是一套理念型,而非对现实的完整呈现。在这套理念型中,法创制与法发现的主体和方式,首先是"法先知"的卡理斯玛法启示,然后是法律名家的经验性法创制与法发现,继之以世俗权力

---

① 参见[德]马克斯·韦伯:《中国的宗教;宗教与世界》,康乐、简惠美译,桂林:广西师范大学出版社,2004,第157页。
② 参见本书第三章的相关讨论。
③ 参见[德]马克斯·韦伯:《中国的宗教;宗教与世界》,康乐、简惠美译,桂林:广西师范大学出版社,2004,第156—160页。
④ [德]马克斯·韦伯:《法律社会学》,康乐、简惠美译,桂林:广西师范大学出版社,2005,第319页。

和宗教权力下达法指令,最后是法律专家体系性的制定法和司法审判。与此对应,韦伯还创造了一个法律形式发展的理念型:先是巫术和启示的非理性形态,随后是要么源自神权政治、要么源自家产制的实质合理性法,最后则是形式逻辑意义上的合理性与体系性法律。①

借助(但又并非完全借助)这些标准,韦伯对世界各地法律展开了详细考察。韦伯在第五节和第六节均讨论过中国法。第五节的主题是宗教对法律的影响,中国法在此是作为宗教法的对立面出现。韦伯认为,中国的官僚体制对种种巫术性司法予以严格限制,但由于这种体制带有很强的家产制色彩,所以司法裁判依然是非理性的。② 第六节直接讨论家产制支配对法律的影响,中国法显然不会在此缺席。韦伯此处的文字基本上是对《儒教与道教》中相应讨论的归纳:家父长制或家产制支配消解了司法与行政之间的区隔;君主的谕令带有训诫意味,而不一定是严格的命令;司法倾向于以实质正义为判决基准,从而表现为"强烈的非理性的、具体的'权衡'裁判的类型"。③

总体而言,位于普遍法律史开端的中国法,虽然相比于"前历史"的各个部落而言具有一点点合理性,但其非理性的成分依旧彻底压倒了合理性。与其在宗教社会学中建构的普遍历史发展序列对应,韦伯认为印度法的合理化程度要"高于"中国法。④ 当然,这两者的合理化水平都远"低于"西方法。

"唯有西方"出现了如下种种法律合理化现象:司法集会人团体的审判、家产制的身份制定型化、自然法思潮、对属人主义管辖模式的克服、独特形态的罗马法、专门的法学教育……而"西方之外的全世界各地仅见凤毛麟角

---

① [德]马克斯·韦伯:《法律社会学》,康乐、简惠美译,桂林:广西师范大学出版社,2005,第319—320页。
② 同上书,第231—232页。
③ 同上书,第269—270页。
④ 同上书,第18页。

的类似之处"。① 身为德意志历史法学和法律科学(Rechtswissenschaft)的传人,韦伯认为,他所处时代的德国法律实证主义(Gesetzespositivismus)是法律合理化的巅峰,这一思潮包含如下几个基本命题:

(1)任何的法律决定率皆为抽象法命题之"适用"于具体"事实"上;(2)对于任何具体事实,必然皆能透过法律逻辑的手段而从现行的抽象法命题当中得出决定;(3)因此,现行的客观的法律,必然是法命题的一个"毫无漏洞的"体系、或者潜在内含着这样一个体系,或者至少为了法律适用之目的而被当作是这样的一个体系;(4)凡是未能在法学上被理性地"建构"者,即和法律无关紧要;(5)人类的共同体行动全都必须被解释为法命题的"适用"或"实现",或者反之,解释成对法命题的"违犯"……因为,相应于法律体系的"绵密无缺"(Lückenlosigkeit),"在法律的规制之下"(rechtliche Geordnetheit)也理应是所有的社会事象的一个基本范畴。②

直至今日,这些命题仍被全世界的大陆法系国家——包括中国——的主流法学所尊奉。

小　　结

尽管面临若干思想阻碍,韦伯还是在其生命最后五年这一学术高产期,建构出了一套线性的合理化普遍历史理论。启蒙以来目的论的、线性的、包

---

① [德]马克斯·韦伯:《法律社会学》,康乐、简惠美译,桂林:广西师范大学出版社,2005,第320页。
② 同上书,第29页。

含"历史发展阶段"观念的普遍历史观(这种观念也直接影响了当时的法学研究),是韦伯本人普遍历史理论的根本语境。韦伯认同19世纪历史主义,也汲取了新康德主义的认识论与方法论,这使得韦伯在其学术生涯前中期对"历史发展有目的和规律可循"这种想法保持警惕。然而,当韦伯在20世纪10年代转向对世界各主要宗教和文化的广泛考察时,海量的历史素材与现象,促使韦伯努力寻找一个比最初设定的"宗教与近代资本主义"这一问题意识更为开阔的问题,来统摄其全部历史研究。作为时代之子,韦伯最终还是皈依了即使在当时就饱受质疑、但仍占据主流的线性普遍史观,并以之作为自己研究的问题意识、方法论和理论结论。最终,在韦伯看来,人类历史就表现为一个社会各领域不断合理化的过程。在案例排列上,中国被韦伯列为历史或合理化过程的开端,它拥有一点合理性,但主要成色还是非理性,其家产制法律也表现为类似状态。其他非西方各大文化也只能依次位于各个"更低"的阶段(或者完全排不上号)。而拥有新教伦理和科学的西方,此时已经率先达到了合理化的最高阶段。写作于1919年、发表于1920年的《宗教社会学文集》的序言,是韦伯这种史观的完整呈现。但本章表明,这篇文章是韦伯对自己(最迟是)1915年以来思考的总结,而不是心血来潮或突发奇想。

但是,当韦伯真正对世界各大文化展开经验研究时,却时常发现经验本身并不完全符合理论的模子:他在中国法中发现了不少合理性,却又在近代西方法中遭遇了大量非理性。韦伯是如何发现这些矛盾的?他又是如何应对这些矛盾的?接下来四章,就将回到韦伯对历史的经验研究之中,去探寻他在连接理论与经验方面的成就与局限、真诚与掩饰。

第三章
来自东方的不和谐因素：
家产官僚制与中国法

马克斯·韦伯活在中国研究之中。他在该领域的一系列论断，或者是激发起学者的想象，或者是构成严峻的、看似不可逾越的挑战。他以不容置疑的口吻断定：传统中国不可能催生近代产业资本主义，因为无论是正统的儒教还是异端的道教都与新教伦理相去甚远；由于儒教的合理化程度远未达到新教伦理的水平，整个帝制中国就像是一个"巫术花园"，无论是中国人的内在生活样式，抑或外在社会结构，都维持在合理化进程的较粗糙阶段；中国的政治，或者说——用韦伯的术语——支配（Herrschaft）类型，长期停滞在家产制支配这一阶段；而处于这一支配下的行政与司法，则永远呈现为一副非理性的"卡迪司法"面貌。这一系列图景已为我们所熟悉。无论是接受还是排斥这些命题，人们都被迫去严肃面对。

在中国法律史领域，韦伯"赠送"给中国法的"卡迪司法"标签，也同样萦绕在每个学者心头。无论是否直接阅读过韦伯的作品，也无论是否曾自觉回应韦伯的这个论断，几乎所有研究帝制中国州县司法的学者，始终下意识地诱使自己追问如下问题：中国传统法律究竟是不是"卡迪司法"？韦伯的结论，究竟是对了，还是错了？

法律史学者对上述问题的回答方式，多是以建立在史料基础上的经验研究，来间接映证或否定韦伯的命题。这尤其体现在清代法律史领域。已经有大量有关清代州县司法的研究,通过官箴书、中央及地方档案、诉状及契约文书,乃至文学文本等各类材料,来为我们展示出一幅颇为全面的清帝国地方治理的完整场景。这样的研究实际上已经数不胜数。① 然而,大部分此类研究由于停留在对经验材料的归纳层面,从而缺失了与韦伯命题的积极对话。有必要明确的是,对一种理论的证成或扬弃,必须在理论层面(而非停留在经验层面)本身进行操作。否则,引用再多的官箴书、再多的诉讼档案,也无法对韦伯有关中国法的理论命题形成充分回应或挑战。

本章即尝试对韦伯的"卡迪司法"论断展开严肃而又积极的理论溯源。我将区分韦伯中国法命题所处理论背景中的"有益"成分和"有害"成分。首先,我将从韦伯的支配社会学框架出发,来澄清韦伯中国法论断的重要理论背景,而这一理论背景原本对理解中国法是有益的。然后,我将从上章已经介绍的韦伯普遍历史观出发,来观察这一史观所导致的韦伯对中国政治和法律的扭曲式描绘。因此,在去除欧洲中心主义的偏见后,韦伯支配社会学和法律社会学的概念体系,仍具有解释帝制中国政治与法律的充分潜力。②

第一节 家产官僚制:理论建构

(一) 家产制

由于韦伯基本上是在家产官僚制这一概念框架下来探讨帝制中国的司法与行政的,所以我们对韦伯中国法命题的检视,也需要从这一概念出发。

众所周知,韦伯在其较为成熟版本的支配社会学中,将政治支配明确划

---

① 对这类研究较为出色的梳理与总结,参见里赞:《晚清州县诉讼中的审断问题:侧重四川南部县的实践》,北京:法律出版社,2010,第1—17页。
② 本书第七章将充分展开韦伯理论与清代法间的对话。

分为三种类型：卡理斯玛型、传统型和法制型。韦伯是从支配正当性（Legitimität）之来源的角度来界定这三种类型的支配的。在卡理斯玛型支配中，支配的正当性来自对支配者的非日常禀赋的信仰，这些禀赋包括巫术能力、预言、战场上的英雄主义，以及演说才能。在传统型支配中，支配的正当性源于对传统以及通过传统而获得权力的支配者之神圣性的信仰。而在法制型支配中，正当性建立在人们对一个合理性的、融贯的且实定的法律体系的信任之上，其最纯粹形式即是通过官僚制实施的法制型支配。①

对传统型支配而言，其最原始的形态是家父长制支配（patriachale Herrschaft）。这种支配源自家长对其家共同体的无可置疑的权威，而这种权威本身是基于一种严格的、个人性的恭顺关系。② 一旦这种支配结构扩展到家庭的狭小领域之外，并发展出特别的行政机构和武装力量，且这两者都成为支配者的工具时，就产生了家产制支配（patrimoniale Herrschaft）。③

在某种意义上，传统型支配（包括家父长制和家产制支配）可以视作三种支配理念型中的中间或过渡形态。其支配结构一方面带有卡理斯玛型支配的非理性特质，另一方面却也具备法制型支配的某些合理性要素。在韦伯眼中，卡理斯玛型支配是全然的恣意和非理性的支配，而法制型支配，尤其是包含官僚制的法制型支配，则是合理性的彻底实现。在创作于不同时期的各版本支配社会学文本中，韦伯都指出，家父长制或家产制支配在权力行使过程中，存在着一种相对稳定领域和个人恣意决断领域的并存格局。一方面，"神圣传统"的存在及其崇高地位（家产制支配的正当性即仰赖于此），导致家产制君主及其官吏不得不对其予以尊重，从而在涉及传统的领

---

① 例见［德］马克斯·韦伯：《经济与历史；支配的类型》，康乐等译，桂林：广西师范大学出版社，2004，第303—304页。
② ［德］马克斯·韦伯：《支配社会学》，康乐、简惠美译，桂林：广西师范大学出版社，2004，第90页。
③ ［德］马克斯·韦伯：《经济与历史；支配的类型》，康乐等译，桂林：广西师范大学出版社，2004，第333页。

域无法恣意裁断;另一方面,在传统事项之外,则权力的行使不受任何约束,从而呈现出非理性的特征。①

韦伯有关不同支配类型的"发展史"的初步构想,也同样赋予家产制支配一种中间地位。在《世界诸宗教之经济伦理:宗教社会学素描——导论》(以下简称《导论》)一文(创作于约1913年,首次发表于1915年,1920年又经韦伯修订)的结尾部分,韦伯就给我们展现了一部颇为清晰的支配类型的"发展史"。而这部历史的演化逻辑,明显是"卡理斯玛型——传统型(包括家产制和身份制)——法制型(官僚制)"的三阶段顺序。② 鉴于韦伯明显是以合理化这一命题来建构世界历史,我们可以断定:在韦伯心目中,包括家产制在内的传统型支配无疑在合理化程度上高于卡理斯玛型支配,如果卡理斯玛是彻底的非理性,那么更为"高级"的家产制至少应具备某些种类的合理性要素。

因此,在家产制支配的法律领域,一种传统约束和恣意裁断的二元格局便是其显著特征。由于某些神圣传统的存在,家产制君主和官吏在裁判事项涉及该传统时,便不得不对其予以尊重。然而,只要是"神圣传统"未曾明确规定的领域,具有原始"(家父长制)福利国家"特色的家产制,便倾向于打破各种形式性的程序和实体法上的限制,并追求实质性的真相和公道,而这种实质性的诉求往往是以极为特殊和具体的、因人因事而异的方式体现出来,从而完全不具备规则性与合理性。韦伯甚至断定:"所有家产制君主的司法体系皆有往此方向发展的趋势。"③然而,即便如此,我们仍须牢记的是,

---

① [德]马克斯·韦伯:《支配社会学》,康乐、简惠美译,桂林:广西师范大学出版社,2004,第131页、第151页;[德]马克斯·韦伯:《经济与历史;支配的类型》,康乐等译,桂林:广西师范大学出版社,2004,第324页;[德]马克斯·韦伯:《中国的宗教;宗教与世界》,康乐、简惠美译,桂林:广西师范大学出版社,2004,第156页。
② [德]马克斯·韦伯:《比较宗教学导论——世界诸宗教之经济伦理》,载[德]马克斯·韦伯.《中国的宗教;宗教与世界》,康乐、简惠美译,桂林:广西师范大学出版社,2004,第497—500页。
③ [德]马克斯·韦伯:《法律社会学》,康乐、简惠美译,桂林:广西师范大学出版社,2005,第268—269页。

韦伯原初构想的家产制支配下的法律,是一种传统约束与任意裁断并存的状态,从而与彻底非理性的卡理斯玛型支配有着显著区别。

而在"法律社会学"中,韦伯则直接使用"合理性"及相关概念来描述家产制君主下的某些法律现象。首先,家产制君主为了维持治安,会创制"合理性的刑法"。① 其次,家产制君主会向其官吏发布包含一般性指令的行政规则,从而在客观上实现对臣民权利的"法律的保障"(由于有了可预见的规则,从而不再屈从于专断的裁判权力)。② 最后,家产制君主为了对抗身份制特权,不得不依赖形式合理性的官僚制与相应法律,也不得不出于拉拢资产阶级以共同对抗贵族的目的,而制定并实施形式合理性法律(这里更多是指私法)来保障资产阶级的利益。③

因此,即使是理念型或者说纯理论层面上的家产制支配,其日常行政和司法也绝非像卡理斯玛型支配那样彻底地不受约束、恣意和非理性。一方面,其权力之行使的某些领域,毋宁受到传统规范的制约,从而有着一定的稳定性(即使不能说这就是真正和完全的合理性)。而在另一方面,家产制支配无论在理论还是在现实中,也可能与较高程度合理性的立法与司法兼容。而这后一个方面,就可能涉及家产制支配与法制型支配(或者说官僚制)的某种混合状态,亦即"家产官僚制"。

(二) 家产官僚制④

世界并非由概念构成。作为一名绝不缺乏实证研究经历的社会科学

---

① [德]马克斯·韦伯:《法律社会学》,康乐、简惠美译,桂林:广西师范大学出版社,2005,第261页。
② 同上书,第267页。
③ 同上书,第272—273页。
④ 黄宗智对清代政治形态的描述,对本部分写作给予了直接启发,见[美]黄宗智:《清代以来民事法律的表达与实践:历史、理论与现实》(卷一),北京:法律出版社,2014,第185—188页。

家,韦伯无疑对此了然于心。无论众多理念型建构得多么精致,它们始终无法代替现实本身。在支配社会学领域,这些概念的意义和局限也同样为韦伯所了解。韦伯数度强调,现实总是三种支配类型的"结合、混合、调试和修正"。① 这些"纯粹"类型的功能,在于提供"概念指导"②,从而有助于确定一个具体案例到底最为接近何种类型的支配。而且,在必要时,结合来自不同"纯粹"类型之要素的新术语也会被创造出来。这其中之一,便是"家产官僚制"。③

略为遗憾的是,韦伯尽管提出了这一概念,却未能在理论层面上对其做出足够的澄清。不过他至少提供了若干线索。在上文已提及的宗教社会学《导论》一文中,韦伯对"家产官僚制"的解释如下:"我们将被迫一再地要造出像'家产官僚制'这样的语词,以表明这现象有部分特征是属于理性的支配形态,然而其他部分的特征却是属于传统主义的……支配形态。"④这至少表明,韦伯在设计家产官僚制这个新概念(也可以说是新的理念型)时,是承认这种支配形态分享有某种程度的官僚制之合理性的。

因此,可以推断的是,家产官僚制是家产制支配和官僚制支配的混合状态。在这种支配形态中,家产制的因素表现如下:君主本人的权力行使,无论是出于事实上的不受合理性法律约束的状态,还是出于意识形态层面的家父长式"福利国家"的心态,都倾向于去形式化与去规则化;而对这种支配下的官吏而言,尽管他们身处一个准官僚制之中,但同样由于"福利国家"心

---

① [德]马克斯·韦伯:《支配社会学》,康乐、简惠美译,桂林:广西师范大学出版社,2004,第20页。
② Max Weber, "Die Wirtschaftsethik der Weltreligionen. Religionssoziologische Skizzen. Einleitung", *Archiv für Sozialwissenschaft und Sozialpolitik*, Bd. 41(1915), S. 1–30, S. 30.
③ [德]马克斯·韦伯:《比较宗教学导论——世界诸宗教之经济伦理》,载[德]马克斯·韦伯:《中国的宗教;宗教与世界》,康乐、简惠美译,桂林:广西师范大学出版社,2004,第500页。
④ 同上文,第500—501页。

态和"父母官"的角色,其权力行使方式在某种程度上类似于在中央的君主,至少在理论层面上,作为皇帝在地方的代理人,他们在各自辖区内具有绝对、不受约束的专断全权。

但我们也不应忽视家产官僚制这个概念中官僚制的一面。在这方面,韦伯本人也有着相关陈述。实际上,韦伯自己承认,在任何超越狭小的家族与村落范围的家产制政治体内,如果支配者试图长期维持住其权力地位,那么其日常的权力运行就必然要依赖一个官吏群(Beamtentum)。① 而且,这个官吏群,也可能由于不断进展的职务分化与合理化,特别是文书利用的日增和职位层级制度的出现,而具有官僚制(bürokratische)的特征。② 对"读"和"写"这两项技能的需求,排除了从家产制内部选拔官员的途径,并对支配者权力构成限制。③ 而且,以外家产制形式选拔的行政干部,除去其支配的正当性来源不论,其官僚形态与法制型官僚形态会表现得极其类似。④

所以,家产官僚制中的官僚,也必然分享了纯粹官僚制中的官僚的某些特性。由于官员处于要求照章办事、遵循先例的行政机构之中,其权力的行使必然同样要遵循相应的行政规则或先例。其对日常行政事务的处理,也受到上级部门依规章而实施的监督。而且,不论官员个人在施政理念层面上是否愿意,整个行政机构都被迫依职能和专长类型来进行分工,从而有助于各官员的治理方式朝职业化和技术化方向发展。

无疑,在这种支配形态中,家产制与官僚制的成分不会以一种彻底和谐的方式并存,它们之间的关系毋宁是一种矛盾性的共存。家产制君主总是

---

① [德]马克斯·韦伯:《支配社会学》,康乐、简惠美译,桂林:广西师范大学出版社,2004,第122页。
② 同上书,第128页。
③ [德]马克斯·韦伯:《经济与历史;支配的类型》,康乐等译,桂林:广西师范大学出版社,2004,第332页。
④ 同上书,第398页。

会恐惧官僚阶层成为一种固化的、自律的、身份制的既得利益集团,并对自己构成威胁,从而倾向于以官僚制以外的手段来对官僚制进行限制,并使家产制下官僚制无法发展成法制型支配下官僚制的那种合理化程度。君主本人也时常以最高权力拥有者的身份打破官僚制的约束,从而在政治治理中直接实现自己的意志。而众多的官员也由于意识形态上的"父母官"心态,更愿意相信自己是一个追求实质公道、且对民众实施无微不至之照料的全能型准家长。然而,另一方面,官僚制本身的存在就已经对君主权力构成了不可忽视的限制。就官员而言,即使他们试图以彻底的家父长制的方式来解决地方治理中的各种问题,官僚制下严格的审查制度也促使其不得不顾虑相应的规则。而现实的社会问题越是复杂,也就越是迫使他们走向职权分化和专业化的道路。

因此,可以想象的是,家产官僚制下的日常司法行为必然也是一种混杂的状态。它既不可能是全然不受限制的"卡迪司法",也不可能是彻底遵循合理性规则的近代官僚制司法。但正是这种描述中间或混杂状态的概念,有助于我们认识支配的现实世界。

韦伯正是使用这个概念来描述现实世界中的某些支配形态。他为家产官僚制寻找到的最现实案例,便是帝制中国。他尤其声称,中国"代表了……家产官僚制的最纯粹类型"。① 他强调,对中国而言,"家产官僚制是个强固且持续成长的核心,也是这个大国形成的基础"。② 那么,值得期待的便是,当韦伯使用家产官僚制这个概念来观察中国的政治与法律时,他到底写下了什么?

---

① [德]马克斯·韦伯:《支配社会学》,康乐、简惠美译,桂林:广西师范大学出版社,2004,第183页。
② [德]马克斯·韦伯:《中国的宗教;宗教与世界》,康乐、简惠美译,桂林:广西师范大学出版社,2004,第96页。

第二节 家产官僚制：中国案例

(一) 普遍历史

正如上一章所指出的，在韦伯后期思想中，其核心问题意识，是建构一部人类精神和物质生活不断走向合理化的普遍历史。作为一名观念论者①，韦伯相信，合理性或者合理化，是人类历史发展的核心动力。像黑格尔的"绝对精神"那样，韦伯理论中的合理性已经成为一种世界历史中的"原生的总体性"(original totality，借用勒维特的语言②)。它将人类生活分化为宗教、经济、政治、审美、性爱和知性等各领域，并以"除魅"(Entzauberung)的方式，将各个领域进行合理化或"升华"(sublimieren)。③ 最终，在科学世界观、自由市场资本主义、近代官僚制、以潘德克顿学派为代表的形式合理性法律思维，乃至艺术领域的对位法、合音、弦乐四重奏、奏鸣曲和交响乐④中，合理性完成了自我实现，合理化的世界历史宣告完成。

韦伯首先以西方历史为例来呈现这个历史哲学命题。对他来说，宗教是理解合理化命题的关键。正是西方的宗教传统，促进了西方人整体"生活样式"(Lebensführung)的不断合理化。这段历史始于古犹太教先知的贡献，

---

① 参见本书第四章的讨论。
② Karl Löwith, *Max Weber and Karl Marx*, Hans Fantel (trans.), London: Routledge, 1993, p.63.
③ 参见[德]马克斯·韦伯：《中间考察——宗教拒世的阶段与方向》，载[德]马克斯·韦伯：《中国的宗教；宗教与世界》，康乐、简惠美译，桂林：广西师范大学出版社，2004，第505—550页。
④ 关于艺术领域的合理化，参见[德]马克斯·韦伯：《资本主义精神与理性化》，载[德]马克斯·韦伯：《中国的宗教；宗教与世界》，康乐、简惠美译，桂林：广西师范大学出版社，2004，第449页。

他们的预言打造出一种伦理而非巫术导向的宗教心志,从而使犹太人的日常伦理在古代世界独树一帜。① 接力赛的第二名选手是欧洲中世纪天主教。修道院中僧侣的生活方式,已经实现高度的禁欲-合理化。僧侣们通过辛勤的劳动和极端的禁欲,已经持续创造出巨大的财富,这也可视作近代资本主义的"萌芽"。② 最终,新教伦理接过火炬。"入世禁欲"的加尔文教徒和清教徒,消除了存在于中世纪的僧侣和普通民众之间的双重伦理模式,伦理的、禁欲的与合理的教义,如今成为在俗世中也必须实现的目标。为着确证自己乃是被上帝选中、从而可享受恩宠之人,清教徒竭尽全力朝向一种合理的、讲求方法的、整体的"生活样式"发展,并最终自我塑造出一种伦理上合理的整体人格。这也正是"人之类型"的发展的最高成就。③ 也正是这种整体式"生活样式"的全面合理化,催生了近代产业资本主义、近代官僚制行政、近代合理性法律,乃至近代音乐与艺术。

此处暂且不论韦伯在叙述这段历史时是何等的"唯心主义"、何等的"欧洲中心",以及何等的"乐观主义",也暂且不论合理性的彻底实现是否会对人的自由与尊严构成致命威胁(关于这一点,韦伯无疑有清醒的认识,但在本章讨论中不便展开)。平心而论,韦伯所发现的这段历史(如果这段历史叙述真正得以成立),的确堪称人类历史(如果不是"普遍历史")中的伟大成就。也难怪号称严守"价值中立"的韦伯本人,会对此赞叹不已。他自豪于"欧洲文化之子"的自我认同。他坚信有些"文化现象"仅仅发生于西方世界。而欧洲学者们的使命,便是去观察这些现象,并思考这些现象的产生

---

① [德]马克斯·韦伯:《古犹太教》,康乐、简惠美译,桂林:广西师范大学出版社,2007,第354—418页。
② 参见[德]马克斯·韦伯:《新教伦理与资本主义精神》,康乐,简惠美译,桂林:广西师范大学出版社,2007,第102—112页;[德]马克斯·韦伯:《经济通史》,姚曾廙译,上海:上海三联书店,2006,第228—229页;另见[德]施路赫特:《理性化与官僚化:对韦伯之研究与诠释》,顾忠华译,桂林:广西师范大学出版社,2004,第27—28页。
③ 参见[德]马克斯·韦伯:《新教伦理与资本主义精神》,康乐、简惠美译,桂林:广西师范大学出版社,2007,第73—146页。

原因。① 任何学术都无法脱离时代,也无法脱离感情,只要这种感情并没有在根本意义上损害学术的品质,那么也就无伤大雅。所以,就让我们给予韦伯少许"同情式的理解"吧(作为当今世界第二大经济体中的学者,本来就应该有这种气魄)。

然而,"同情式的理解"必须在此告一段落。在韦伯的眼中,合理化毕竟不单纯是一个欧洲历史现象,它尚且具有"普遍意义及价值"。② 既然在欧洲发生的合理化有着"普遍意义",那么它至少可以作为一种价值尺度,来对东西方各文化的发展状况进行一种统一的衡量。而且,从欧洲历史中揭示的合理化命题,甚至有可能成为对全人类都通用的发展规律。正是在这种思维的指导下,韦伯展开了他的"跨文化"比较研究。这种比较,不仅要呈现出西方世界与"东方世界"是何其不同,而且要呈现出那些异样的"东方"文化,是处在由欧洲历史规定下的发展位阶体系中的具体哪一位阶。换言之,韦伯作品中西方与非西方的关系,固然是一种空间关系,"但这种空间关系是一种时间性的空间关系,因为对韦伯而言,只能在西方产生的理性化过程是在具有普遍意义的发展中的过程"。③

在众多非西方文化中,韦伯选定中国作为其比较研究的起点。韦伯在1904年至1905年发表《新教伦理》系列论文之后,原本准备进一步研究整个西方基督教的发展史及其与社会经济之关系的演变。然而,当他获悉友人特洛尔奇(Ernst Troeltsch)已经着手研究中世纪基督教的社会思想史时,鉴于两人研究可能发生重叠,所以"提前"转向跨文化的比较宗教社会学研究。④ 他

---

① [德]马克斯·韦伯:《资本主义精神与理性化》,载[德]马克斯·韦伯:《中国的宗教;宗教与世界》,康乐、简惠美译,桂林:广西师范大学出版社,2004,第448页。
② 同上注。
③ 汪晖:《韦伯与中国的现代性问题》,载汪晖:《汪晖自选集》,桂林:广西师范大学出版社,1997,第13页。
④ [德]玛丽安妮·韦伯:《马克斯·韦伯传》,阎克文等译,南京:江苏人民出版社,2002,第378页。

几乎下意识地就将这种研究的第一个观察对象锁定为中国(尽管他在汉学领域几乎未受任何训练),并在约1911年至1913年之间完成了《儒教与道教》系列论文。此外,其支配社会学和法律社会学中有关中国政治、法律与社会的表述,也大致完成于这一时期。

在韦伯的跨文化研究中,中国享有独特地位。在他的世界历史观点下,地处欧亚大陆东端之尽头的中国,是一个与近代西方在各方面都构成鲜明对比的、绝对的"他者"。如果西方是历史的终点,那么中国就是历史的起点(在完成历史起点的功能后它就"停滞"了)。如果西方是合理性,那么中国就是非理性,或者只是合理化进程的初步阶段。

(二) 家产官僚制的"表述失灵"

出于建构普遍的、合理化的世界历史的目的,韦伯采取与黑格尔类似的做法,亦即将"早熟"而又"停滞"的中国置于人类合理化命运的开端,而将西方(尤其是德国)置于此一进程的终点。这种思维倾向也同样影响了韦伯对中国家产官僚制的描述。上文已经表明,家产官僚制是一种混杂了家产制与官僚制的支配的中间形态,因而也就部分具备支配的合理性,部分具备支配的任意性。然而,韦伯有关家产官僚制的这些表述,却在面对中国的情形时失声了。为了符合其"历史哲学"观点,韦伯总是"情不自禁"地侧重于中国家产官僚制中的家产制一面,同时也"情不自禁"地忽略其官僚制的一面。

在《政治秩序的起源》一书中,弗朗西斯·福山(Francis Fukuyama)主张,秦汉时期的中国是人类历史上最早的现代国家。而他据以得出此结论的标准,正是来自韦伯的作品:"马克斯·韦伯定为本质上的现代特征,秦朝如果没有全部,至少也有很多。"①正是战国时期各诸侯国"发明了现代官僚

---

① [美]弗朗西斯·福山:《政治秩序的起源:从前人类时代到法国大革命》,毛俊杰译,桂林:广西师范大学出版社,2012,第123页。

机构"①,而随后的秦汉帝国政府则"几乎符合现代官僚机构的全部特征"②。实际上,在某些时候,韦伯本人也承认帝制中国政治中的某些官僚制现象。在其完成于一战前的支配社会学作品中,韦伯在某一处写道:帝制中国的科举制度及官员考核制度,"可说是官僚制即事性(Sachlichkeit)所可能之最彻底的实现,因此也是与典型的家产制官吏——官职之持有乃是有赖于个人性的恩惠与宠信——之最彻底的决裂"。③ 在相隔不远的另一处,韦伯又声称:"中国(在形式上)可说是近代特有的、和平化与官僚化社会的最佳代表。"④而在《儒教与道教》中,韦伯也声称,秦代中国是"一个严密的官僚制秩序",而汉代仍旧实施"理性行政"。⑤

然而,除了这些零星表述,韦伯在大部分时刻都将重心放在阐述中国政治的家产制一面,同时也时刻不忘记给"中国的官僚制究竟是如何地不成熟""中国为什么未能真正发展出官僚制"这类问题寻找各种解答。即使中国有官僚制,这种官僚制在职权上的切事性划分也十分有限。⑥ 而且,"下属的官府通常都将中央政府的令谕看作是伦理性的、权威性的建议或期望,而不是命令"。⑦ 这些现象可从以下角度获得解释(韦伯几乎是随机式地在不同场合提出以下各种观点):(1)自秦汉以来大一统帝国的建立,导致东周时期"国家体系"的消失,在不存在严重外患的情形下,权力运行合理化激励消

---

① [美]弗朗西斯·福山:《政治秩序的起源:从前人类时代到法国大革命》,毛俊杰译,桂林:广西师范大学出版社,2012,第112页。
② 同上书,第131页。
③ [德]马克斯·韦伯:《支配社会学》,康乐、简惠美译,桂林:广西师范大学出版社,2004,第161页。
④ 同上书,第162页。
⑤ [德]马克斯·韦伯:《中国的宗教;宗教与世界》,康乐、简惠美译,桂林:广西师范大学出版社,2004,第87、90页。
⑥ [德]马克斯·韦伯:《支配社会学》,康乐、简惠美译,桂林:广西师范大学出版社,2004,第161页。
⑦ [德]马克斯·韦伯:《中国的宗教;宗教与世界》,康乐、简惠美译,桂林:广西师范大学出版社,2004,第95页。

失了①;(2)帝国疆域过于辽阔,但官僚制规模相比之下则显得太小(因为皇帝始终无法完全信任这个官僚制),官员在地方治理中必然力不从心,从而只能采取"自由放任"政策②;(3)(与前一个因素相关)地方官僚与地方半自治的氏族团体处于一种既对抗又依赖的矛盾性共存关系,这导致日常治理在很大程度上不得不依赖后者,而后者则抱持典型的"传统主义"心态③;(4)即使帝制中国在形式上具备一个官僚制,但这种官僚制的内在运作"精神"却不同于近代西方官僚制,这是因为,中国官僚制的担当者——士大夫——所追求的理想文化形象,并非切事性的专家,而是饱学诗书、从而在人格上完满的通才④;(5)儒教将若干典籍视为神圣不可动摇,因为这是家产制中国的正当性来源所在,然而这种"传统主义"也必然限制家产官僚阶层的理性主义(而且韦伯认为儒教经典尤为缺少逻辑性和体系性)⑤。

  本章的重点不在于从经验研究的角度,对韦伯的各个论据予以反驳。⑥ 本章只是意在表明,概念和理论上的审美,是如何诱使韦伯自己违背

---

① [德]马克斯·韦伯:《中国的宗教;宗教与世界》,康乐、简惠美译,桂林:广西师范大学出版社,2004,第 110 页。
② [德]马克斯·韦伯:《支配社会学》,康乐、简惠美译,桂林:广西师范大学出版社,2004,第 160 页;[德]马克斯·韦伯:《中国的宗教;宗教与世界》,康乐、简惠美译,桂林:广西师范大学出版社,2004,第 198 页。
③ [德]马克斯·韦伯:《支配社会学》,康乐、简惠美译,桂林:广西师范大学出版社,2004,第 160 页;[德]马克斯·韦伯:《中国的宗教;宗教与世界》,康乐、简惠美译,桂林:广西师范大学出版社,2004,第 151 页。
④ [德]马克斯·韦伯:《支配社会学》,康乐、简惠美译,桂林:广西师范大学出版社,2004,第 162 页;[德]马克斯·韦伯:《中国的宗教;宗教与世界》,康乐、简惠美译,桂林:广西师范大学出版社,2004,第 97、110、231 页。
⑤ [德]马克斯·韦伯:《中国的宗教;宗教与世界》,康乐、简惠美译,桂林:广西师范大学出版社,2004,第 236 页。
⑥ 这方面的作品,参见 Otto B. Van Der Sprenkel, "Max Weber on China", *History and Theory*, Vol. 3, No. 3(1964), pp. 348 - 70; Arnold Zingerle, *Max Weber und China*, Berlin: Duncker & Humblot, 1972; Gary G. Hamilton, "Patriarchalism in Imperial China and Western Europe: A Revision of Weber's Sociology of Domination", *Theory and Society*, Vol. 13, No. 3, Special Issue on China (1984), pp. 393 - 425. 本书第七章也将展开类似工作。

实证研究的严谨和价值中立的诉求的。韦伯对一个清晰的、合理化的普遍历史的需求，导致他试图将东西方各大文化（中国、印度、伊斯兰、古犹太教、中世纪天主教、新教伦理、科学世界观）在合理性进化位阶上一一对号入座。他选中中国作为这个位阶体系中的第一阶，可是中国偏偏不能完美地契合于韦伯为它砌好的模具。最终，韦伯只能以"强行"的方法来证明家产官僚制中的官僚制成分在中国失败了，才能顺利地将中国驯服在他所指定的位置之中。韦伯的理论目的总算达到了，可是在实证研究层面上，他给数代学者留下了一幅残缺的、乃至具有误导性的画面。

在此，我们或许可以观察一下韦伯对欧洲历史上出现的家产官僚制支配的描述，并以此对照韦伯描述的中国（失败的）"家产官僚制"。韦伯宣称，中世纪欧洲的家产制国家曾在某些领域发展出一种形式合理化的行政阶层，而且"此一行政阶层根本上与其他任何时代、任何地区政治体的行政阶层皆不同"。[①] 在早期现代，伴随着战胜贵族特权的绝对主义君主国家的建立，欧洲国家的行政也开始走向合理化。在韦伯看来，这种合理化具备由法律专家主导的形式合理化与由家产制君主主导的实质合理化两个面向。也就是说，该时期的西欧"家产官僚制"，既具有形式合理性，又具备实质合理性。[②] 而持续时间长达两千余年的中国家产官僚制，则与这两种合理性的任何一种都无缘。这不禁令读者疑惑：究竟什么才是"家产官僚制"？

第三节 中国法律在韦伯作品中的"归宿"：实质非理性

鉴于韦伯名义上将中国称为"家产官僚制"国家，却在实质上视中国为

---

① ［德］马克斯·韦伯：《经济与历史；支配的类型》，康乐等译，桂林：广西师范大学出版社，2004，第351页。
② ［德］马克斯·韦伯：《比较宗教学导论——世界诸宗教之经济伦理》，载［德］马克斯·韦伯：《中国的宗教；宗教与世界》，康乐、简惠美译，桂林：广西师范大学出版社，2004，第499页。

纯家产制国家,韦伯对家产制中国之法律运转的描述,也必然与上文提到的家产制"理念型"中的行政与司法模式高度吻合。于是,毫不奇怪的是,在《儒教与道教》中,韦伯认为中国的家产官僚制未能发展出合理性的法律,这是因为中国没有近代资本主义,因为中国不存在强有力的司法职业阶层,也是因为"神圣传统"及行政组织有限的规模阻碍了法律的合理化。①

因此,韦伯展现的中国法律运作图景,近乎戏剧和漫画。中国尽管拥有一定程度上合理性的刑法,却完全没有私法。② 在日常行政和司法中,也是处处充斥着非理性。"官绅行政"基本上是"反程序主义的、家父长式的"。他们追求实质的公道,不依赖(也不存在)任何官方的判例集成,而且没有"英国那样的中央法庭"。司法行政仍停留在"卡迪司法"或"王室司法"的程度上。③ 在这种司法中,官员们"会视被审者的实际身份以及实际的情况而定,亦即根据实际结果的公平与妥当来加以判决"④,所以这种判决必然体现为具体、恣意且去规则化的形态。

在"法律社会学"中,韦伯为这种司法安排了一个更具理论意味的表述:"实质非理性"(materielle Irrationalität)。这种法律实践之所以是"实质"的,是因为它所依赖的裁断标准来自法律之外的事实、伦理、情感或政治因素。而它之所以是"非理性"的,则是因为这些裁断因素都是以具体的、个案的形式呈现出来,从而并不具备规则导向。⑤ 与宗教社会学中对中国法的解释一致,在法律社会学中,家产制支配同样是导致中国法呈现为"实质非理性"的根本原因。⑥ 因此,中国的司法,"以家父长制的权威,解消掉存在于司法与

---

① [德]马克斯·韦伯:《中国的宗教;宗教与世界》,康乐、简惠美译,桂林:广西师范大学出版社,2004,第217页。
② 同上书,第157页。
③ 同上书,第158—159页。
④ 同上书,第216页。
⑤ [德]马克斯·韦伯:《法律社会学》,康乐、简惠美译,桂林:广西师范大学出版社,2005,第28页。
⑥ 同上书,第232页。

行政之间的区隔","只要不是在巫术性的制约之下,则司法一般皆倾向以实质正义——而非程序正义——为其判决的基准。从程序正义或是经济的'期待'角度而言,这显然是一种强烈的非理性的、具体的'权衡'裁判的类型"。①

此外,正如本书第四章将指出的,韦伯思维体系中一种根深蒂固的二元对立思维,也加剧了他对中国法的这种想象。在他眼中,各种法律现象,似乎不是合理性的,就一定是非理性的。尽管韦伯在"法律社会学"中原本试图建构出一种描述"法律思维"的四维概念体系,亦即"形式/实质合理性"与"形式/实质非理性",但韦伯自己在叙述人类历史中的各种法律现象时,却又在大多数场合仅仅使用"形式合理性"与"实质非理性"两个概念。康德认识论和伦理学中对"形式"与"质料"(Materie,韦伯作品中译文中"实质"一词的原文也是该词)的理解和区分,使得韦伯——一名新康德主义的盟友——在下意识中认定:"形式"代表着纯粹形式逻辑的合理性,而"实质"则必然是纷纭芜杂的、具体的,从而也是非理性的事实现象和价值诉求。如此,原本有着四个维度的"法律思维的类型"概念体系,时刻存在着"垮塌"为更尖锐的二元论——"形式合理性/实质非理性"——的危险。

这导致韦伯本来设计好的实质合理性概念,在这种二元论的牵引下,又从内部发生了坍塌,从而丧失用武之地。在韦伯的原意中,实质合理性是一种具备规则导向乃至具备一定程度体系性的法律思维类型,因此它也属于"合理性"的法律类型。然而,这种法律的规则体系并非来源于法律体系内部纯粹形式逻辑的演绎和抽象,而是来自诸多"法外"因素:诸如(规则化乃至体系化的)宗教、伦理、功利和其他政治因素。韦伯原本正是试图将这种法律思维放在家产制法律的主题下来讨论。然而,当韦伯真正探讨到家产制法律时,这个概念却失灵了。韦伯此刻又更愿意相信:一旦向法律内部导

---

① [德]马克斯·韦伯:《法律社会学》,康乐、简惠美译,桂林:广西师范大学出版社,2005,第269—270页。

入"实质",那么必然会破坏法律的规则性和体系性,因为"实质"不可能以合理性的形态呈现,而只能是个案的、具体的,从而是反规则、反体系的。

因此,包括中国法在内的所有家产制司法又都沦为"非理性"司法。韦伯主张,家产制下的司法机关都具有"行政"(在法律社会学中,"行政"[Verwaltung]一词就意味着不受约束的任意决断①)的性格,司法救济"大多也只不过是种任凭己意而赐予的恩宠,或根据不同个案所给予的特权"。而且,"所有家产制君主的司法体系皆有往此方向发展的趋势"。② 在他于此处举出的诸多家产制"非理性"司法的例子中,中国自然不能幸免。上文曾经引用过韦伯在该场合对中国法的表述,但在此重复其中的关键词句,对于我们理解韦伯是如何"本能性"地将"实质"与"非理性"等同,也是不无裨益:"(中国的)的司法一般皆倾向以实质正义……为其判决的基准……这显然是一种强烈的非理性的、具体的'权衡'裁判的类型。"③

小 结

早在1964年,英国汉学家斯普林克尔(Otto Van Der Sprenkel)就已指出:韦伯"是一名天才概念家,但有时也会沦为他自己概念的囚徒"。④ 因此,面对韦伯遗留下来的一系列鸿篇巨著,后世学者的一项无法逃避的任务,便是去检视韦伯在何时创造出闪烁着天才光芒的概念,又在何时为着概念和理论的(有时是过度的)清晰性需求,不惜对纷纭芜杂的人类历史与社会现

---

① [德]马克斯·韦伯:《法律社会学》,康乐、简惠美译,桂林:广西师范大学出版社,2005,第6—9页。
② 同上书,第268—269页。
③ 同上书,第270页。
④ Otto B. Van Der Sprenkel, "Max Weber on China", History and Theory, Vol. 3, No. 3 (1964), p.370.

象采取有意或无意的切割与扭曲。对于中国法律史研究这一领域,这同样也是刻不容缓的义务。这甚至不仅仅是一个学术问题,而且是一个文化问题。林端在2005年的一次访谈中曾经说出下面这段话:"如果这些误解(指韦伯对中国法的某些误解)不断存续下去,甚至中国人的世界也越来越接受这种误解的说法,会是很可怕的事情,到最后中国人自己不了解中国文化的特征,却顺着西方人的眼睛来看自己的中国,看自己的文化……"①当然,由于这是一个源自学术问题的文化问题,所以为着解决这一问题,我们仍需回到学术讨论本身。

对此,大量学者已经在清代州县司法这个领域,通过自己的辛勤耕耘,做出了难能可贵的贡献。然而,在经验研究的基础上,进一步与韦伯进行理论层面的积极对话,在学术界仍属少见。迄今为止,在此一方向上做出最严肃的智识努力的,在我看来是黄宗智和林端的研究。前者的贡献在于,他剥离了韦伯思维中严重的二元对立倾向,并提出以实质合理性这一矛盾性结合的概念,来理解中国法律传统。此外,他也激活了被韦伯相对忽视的"家产官僚制"概念,并提倡以这一同样是矛盾性结合的概念,来理解中国传统政治以及州县官员的双重角色问题("父母官"与技术官僚)。②而本章的写作,也在很大程度上受益于黄氏作品的启发。林端则一方面依据各种经验研究,对韦伯有关中国法的"卡迪司法"命题展开批判,另一方面也在理论层面对韦伯一系列论点和思维展开质疑。尤为重要的是,在指出韦伯"非此即彼"的二元对立思维并不适合用来思考中国法律文化之后,他创建出一种"既此且彼"的"多值逻辑"观察方式,来思考拥有整体性、连续性与有机性等

---

① 赵呐:《树立民族自信心 走出自己的法律之路:一位社会学者眼中的法律社会——访台湾著名社会学家林端》,转引自尤陈俊:《中国传统法律文化的重新解读与韦伯旧论的颠覆——〈韦伯论中国传统法律:韦伯比较社会学的批判〉评介》,《法制与社会发展》2006年第2期,第158页。
② 参见[美]黄宗智:《清代以来民事法律的表达与实践:历史、理论与现实》(卷一),北京:法律出版社,2014,第179—191页。

特征的中国法律传统。而他对中国法律传统的实际运作的呈现,也正是遵照着这种"多值逻辑"。①

本章尝试在这两人研究与思考的基础上,对在理论层面思考韦伯的"中国法命题",做出或许是微不足道的贡献。本章主张,在韦伯对"家产官僚制"概念的原初设计中,这种支配形态是一种合理性与非理性混杂并存的格局。然而,其合理化的普遍历史命题,却不断诱使韦伯将中国家产官僚制塑造成一个非理性成分远大于合理性成分的支配状态,其理论目的则是将中国置于人类普遍历史的开端,从而与历史终结之处的西方社会遥遥相对。在这种背景下,中国法律必然被理解成一种几乎完全不受约束的恣意裁判,亦即"卡迪司法"。而韦伯法律社会学中处处弥漫的深刻的二元对立思维,也导致韦伯最终放弃使用"实质合理性"的概念来理解包括中国法在内的家产制法律,并转而以实质非理性来界定这类法律。

在完成对韦伯"中国法命题"的理论反思之后,有必要强调的是,作为20世纪最伟大的思想家之一,韦伯的一系列概念和洞见仍旧有助于后世学者去思考东西方历史与社会中的诸多现象。本章的考察就表明,在剥除掉其普遍历史观中蕴含的认识论局限和个人价值偏见,并抛弃其某些不符合历史事实的具体命题后,韦伯支配社会学和法律社会学中的若干概念,仍有助于我们对中国法律史予以理论把握。如何进一步激活实质合理性、家产官僚制等概念,并使其以一种更妥帖、更靠近经验的方式,融入中国法律史研究之中,仍旧是未来学者的使命。世界并非由概念构成,然而要清晰地认识世界,却必须依赖概念。有鉴于韦伯已经提供给我们大量有丰富启示力的概念,我们不得不去澄清、继承和扬弃这个智识宝库。而且,只有在完成这项任务之后,我们才能更加明了他的天赋与缺陷,他的成就与局限,以及他在跨文化学术沟通中的意义和地位。

---

① 参见林端:《韦伯论中国传统法律:韦伯比较社会学的批判》,北京:中国政法大学出版社,2014。

第四章
近代资本主义的内部撕裂：
私法中的二元对立

《经济与社会》中"法律社会学"一章的文字给人的第一印象无疑是枯燥和混乱。正如某德国学者所言，韦伯的这些文字，正是"以理念型的方式（in idealtypischer Weise），符合德国从黑格尔直至卢曼所有这些学术大佬们永无变更的两大特征：文风奇差，且论证晦涩"。① 更大的困难在于，整个《经济与社会》尚是一部未完成的作品。韦伯去世后不久，其遗孀玛丽安妮·韦伯在其丈夫的凌乱遗稿基础上，结合自己的理解加以编排，从而将该书匆匆出版。二战之后，约翰内斯·温克尔曼（Johannes Winckelmann）则尝试将韦伯其他作品的文字（尤其是韦伯发表在报刊上的政论文）添入玛丽安妮版的《经济与社会》中，以求使这部作品的内容显得更加"完整"。他进而以他自己所理解的"正确"的思路，数次调整此书的篇章结构，据说这样便能产生一个更符合韦伯原意的、更具有可读性的体系。② 然而，这几个新版本的内容依旧看似不可理解。的确，至今也没有人能够对《经济与社会》任何一个版本提出彻底有效的、完整的解读框架。

---

① Manfred Rehbinder, "Max Weber und die Rechtswissenschaft", in Manfred Rehbinder und Klaus-Peter Tieck (hrsg.), *Max Weber als Rechtssoziologe*, Berlin: Duncker & Humblot, 1987, S.127.
② 关于《经济与社会》的"产生史"（Entstehungsgeschichte），参见 Wolfgang Schluchter, *Wirtschaft und Gesellschaft. Entstehungsgeschichte und Dokumente*, Tübingen: Mohr Siebeck, 2009。

于是有学者干脆主张"告别《经济与社会》"。正如本书导论所述，藤布鲁克曾声称，《宗教社会学文集》明显是韦伯更成熟思想的体现。既然我们有了别的现成的完整作品，那么为什么还要耗费时间和精力，去和一堆思想体系尚不成熟、甚至尚未完成的作品手稿搏斗？然而，藤氏在上世纪 70 年代提出的这一口号，尽管极富挑战性和诱惑力，却没有获得太多学者的实际响应。自那个时代以来，全世界的学者依旧围绕《经济与社会》、围绕其中的"法律社会学"章节，提出了种种新的理解。破解"韦伯密码"，依旧显得魔力无穷。或许，学者们始终相信，在这些表面上杂乱无章的文字背后，一定存在着韦伯对近代社会、近代法律和近代人类最深层次的关切，一定存在着某种尚待挖掘的"秘密"。

在二战后的法律研究领域，有关韦伯的主流话语一度由"法律与发展"运动及其学术衍生产品所主导，但随后被批判法学以及类似浪潮所掩盖。很显然，早期由帕森斯理论所主宰的韦伯话语，在很大程度上是对韦伯自身复杂思想的简化处理，从而抹杀了韦伯体系中原本随处可见的锋芒与矛盾。韦伯在这些二手作品中俨然呈现为一个近代化理论专家的形象，而从这些研究中提取出的"公式"，则被直接当作第三世界各国经济、政治和法律的发展蓝图。① 随后，至迟从上世纪 80 年代以来，正当欧陆学者依旧将韦伯塑造成一个对法律近代化与合理化的乐观拥护者时②，更具批判意识的美国学者已经开始注意到韦伯面对近代法律时更加复杂的态度。此后，学者们都逐

---

① 参见 Chantal Thomas, "Max Weber, Talcott Parsons and the Sociology of Legal Reform: A Reassessment with Implications for Law and Development", *Minnesota Journal of International Law*, Vol. 15, No. 2(2006), pp. 383-424; David M. Trubek, "Max Weber on Law and the Rise of Capitalism", *Wisconsin Law Review*, Vol. 1972, No. 3(1972), pp. 720-53.

② 参见 Julien Freund, "Die Rationalisierung des Rechts nach Max Weber", in Manfred Rehbinder und Klaus-Peter Tieck (hrsg.), *Max Weber als Rechtssoziologe*, Berlin: Duncker & Humblot, 1987, S. 9-35; Pietro Rossi, "Die Rationalisierung des Rechts und ihre Beziehung zur Wirtschaft", in Manfred Rehbinder and Klaus-Peter Tieck (hrsg.), *Max Weber als Rechtssoziologe*, Berlin: Duncker & Humblot, 1987, S. 37-54.

渐习惯使用下列词汇来描述韦伯的心态:"模糊""矛盾""张力""冲突""二律背反""悲剧""悲观主义"。克朗曼(Anthony T. Kronman)甚至使用"精神分裂"这一说法。① 简言之,学者们逐渐意识到:一种二元论逻辑呈现在韦伯法律思想当中。

在韦伯有关近代法律的论述中,这一二元论逻辑据信体现为法律的"形式合理性"与"实质合理性"两种诉求之间的冲突。② 近代"形式合理性"法律以其抽象性、精确性和可预期性极大地促进了资本主义经济的发展,然而所有这些冰冷的法律特性却无疑排斥了对法律的道德诉求,这导致市场中处于劣势的群体,尤其是无产阶级,无法获得近代法律的实质性保障:有关契约自由的条款对于除了进入工厂接受剥削之外就别无他途的工人来说,近乎一纸空文。于是,学者们几乎一致认定,这一现状体现了两种"合理性"之间的冲突。的确,不同学者对这一冲突采取了不同的应对方式。像施路赫特这样的德语圈韦伯专家为了"捍卫"韦伯的权威,依旧在做着"润滑"处理。他提出一种"形式与实质法律合理性的辩证法",试图证明在韦伯思想中,这二者非但不冲突,反而是相互支持和补充的关系,而法律正是在这种良性辩证互动中获得永续的发展。③ 不过,如果韦伯思想中的冲突都能够如此调和的话,那么韦伯文本中的那些费解之处本来就应当获得一劳永逸的澄清。可惜现实并非如此。费解与冲突依旧存在。大部分学者依旧承认两种"合理性"间冲突的不可消解性。请注意,不论是施路赫特还是其他学者,不论

---

① Anthony T. Kronman, *Max Weber*, Stanford: Stanford University Press, 1983, p. 185.
② 例见 Alan Hunt, *The Sociological Movement in Law*, London: Macmillan, 1978, p. 106; Roger Cotterrel, *Law's Community: Legal Theory in Sociological Perspective*, Oxford: Clarendon Press; New York: Oxford University Press, 1995, p. 145; Cary Boucock, *In the Grip of Freedom: Law and Modernity in Max Weber*, Toronto: University of Toronto Press, 2000, p. 11, p. 17, p. 66。
③ 参见 Wolfgang Schluchter, *The Rise of Western Rationalism: Max Weber's Developmental History*, Guenther Roth (trans.), Berkeley: University of California Press, 1981, pp. 107 - 118。另见 John W. Sither, *Form, Substance, and History in Max Weber's Sociology of Law*, Ph. D. Thesis in Jurisprudence and Social Policy, University of California, Berkeley, 1995。

这种近代法律中的诉求摩擦能否最终消解,用来描述这两种诉求的言辞都是"两种合理性"。

我将在本章中反思这种对韦伯法律思想的理解。我不反对韦伯思维体系中存在着一种二元论逻辑。然而,我也同时认为,尽管学者们已经发现了韦伯的近代法论断中的这股张力,大部分人却在有意无意间对这股张力做了"弱化"处理。在我看来,如果我们彻底遵循韦伯自己的思维和语言体系,那么近代法律中的核心冲突实际体现在法律的"形式合理性"与"实质非理性"之间。邓肯·肯尼迪(Duncan Kennedy)已经初步意识到了这一韦伯原有的逻辑。在他看来,韦伯之所以最终对"近代法律发展中的反形式趋势"表示"拒绝",正是出于这种实质性法律诉求将导致司法裁判的"非理性"结果的缘故。[①] 因此,在韦伯思维体系里,即使在近代法律中,"实质"仍然与"非理性"相联系。尽管已经存在汗牛充栋的研究成果,马克斯·韦伯的诠释空间依旧未被"榨干"。概念的重构不仅仅是文字游戏。透过对文本的精读,透过对关键概念的哲学史考察,透过对文本所处语境的重现,我们将重现一个"新"的世界。在这个世界里,我们将距离韦伯的"秘密"更近一步,我们也将更加明了韦伯的概念、叙述和立场的实际意义和局限。

第一节 概念重构:"形式/实质"

(一)"法律思维"的类型

几乎所有论述韦伯法律思想的作品,都是从韦伯有关法律思维分类的那

---

① Duncan Kennedy, "The Disenchantment of Logically Formal Legal Rationality, or Max Weber's Sociology in the Genealogy of the Contemporary Mode of Western Legal Thought", *Hastings Law Journal*, Vol. 55, Iss. 5(2004), pp. 1052 – 55.

四个概念入手的。在"法律社会学"第一节的临近末尾部分,韦伯提出,人类历史上的所有法律都可以按照如下四个范畴来进行界定和衡量:(1)形式非理性的,在这种情况下,法创制和法发现(Rechtsschöpfung und Rechtsfindung,二者可以较为粗糙地对应于"立法"和"司法")使用的是像神谕这样的人类理智控制范围之外的手段;(2)实质非理性的,这是指法律实践在具体的个案中,用具体的事实、伦理、情感或政治因素而非一般的规范作为决定的基准;(3)形式合理性的,这里又区分为两种情形,第一种意味着法律只严格考量可以感官直接接受的事实特征,这方面最明显的例子是签字,第二种则意味着将事实进行逻辑加工,形成明确、抽象的法律概念,并在此基础上创造出一般性的法律规则,乃至完整的法律体系;(4)实质合理性的,在此情形下,法律实践不再是个案式的任意裁量,而是有规则可遵循,不过这种规则来源于"法外"的伦理、功利或政治准则。①

韦伯紧接着就主张,近代法律的根本特性就在于形式合理性,尤其是前述第二种意义上的形式合理性。在他看来,只有借助这种形式合理性法律思维的"解明意义的抽象"(die sinndeutende Abstraktion),才有可能实现法律的体系化,亦即所有法律规则被统合成一个"由抽象法命题构成的毫无矛盾的综合体"。②韦伯将19世纪下半叶盛极一时的德国潘德克顿学派视作这种法律思维的典型体现,他甚至不嫌累赘地罗列出这一流派的几个特征:法律命题与事实的截然分离、法律体系对社会生活的全面覆盖、法律体系的无漏洞性等等。③

这四个概念另一次较为集中的出现,发生在"法律社会学"最后一节,亦即第八节中。韦伯在此处试图建构出一个关于人类法律"发展阶段"的理念

---

① [德]马克斯·韦伯:《法律社会学》,康乐、简惠美译,桂林:广西师范大学出版社,2005,第28页。
② 同上书,第29页。
③ 同上注。

型。他首先指出,"法律与诉讼的一般发展",经历了卡理斯玛的"法启示"、法律名家(Rechtshonoratioren)的"经验性法创制与法发现"、世俗公权力和神权政治"下达法指令"以及(最终的)专门法律家"体系性的法创制"和"文件的和形式的逻辑训练"基础上的法发现等四个阶段。相应地,韦伯认为"法律形式性质"或者说法律思维的发展,也经历了源于巫术和启示的"形式非理性"、源于神权政治或家产制的"实质合理性"以及(最终的)法学的和逻辑的合理性与体系性(亦即形式合理性)等几个阶段。①

莱因哈特·本迪克斯(Reinhard Bendix)宣称,有了这几个段落,我们对于法律合理化过程的理解便能"一目了然"。② 同样地,朱利安·弗伦德(Julien Freund)也试图使用这几个范畴和"阶段"来统领韦伯的"法律社会学"。尽管后者完全清楚韦伯所建构的是"理念型"而非现实,但他在对韦伯文本的重构中依旧显露出如下倾向:某某法律发展阶段对应于某某法律思维形态,因此,人类法律发展就显得依次经历了"形式非理性""实质非理性""实质合理性"和"形式合理性"四个阶段。③ 他甚至忽视韦伯在建构法律思维理念型时的一个明显疏漏:就在刚才提到的有关法律思维发展阶段的陈述中,韦伯本人在文字叙述中就漏掉了"实质非理性"这个阶段。

更为晚近的学者却不会如此乐观,他们甚至不愿承担重构韦伯版"法律发展史"的任务。④ 这说明真实情形绝非如此"一目了然"。实际上,所谓的法律发展"四阶段说",并不符合韦伯"法律社会学"文本所呈现出的叙述框架。韦伯在第一节讨论的是法律分类的范畴和标准。他认为近代法学中的

---

① [德]马克斯·韦伯:《法律社会学》,康乐、简惠美译,桂林:广西师范大学出版社,2005,第319—320页。
② [美]莱茵哈特·本迪克斯:《马克斯·韦伯思想肖像》,刘北城等译,上海:上海人民出版社,2002,第423页。
③ 参见 Julien Freund, *The Sociology of Max Weber*, Mary Ilord (trans.), New York: Pantheon Books, 1968, pp.257-66。
④ 楚贝克、亨特、克朗曼和肯尼迪都没有把作品的重心放在法律发展的"阶段"的澄清上。这在一定程度上表明,这些学者意识到了该任务的棘手性质。

公法/私法、刑法/民法、法创制/法发现和实体法/诉讼法等分类方法,对于前现代各种法律而言都是无效的。因此他提出在他看来认为更具"普世性"的标准,亦即前述有关法律合理性的四个概念。在第二节中,韦伯探讨的是法律中主观权利的发展史,尤其是契约自由的历史,这种自由被认为是近代资本主义发展的关键条件之一。从第三节起,韦伯才开始梳理法律(尤其是"客观法")发展的历史。韦伯首先在第三节讨论了原始法和早期文明法(前述"法律名家"的法律也属于这个阶段),这些法律带有强烈的卡理斯玛精神,因此呈现为"形式非理性"的特征。然而韦伯在第四节中并没有直接进展到对"实质非理性"法律的陈述,而是转而讨论不同类型的法律实务人员对法律思维的决定性作用,韦伯认为这对决定法律合理化的途径和命运有着至关重要的影响。韦伯在里面讨论了五花八门的各种法律思维倾向,这其中既有由法律职业阶层操纵的、在"形式"和"实质"上都呈现出"非理性"的英国法,也有在各种神学教义影响下体现出一定"实质合理性"的法律教育,还有全然处于过渡地位的欧陆"法律名家"的法律思维,最后则是由法学家和官僚利益共同推动的不断合理化的古罗马法。随后在第五节和第六节,韦伯尝试阐述神权政治和家产制君主对法律性质的影响。因为这二者都试图将宗教或伦理规则带入法律当中,所以这似乎与法律的"实质合理性"相关。第七节则有关自然法,正是17、18世纪盛行的自然法学说,在极大程度上推动了西方法律的"形式合理化"。在第八节中,韦伯似乎是想处理在近代法律发展中出现的一些对形式合理性的逆反倾向。

对后世法律史学者而言,将人类法律发展历程归结为"四阶段"无疑是个有益的启发。韦伯本人毋宁也是倾向于相信这套理念型在理论和现实中的双重有效性。理念型据信并不是纯粹观念的产物。根据韦伯的说法,理念型是对某些"经验实在"的某些面向的"强化"。[①] 因此,法律发展的"四阶

---

① [德]马克斯·韦伯:《社会科学认识和社会政策认识中的"客观性"》,载[德]马克斯·韦伯:《社会科学方法论》,韩水法、莫茜译,北京:中央编译出版社,1998,第39页。

段论"无疑原本可以起到引领"法律社会学"全部叙述的作用。然而,韦伯并没有完全遵照自己设定的概念逻辑展开论述。他并未严格按照这四个阶梯的顺序来呈现法律发展史的全貌,而是遵循自己所认为的更关键的主题顺序。这尤其体现在第四节的论述中。韦伯甚至在"四阶段"之外,单独论述了契约自由的发展历程,并且在他原本设定的法律发展的终点之后又添入了近代法律发展中的一些新动向。因此,韦伯创造的法律思维类型和法律发展阶段的理念型,并非与"法律社会学"全文各部分处于一一对应的关系。

(二)"实质合理性"

然而,困惑依然存在。即使我们承认韦伯只是建构了一系列的理念型,即使我们承认现实法律不一定按照这一合理性阶梯来进行线性的发展,"法律社会学"作为一个文本整体依旧存在费解之处。问题尤其在于:这些理念型中的某些概念依旧无法在韦伯任何一节的对现实材料的叙述中找到可信的对应物。由于理念型是必须对某些"经验实在"的某些面向的"强化"或提纯,而非纯粹的观念,所以理念型依旧必须在现实中找到哪怕是极其粗糙的原型。可惜的是,有一个最为难解的概念——"实质合理性",却在韦伯的模糊论述中呈现出自我消解的意味。

"实质合理性"法律,据信是一种同样具备规则导向乃至一定程度体系性的法律思维类型。因此,就合理性方面而言,它同"形式合理性"法律具有类似性。不过在这种法律中,合理化的规则体系来自于"法外"因素:诸如宗教、伦理、功利或其他政治理想。因此,就合理性的来源而言,它又不同于那种呈现为自治规则体系的"形式合理性"法律。按照韦伯的原意,这种法律应该放在宗教法和家产制法等主题下来讨论。这两种法律类型都有可能将法律之外的宗教教义、福利和正义观念带入法律中。而且,由于教士阶层和君主制下文人-官僚阶层在中世纪的兴起,这种"实质"因素在法律中的操作，也完全有可能是以一种合理性的方式来进行。在"法律社会学"的第五节中，韦伯在内容提要中便暗示：他将在本节中处理宗教法的"实质合理化"现象。① 在第六节有关家产制君主法律的讨论中，韦伯也提到：作为君主制"福利国家"法律典型的《普鲁士一般邦法》(das Allgemeine Landrecht für die Preußischen Staaten, 1794)，可被认为体现了"实质的理性主义"。②

不过，让我们首先关注韦伯在第四节中对神权政治下法律教育的讨论。在该部分，韦伯的确提到，宗教法教育中存在抽象概念，从而有可能是"一种合理且系统性的法教育"。这种趋势在印度的《摩奴法典》中体现得最为明显。然而，尽管宗教法教育存在这种合理化的趋向，它也在另一方面受到宗教固有的卡理斯玛传统的束缚。此外，宗教法教育也常常走向决疑论，尽管决疑论也存在一定程度的合理性，但它并非韦伯所欣赏的那种高度系统化的合理性类型。③ 更为关键的问题在于：韦伯"法律社会学"中对法律的核心关注在于法律实务，尤其是涉及直接做出裁判的"法发现"。当"形式非理性""实质非理性"和"形式合理性"都能在韦伯作品中找到法律实务上的对应现实时（这三种法律思维分别可在原始的卡理斯玛法启示、家产制君主下的司法和行政以及 19 世纪下半叶在德国司法圈占主流地位的法律实证主义思维中找到对应物），韦伯对"实质合理性"法律的不完整描述却仅限于法律教育层面。

韦伯有关神权政治和家产制君主下法律实务的内容，则明显呈现出一种对"实质合理性"概念的背离。韦伯在第五节讨论了包括印度法、伊斯兰

---

① 内容提要中有一条目文字如下："法律的实质合理化：宗教法"（Max Weber, *Wirtschaft und Gesellschaft: Grundriss der verstehenden Soziologie*, Johannes Winckelmann [hrsg.], Köln; Berlin: Kiepenheuer & Witsch, 1964, S.599）。该条目位于后面所罗列的"印度法""伊斯兰法""犹太法""教会法"等条目之前，因此明显起着统摄功能。
② [德]马克斯·韦伯：《法律社会学》，康乐、简惠美译，桂林：广西师范大学出版社，2005，第290、293 页。
③ 同上书，第189—195 页。韦伯对决疑论的态度，参见[德]马克斯·韦伯：《法律社会学》，康乐、简惠美译，桂林：广西师范大学出版社，2005，第 26—28 页。

法、犹太教法和中世纪欧洲教会法在内的各种宗教法。然而,讨论的结果却出乎预期:印度法保留了大量的巫术性要素,伊斯兰法中的"卡迪司法"以恣意妄为闻名于世,犹太教法相对前二者也并不具特殊性。只有教会法具备特殊地位,它呈现出了更高的合理性。然而这种合理性并非韦伯原本声称的"实质合理性",而是"形式合理性":同其他神圣法相比,它首先在很可观的程度上有更多合理性内容,在法的形式上也发展得更多。① 教会法甚至成为促成世俗法向"形式合理性"方向发展的重要因素。换言之,对于宗教法而言,要么就像伊斯兰法那样完全导向"非理性"的"卡迪司法",要么就像教会法那样,开启了通向法的"形式合理化"的道路。总之,"实质合理性"难以在宗教法世界中获得立足空间。

在第六节中,韦伯提到,家产制下的司法机关都具有行政的性格,司法救济"大多也只不过是种任凭己意而赐予的恩宠,或根据不同个案所给予的特权",亦即"卡迪司法"。而且,"所有家产制君主的司法体系皆有往此方向发展的趋势"。韦伯又使用他渊博的学识,不厌其烦地列举了中世纪英国、古罗马、中世纪法国、古代中国、非洲原始部落中的种种例子,来证明任何时代任何地区的家产制(尤其是其中的家父长制)法律实务都带有此种性格。② 同属于家父长制法律类型的《普鲁士一般邦法》也未能幸免:在该法典中,对种种实际生活关系的考量将有关法律制度的讨论"反复扯烂",结果,尽管原本力求明确,却仍旧导致模糊。③ 与此同时,一旦韦伯谈到家产制君主法的合理化时,他便直接从"形式合理性"开始了:欧洲各国君主为了对抗贵族和扩充权力,必须依赖"形式合理性"的法律与官僚机构,而这也符合市民阶层的利益,因此君主往往同市民结盟以对抗贵族阶层。④ 因此,与宗教

---

① [德]马克斯·韦伯:《法律社会学》,康乐、简惠美译,桂林:广西师范大学出版社,2005,第251页。
② 同上书,第268—271页。
③ 同上书,第292页。
④ 同上书,第272—273页。

法中的情形相似,在世俗的君主家产制国家,法律实务要么停留在非理性阶段,要么就直接走上了"形式合理性"的发展道路,真正的"实质合理性"阶段却依旧难以寻找。

(三)二元论的力量:"Form/Materie"

在韦伯最有可能讨论"实质合理性"法律的内容当中,这种法律却显得模糊不清。这一事实暗示韦伯所使用的概念框架与其所描绘的经验现实之间存在冲突。面对这一冲突,可以有两个方向的对应策略。其一是在韦伯所提供的经验材料之外挖掘新的法律史材料,从而在更为坚固的经验研究基础上检验韦伯概念体系的有效性(及其局限)。其二是对韦伯用来驾驭材料的整个概念体系本身进行充分的检讨。如果我们认定韦伯是一个纯粹的"经验研究者",那么第一种思路便足以完成对韦伯作品的进一步理解、完善和批判。然而,韦伯不仅仅是一名"经验研究者",也不仅仅是一名"社会科学家"。借用雅斯贝斯(Karl Jaspers)首次提出的主张,韦伯还是一名"哲学家"。[①] 概念的意义和能量,深深地主宰着韦伯的思考和写作。而且,从法律"思想"的角度来理解韦伯文本中这种概念和材料之间的张力,或许也更需要对韦伯所使用的概念工具本身予以充分的重视。而这其中最关键的概念,便是尽管被学者多次使用却始终未能在哲学上予以充分澄清的韦伯"法律社会学"中的"形式"和"实质"。而本部分正是对此问题的一个初步探索。[②]

---

① 参见 Karl Jaspers and John Dreijmanis (eds.), *Karl Jaspers on Max Weber*, Robert J. Whelan (trans.), New York: Paragon House Publishers, 1989, pp. 1 - 27。
② 此处的探讨只是从哲学史中某些关键概念的角度,对韦伯自己的概念体系所做的初步反思。更为具体的研究,亦即这些哲学史上的概念通过何种途径进入了韦伯的思想世界(一个最大的可能当然是新康德主义),尽管确属必要,却在很大程度上超越了法律思想史研究的探究范围。我相信我在此处所做的简要梳理,已经能够澄清韦伯概念体系之潜在意涵。

这组概念产生于古希腊哲学。不过在韦伯的时代，其意涵则由康德哲学所主宰。考虑到韦伯与同时代的新康德主义学者过从甚密，这对康德哲学的根本范畴对他而言绝非陌生，因此这组概念也完全有可能成为韦伯潜在的思维方式之一。① 在康德的认识论体系中，"形式"(Form)与"质料"(亦即韦伯中译本中的"实质"，它和"质料"一词都是译自德文"Materie")的结合保证了人类对世界尽可能完整的理解。在《纯粹理性批判》中，"形式"意味着对人所经验到的感性现象进行规整和赋形的能力，它主要体现为时空意识、概念、判断、推理、规则乃至体系的能力。这些能力是直观或者思维的根本依据，它们都是先天(a priori)的存在，是普遍性和必要性的化身，亦即它们体现出了纯粹的"合理性"(Rationalität)。而"质料"则意指现象中的纯感觉部分，有时也指现象本身。它们依附于后天的经验，处于一种杂多状态。这种杂多和混乱只有依赖主体的"形式"能力才能获得统一和秩序。换言之，在人类认识中，"合理性"只属于"形式"，而"质料"只被指派了"非理性"的角色。②

康德的伦理学体系也呈现出同样特征。对于主体而言，道德行为所运用的理性(Vernunft)同其认识世界所用的理性，毕竟是同一个理性。因此从同一个理性中推导出的运用于不同领域的规则，亦即各种"形式"，也注定具备相同的特征。"形式"在此意味着具备理性的道德主体依据普遍性思维方式来进行的自我立法。理性、意志(Wille)、自由、自律、规律性、普遍性在该体系内几乎是同义词。整个人类道德的纯粹"形式"可以归结为唯一的一条"绝对命令"(Kategorischer Imperativ)：按照能够成为普遍规律的准则去行动。它是一条纯粹的、不含任何杂质的、对于任何人都适用的道德戒律。

---

① 关于韦伯思想与新康德主义的联系，参见 Charles Turner, *Modernity and Politics in the Work of Max Weber*, London; New York: Routledge, 1992。
② 参见 Howard Caygill, *A Kant Dictionary*, Oxford, U.K.; Malden, Mass., U.S.: Blackwell Publishers, 1995, p.204；[德]康德：《纯粹理性批判》，邓晓芒译，杨祖陶校，北京：人民出版社，2004，B34, B78, B106, B118, B171-172, B288, B305-306, B309, B322-324。

"质料"则是指主体行为所追求的特殊目的、价值和效果,它们是主观的、随意的、以冲动为根据的,因而不具有规律性。因此,康德伦理学中的"形式"与"质料",也在很高程度上各自对应于韦伯声称的"合理性"与"非理性"概念。①

韦伯本人的认识论和伦理学体系也与此类似。韦伯所塑造的"人格"同康德笔下的认识主体一样,是一个绝对的合理性存在,他的行动由清楚意识到并且为其所欲求的"目的",以及有关其"手段"的知识来决定。② 在其"方法论"(methodology)或"知识学"(Wissenschaftslehre)作品中,这种人格属性正体现在社会科学家身上。社会科学家在面对社会现实时,使用目的合理性这一工具来对现实中的具体行动进行分析和评判。合理性方法还能够阐明实际行动的人所意欲的目的和所追求的"理念",并根据形式逻辑的方法对实际的行动蓝图进行"评价"。③ 韦伯表示,这套方法"即使在中国人那里"也是有效的。④ 另一方面,代表着"质料"的社会科学研究对象即现实经验,其本身并不具备如上合理性要素。经验实在只是"无意义的无限世界事件",是杂多,是"非理性"的"混沌之流"。⑤ 因此它需要社会科学的筛选、规整和呈现。

韦伯的伦理学或者说"价值哲学",在其"质料"领域,将康德有关目的和价值的非理性论断推演到极致,以此得出了最为极端的结论。韦伯的如下表述为我们所熟悉:由于世界已遭"除魅",任何价值都无法获得理性层面上

---

① 参见 Howard Caygill, *A Kant Dictionary*, Oxford, U.K.; Malden, Mass., U.S.: Blackwell Publishers, 1995, p.288;[德]康德:《道德形而上学原理》,苗力田译,上海:上海人民出版社,1986,第35、72、73、79、81、83页。
② [德]马克斯·韦伯:《罗雪尔与克尼斯:历史经济学的逻辑问题》,李荣山译,上海:上海人民出版社,2009,第126页。
③ [德]马克斯·韦伯:《社会科学认识和社会政策认识中的"客观性"》,载[德]马克斯·韦伯:《社会科学方法论》,韩水法、莫茜译,北京:中央编译出版社,1998,第4—6页。
④ 同上文,第9—10页。
⑤ 同上文,第31页,第59—60页。

不证自明的正当性,"多神教"成为日常生活的现实,于是"昔日众神从坟墓中再度走出来",并再度展开他们之间的"永恒争斗"。① 在康德伦理学中,道德实践中尚存在一种固定的"形式",亦即"绝对命令",这种"形式"具有实践理性上的最高价值。韦伯却将它从理性的神坛拉下,令其成为争斗的"诸神"之一:"规范伦理学与其他价值领域并存于世"。② 由此可见,韦伯不承认伦理或价值领域有任何合理性可言。③

"形式"与"质料"间的对立逻辑也同样呈现在韦伯有关法律的讨论中。当然,康德主体哲学中的"理性"(Vernunft/reason)概念,同韦伯用来描述属于外在经验领域的法律"本体论"的"合理性"(Rationalität/rationality)概念,的确并不是一回事。④ 然而,正如上文所揭示的,同样不可否认的是,这两个概念又共享着大量思维方式上的类似之处:规则性、普遍性、必要性,等等。因此,"形式"-"理性"本能地靠近韦伯的"合理性",而"实质",不论是在经验事实还是伦理价值的意义上,都容易走向"非理性"。结果,关于"法律思维"(请注意"思维"这一概念无疑又在暗示韦伯"法律社会学"体系同认识论的联系)的四维概念体系,却有着蜕变成更为尖锐的"形式合理性"/"实质非理性"这一二元论的内在冲动。而这种二元论才是近代思想的本质与灵魂。

在一定程度上,形式合理性法律正好可以被理解为将先天的理智能力应用于法律领域的表现。借助于逻辑的能力,法律被建构成由明确而抽象的概

---

① [德]马克斯·韦伯:《学术作为一种志业》,载[德]马克斯·韦伯:《学术与政治》,钱永祥等译,桂林:广西师范大学出版社,2004,第180—181页,第190页。
② [德]马克斯·韦伯:《社会科学和经济科学"价值无涉"的意义》,载马克斯·韦伯:《社会科学方法论》,韩水法、莫茜译,北京:中央编译出版社,1998,第150页。
③ 进一步的讨论,参见[匈]卢卡奇:《理性的毁灭:非理性主义的道路——从谢林到希特勒》,王玖兴等译,济南:山东人民出版社,1988,第539—557页。
④ 如果借用唐纳德·莱文(Donald N. Levine)在解读韦伯合理性概念体系时所使用的范畴,或许可将康德认识论和伦理学中的"理性"理解成"主观合理性",而韦伯"法律社会学"框架中的"合理性"则是"客观合理性",参见 Donald N. Levine, "Rationality and Freedom: Weber and Beyond", *Sociological Inquiry*, Vol.51, Iss.1(1981), pp.10 - 11。

念、规则构成的完善体系。由于没有任何"实质",这个体系颇有些凯尔森"纯粹法学"的味道。巧合的是,凯尔森也在其代表作中使用了认识论的术语,他宣称:由他搭建的法律规范的阶梯结构属于"先验范畴"(transzendentale Kategorie)。①

一旦以"实质"因素来塑造法律,由于法律实务所要面对的个案事实纷纭繁杂,由于在不同案件中所使用的伦理或价值要求很有可能互相冲突,所以,法创制将沦为一种个案中的具体评价,从而必然缺乏规则属性、可预见性和体系性。每一次的裁判都将成为一次具体情境下的决断,它必须面临不同当事人之间乃至裁判者同当事人之间的价值冲突,因此,这种价值衡量和决断将不受合理化的规则约束,它也无法依赖任何固定标准来自我证明。因此,"实质"就会很轻易地滑向"非理性"。

韦伯的这种根本性思维方式,决定了"实质合理性"和"形式非理性"这两个概念本身就存在内部冲突。概念的力量主宰了对材料的叙述。"实质合理性"的法律实务被概念本身的冲突压制住了,它难以在韦伯的法律发展史宏大叙事中现身。韦伯将其本质上属于新康德主义的"价值哲学"观点投射到前现代法律中,这使得他不愿意相信:对于未经"除魅"的前现代人而言,是有可能按照某种被视为终极目的的宗教或伦理观点,建构出一个相对合理的法律综合体的。他也不愿相信:这一套伦理化的法律规则,也是有可能得到属于同样伦理思维笼罩下的法律实务人员乃至该社会成员的统一遵循的(否则所谓"极权主义"何以可能?)。韦伯似乎忘了这些人尚未"除魅",而是径直把他们当作现代人,把他们的价值行为都理解为因人而异的价值决断。因此,传统中国家父长君主制下的司法必然是随心所欲的"卡迪司法"。② 这种看法实际上忽略了如下因素:儒教本身在唐宋以后的合理化趋

---

① 参见 Hans Kelsen, *Reine Rechtslehre*, Darmstadt: Scientia Verlag Aalen, 1985, S. 21-24。
② [德]马克斯·韦伯:《法律社会学》,康乐、简惠美译,桂林:广西师范大学出版社,2005,第231—232页,第269—270页。

势、帝制中国庞大的文官体系以及体现出一定程度合理性的历代法典。① 另一方面,韦伯通过逃离康德式的思维,实现了对"形式非理性"概念的挽救。这里的"形式"不再是那个理性的、抽象的、逻辑的"形式",而仅仅是指人类理智所无法控制的巫术和神判仪式。这一回韦伯倒是实现了从经验现实中萃取出理念型的目的。不过这一做法却更使得原本看似完整的关于法律合理性的概念体系更加破碎:在四个概念之中,只有两个在原来意义上有效,剩下的两个,一个已经作废,另一个则离开了原有逻辑。

(四)"近代法律发展中的反形式趋势"

韦伯的概念体系从内部发生了坍塌。同样由于概念内部的冲突,韦伯在使用该体系组织整个"法律社会学"的内容时,遭遇了巨大困难。直到韦伯临终,他也没能完成这一部分的写作。这有可能是整个《经济与社会》中最不成熟的篇章之一。② 不过,这个时常令人困惑的复杂体系变成一个二元论框架之后,反倒更有助于我们认清,当韦伯在"法律社会学"最后一节提到"近代法律发展中的反形式趋势"(这个说法出现在该节开端的内容提要中)时,到底是意味着什么。

---

① 关于传统中国尤其是清代的司法实践,参见[美]黄宗智:《清代以来民事法律的表达与实践:历史、理论与现实》(卷一),北京:法律出版社,2014。韦伯有时承认,与清教一样,儒教也是一种"理性主义",但他又小心翼翼地将这两种"理性主义"严格区分开来,参见[德]马克斯·韦伯:《中国的宗教;宗教与世界》,康乐、简惠美译,桂林:广西师范大学出版社,2004,第309—334页。
② "法律社会学"手稿中出现的大量未经改正的各种文字错误即是佐证,见温克尔曼对该手稿的介绍:Johannes Winckelmann, "Vorbericht", in Max Weber, *Rechtssoziologie*, Neuwied: Luchterhand, 1960, S. 40 - 41。今日我们所见"法律社会学"中绝大部分文字都完成于第一次世界大战之前。战争的爆发中断了整部《经济与社会》的写作。而在战后,韦伯实际上已经放弃了战前已完成的这部分稿件,并反对将其予以出版,参见 Wolfgang Schluchter, *Wirtschaft und Gesellschaft. Entstehungsgeschichte und Dokumente*, Tübingen: Mohr Siebeck, 2009, S. 84, S. 92, S. 112。

第四章 近代资本主义的内部撕裂:私法中的二元对立

韦伯在第八节中处理的是其所处时代法律和法律观念发展的一些新动向。在高度形式合理性的潘德克顿学派主宰德国法律思想与实务数十年之后,法律领域出现了一些韦伯的法律理念型未曾覆盖到的新现象。这尤其体现在针对法律形式主义的数股逆反潮流之中。这些潮流都对近代法律过度的形式化与专业化提出严厉批判,因为僵硬的法律实证主义时常与实际经济、生活和伦理所提出的要求相冲突。来自各个方向的声音都主张法律必须考虑现实的经济或伦理主张,亦即主张法律的"实质化"。韦伯罗列了支撑这场运动的几种主要力量:(1)经济领域内某些企业家(韦伯用的是"法利害关系者"这一称呼)对司法更贴近经济需求的主张;(2)工人阶级及相应的知识分子中的支持者对法律实现更大实质正义的主张;(3)君主制官僚体系的福利政策;(4)大众民主下普通民众亦即外行人员参与司法审判的要求;(5)法律职业阶层内部,尤其是法官群体,对自身仅作为输出判决的"自动装置"角色的不满,从而主张更大的自由裁量权;(6)法学内部出现的与上述社会现实相应的各种新的学说,例如"自由法"运动、埃利希(Eugen Ehrlich,1862—1922)的"活法"主张。① 有鉴于以上一系列呼声,韦伯发现,在其所处时代,德国司法系统的判决确实呈现出一定程度上对实证法的超越:"德国最高法院的审判实务,就在民法典生效之后,时而——有时是超越法律,有时是违反法律——树立起全新的法律原理。"②

与后世学者的主张相反,韦伯没有说这是形式合理性与"实质合理性"的冲突。的确,他承认冲突的存在,但他使用的是另一套语言。对于大多数研究韦伯"法律社会学"的当代学者而言,尽管他们都与批判法学有着或多或少的联系,然而,或许依旧是出于一种"现代主义"的本能,他们甚至没有勇气在字面意义上去承认韦伯所说的话,他们不愿意相信在近代法律中居

---

① 参见[德]马克斯·韦伯:《法律社会学》,康乐、简惠美译,桂林:广西师范大学出版社,2005,第321—340页。
② 同上书,第328页。

然还存在着非理性要素。然而这正是韦伯自身的逻辑。前文所揭示的"形式"与"实质"的概念本能使得韦伯不自觉地产生如下担心:一旦将具体的"实质"要求纳入法律考量当中,近代法律必然发生向非理性的"倒退"。韦伯的原话也映证了这一逻辑。他声称,将伦理因素纳入司法实践中,意味着"对法律形式主义提出根本的质疑"。因为,"鉴于价值妥协的不可避免性,必须允许完全不顾对那些抽象规范的引用,而且至少在价值冲突的场合,必须承认具体的价值判断,亦即不仅是非形式的,甚至是非理性的法发现"。如此一来,"法律作业的精确度将会严重受损",这将导致"卡迪司法"。① 韦伯使用的语言表明了他对材料的概念界定,也表明了他的态度。

韦伯最为警觉的是上述潮流中的第二项,亦即工人运动所产生的对法律的"实质化"要求。在讨论自然法的第七节中,韦伯就曾耗费大幅笔墨来介绍历史上曾出现过的"社会主义自然法"。在韦伯的梳理下,这种自然法和自然权利学说起源于更为原始的小农自然法,因此这两种自然法在本质上都是一种倒退。而且,这种工人阶级的自然法学说在内部也是歧异重重,其中有一大部分主张甚至在近代社会中几乎是"根本无法实现"。在一切商品的价值都是由市场交易中形成的交换价值来决定的社会中,所谓的纯由个人劳动而生成的"劳动收益"请求权将"彻底不复存在"。于是,社会主义自然法永远只能停留在工人阶级和部分知识分子的脑海里,它不可能转化成法律现实。而且,它很快就失去了在知识界的地位。在社会主义阵营内部,它被马克思主义的进化论所淘汰;在外部,则是被孔德社会学和历史主义的有机体发展理论所摧毁。② 如今,在自然法学说被淘汰之后,社会主义运动开始把眼光投向实证法。韦伯用严厉的言辞来描述这种诉求。在他看来,正是这种诉求构成对"法律形式主义的根本质疑",这种诉求"既非法律

---

① 参见[德]马克斯·韦伯:《法律社会学》,康乐、简惠美译,桂林:广西师范大学出版社,2005,第 325 页,第 327—328 页,第 336 页,第 339 页。
② 同上书,第 307—311 页。

的,也非习律的(konventionellen)或传统的",这种"实质正义"的诉求必然会威胁到法律的形式合理性。① 简言之,在纯粹概念的本能之外,我们在韦伯的文字中发现另一种本能,一种将现实同概念联结的本能,一种将工人阶级的法律要求等同于非理性的本能。这种本能也同时认定:工人运动最有可能破坏近代法律中的形式合理性。而要理解这种本能,我们需要进入一个更为开阔也更为现实的历史舞台。

第二节 命题重构:法律与资本主义

(一)韦伯的设想

韦伯为《经济与社会》创作的有关法律的这章内容,在其手稿中,标题是缺失的。是玛丽安妮·韦伯后来加上了"法律社会学"这一题目。② 1922年,当玛丽安妮正式出版韦伯的这部鸿篇巨著时,无论是在目录还是正文中,"法律社会学"这个标题之后又都被添加了一句补充性质的括号文字:"经济与法律"。③ 玛丽安妮的举动表明:她认为该章内容应被置于法律与经济的关系中来考量。"法律社会学"中的大量文字也佐证了她的判断。韦伯在该章第一节就强调:此处处理的仅是法律中与经济,尤其是与近代资本主

---

① 参见[德]马克斯·韦伯:《法律社会学》,康乐、简惠美译,桂林:广西师范大学出版社,2005,第325页。
② Johannes Winckelmann, "Vorbericht", in Max Weber, *Rechtssoziologie*, Neuwied: Luchterhand, 1960, S. 38-39.
③ Max Weber, *Grundriss der Sozialökonomik*, Ⅲ. Abteilung, *Wirtschaft und Gesellschaft*, Tübingen: Mohr Siebeck, 1922, S. Ⅹ, S. 386. 另据施路赫特的考证,在韦伯原本针对《经济与社会》的写作计划中,与法律有关的内容也正是被称为"经济与法律", Wolfgang Schluchter, *Wirtschaft und Gesellschaft. Entstehungsgeschichte und Dokumente*, Tübingen: Mohr Siebeck, 2009, S. 75。

义相关的部分,亦即"私法"和"民事诉讼"领域。在随后对各种法律史现象的叙述中,韦伯也在不断地结合思考如下问题:某某法律现象究竟在多大程度上促进或阻碍了近代资本主义经济的发展?[①] 这表明,"法律社会学"属于《经济与社会》中涉及经济主题的前半部分,或许我们可以把这部分叫作"经济社会学",以便与后半部分的"支配社会学"(或政治社会学)相对应。[②]

非常清晰的是,韦伯在"法律社会学"中试图处理如下根本问题:近代资本主义的发展所要求的法律条件,亦即法律的合理性,是如何在人类法律发展的历史长河中逐渐呈现的? 韦伯始终如一地在各种法律史现象中寻找着其中的合理性成分,并不断地思考这些成分是如何具体地促进近代资本主义发展的。当他在某些法律现象中只能鉴别出"非理性"成分时,他就会逆向分析这种成分又是如何阻碍了近代资本主义的出现。换言之,韦伯认定,在近代资本主义和近代合理性法律之间,有着一种"选择性亲缘关系",而"法律社会学"的使命便是追寻这一亲缘关系的发展轨迹。

真正的法律合理性只有一种,亦即形式合理性。韦伯曾经设想过,或许存在一种"实质"层面的合理性法律。而且,必须承认的是,这一概念也对后来的法律史和比较法学者助益良深。只是韦伯自己在使用这一概念时,背负了太重的德国哲学负担。当他把这种对于法律研究而言或许是多余的概念张力带入研究时,"实质"便和"合理性"发生冲突,以至于两者之间几乎不再具备联系可能性。能够承载起合理化重担的,就只剩下"形式"概念。只有这种法律才能通向近代资本主义。在一段最能表明韦伯对法律与近代资本主义关系的态度的文字中,他声称:"法律的合理化与体系化",对于商品市场的"利害关系者"而言,意味着"司法审判运作中可计算性

[①] 参见[德]马克斯·韦伯:《法律社会学》,康乐、简惠美译,桂林:广西师范大学出版社,2005,第58、110、241页,第248—249页,第255—256页,第273—274页,第302、321页。
[②] 因此,在我看来,在部分较为晚近的韦伯研究中,将"法律社会学"置于韦伯"支配社会学"或政治理论框架下来思考的倾向,其文本依据是不牢固的。

(Berechenbarkeit)的增加",而这对近代资本主义经济的持续经营而言,是"最为重要的前提之一"。因为这能够保障"交易安全"。① 以上这段文字,位于"近代法律发展中的反形式趋势"这部分内容的开端。这一安排清楚地表明他的用意:如果我们放任这些趋势,那么,不仅法律的合理性,甚至整个西方资本主义经济的命运,都将陷入危险境地。

(二) 韦伯的焦虑与决断

当然,韦伯并非近代资本主义和(据信是同前者配套的)"形式合理性"法律的彻底拥护者。否则的话,他的作品也就不具备如此巨大的魅力了。《新教伦理》中的"铁笼"隐喻,即使对于外行而言也毫不陌生。这个隐喻显示出韦伯对近代资本主义以及更为广泛的近代理性主义的焦虑心态。如本章引言所述,对于韦伯的焦虑,当代学者还创造出了一系列用来描绘此心态的同义词。在"法律社会学"中,这种焦虑最为明显也最为激烈地体现在韦伯有关契约自由的论述中。韦伯在第二节中耗费巨大篇幅来描绘资本主义所需要的契约自由的"演进史"。与梅因(Henry S. Maine)"从身份到契约"的名言类似,在韦伯的叙述中,市场共同体之间自由签订的、就事论事型的"目的契约"最终战胜带有强烈身份法和等级制色彩的"身份契约",从而为资本主义的发展扫清道路,这似乎反映了人类在法律与自由方面的"进步"。然而韦伯在该节最后笔锋一转,开始强调形式的契约自由与实际自由的不一致情形。这尤其体现在劳动者身上:尽管在理论层面上,劳动者可以和任何企业主签订任何内容的劳动合同,但在实际层面,面临紧迫生计需求、同时在市场上又处于劣势的工人,几乎不具备任何同企业主讨价还价的筹码。因此,"契约自由的结果首先是:放开机会使得善于利用在

---

① [德]马克斯·韦伯:《法律社会学》,康乐、简惠美译,桂林:广西师范大学出版社,2005,第321页。

市场上所拥有的财产的人,在不受法律限制的情形下,以此作为取得对他人权力的手段"。① 表面的契约自由无法掩盖实际的市场强制,这种抽象的、匿名的、不带感情的资本主义经济与法律网络,甚至对企业主本人也有着强制效力:任何人如果不遵从经济"法则",都有可能"完全丧失经济存在"。② 结果,形式的自由导致对真正自由的扼杀,从自由意志起源的资本主义却最终锻造出难以逃离的"铁笼"。

正是在包含"近代法律发展中的反形式趋势"的最后一节中,韦伯进一步指明这种法律思维中"形式"与"实质"之间"不可避免""无法调停"的"冲突"。③ 资本主义的发展需要"形式"的法律,但实际的生活需求、弱势群体对实质正义的追求以及民主制下普通民众参与司法审判的要求,都意味着对"实质"法律的追求。二者之间的矛盾无法调和:"除非完全放弃法律家内在固有的形式性格,否则法律家的法绝不会完全满足上述那种期待(指"实质"期待),而且从来没有满足过。"④

正如韦伯自己所言,"形式"与"实质"之间的关系是一种冲突,而不是辩证法。辩证法意味着调和,而冲突却意味着必须做出决断。这也正好与韦伯本身的"价值哲学"吻合:每一个真正的近代人都必须在争斗的诸神之间做出选择。尽管韦伯在面对现代性的一切后果时显得忧心忡忡,尽管这种忧虑也时常反映在其模糊不清的文字表述中,但他在私法领域内的最终选择却依旧能够辨认。他的选题和设问方式本身就显示,起着"价值关联"功能的近代资本主义是"法律社会学"中的核心线索;而近代人的"命运"和"自由"这个更为诱人的问题,尽管在韦伯的其他作品中得以较充分地展现,在此却不是迫切的议题;近代资本主义具有"普遍意义与价值",因此也就值得

---

① [德]马克斯·韦伯:《法律社会学》,康乐、简惠美译,桂林:广西师范大学出版社,2005,第138页。
② 同上书,第140页。
③ 同上书,第324、338页。
④ 同上书,第324页。

作为"近代欧洲文化之子"的韦伯用毕生力量予以研究①;只有同近代资本主义相匹配的形式合理性法律才是真正的合理性法律,其他法律都只有不完善的合理性,或者说干脆就是"非理性";当韦伯把考虑具体情境、注重实质正义的"实质"性法律要求定性为"非理性"时,这里也无疑暗含一种"价值判断"。要注意的是,这种具体的、衡平式的、实质性的法律主张在亚里士多德那里或许正是一种"理性"。

韦伯本身就是资产阶级经济与文化圈子的产物。韦伯的祖父是比勒菲尔德的亚麻商,该家族在好几代人之前就已跻身商业上流社会。② 韦伯的父亲是一名律师,后来则成为一个资产阶级政党——民族自由党——内部的重要官僚。③ 韦伯的"世界观"正是成长于这个世界之中。当然,韦伯也是一名爱国者,他直言不讳地期待第二帝国能够成为这个世界的"主宰者民族"(Herrenvolk)。④ 不过实现这一梦想的经济方式依旧是发展本国资本主义。在韦伯的政治规划中,工人阶级应当暂时牺牲阶级斗争中的眼前利益,并转而同资产阶级合作,共同建设一个强大的资本主义工业和贸易强国,从而提高和确保德国的国际地位。而尚不具备这种"觉悟"的工人,在韦伯眼中都意味着缺乏"政治成熟性"。⑤ 至此,我们也能完全明了韦伯对工人运动感到忧虑的原因。

于是,无论韦伯本人在情感层面上是多么同情工人阶级在德意志帝国

---

① [德]马克斯·韦伯:《资本主义精神与理性化》,载[德]马克斯·韦伯:《中国的宗教;宗教与世界》,康乐、简惠美译,桂林:广西师范大学出版社,2004,第 448 页。
② [德]玛丽安妮·韦伯:《马克斯·韦伯传》,阎克文等译,南京:江苏人民出版社,2002,第 29 页。
③ 同上书,第 32、47 页。
④ [德]马克斯·韦伯:《新政治秩序下的德国议会与政府——对官员和政党制度的政治评论》,载[德]马克斯·韦伯:《韦伯政治著作选》,[英]彼得·拉斯曼、[英]罗纳德·斯佩尔斯编,阎克文译,北京:东方出版社,2009,第 215 页。
⑤ [德]马克斯·韦伯:《民族国家与经济政策》,载[德]马克斯·韦伯:《韦伯政治著作选》,[英]彼得·拉斯曼、[英]罗纳德·斯佩尔斯编,阎克文译,北京:东方出版社,2009,第 21—22 页。

中的遭遇，他的另一种情感却也将这同一阶级置于资产阶级经济与法律行为合理性的对立面。这就是说，在"法律社会学"中，他将近代法律中"形式"与"实质"诉求的对立，"现实化"为两大阶级的对立。如果对立一方的资产阶级代表着"合理性"，那么"非理性"必然要分派给另一端的无产阶级。借用韦伯"价值哲学"里的词，这两个阶级分别由各自的神所驱使，在相互间展开无法消解的殊死搏斗。于是，概念和"现实"就处于一种天衣无缝的对应状态。这无疑又是二元论思维贯彻的结果。

然而，有必要指出的是，现实并不具备这种逻各斯般的对称美。在经典马克思主义作家对资本主义的批判中，由于法律属于在社会发展中不起决定性作用的"上层建筑"，所以在一定程度上受到忽视。不过，就这些作家在法律领域之外的政治经济学和哲学作品而言，与同时期盛行于德国资产阶级文化圈内部的浪漫主义、超人哲学、斗争哲学和生命哲学相比，人们很容易就能感觉出：究竟哪一方更具有韦伯想要的那些"科学性"或"体系性"。此外，属于对工人阶级持同情态度的"讲坛社会主义者"阵营的法学作品，例如安东·门格尔（Anton Menger）根据与传统私法原则针锋相对的、更符合无产阶级利益的根本法律原则，推导出的一个由总论、家庭法、物权法、债法和继承法构成的新的民法思维体系，似乎也并非如韦伯所主张的那样，欠缺规则性和精确性。① 甚至在二战后，就连私法史权威维亚克尔（Franz Wieacker）也不得不承认："门格尔的分析是无可反驳的。"②

更为关键的是，无论这些社会主义性质的法律主张究竟是"合理性"还是"非理性"，这些主张几乎都不可能在韦伯身处的第二帝国后期的政治结构中得到实现。这方面，维亚克尔依旧显示出作为一个学者的诚实："……

---

① 参见 Anton Menger, *Das bürgerliche Recht und die besitzlosen Volksklassen*, Tübingen: Verlag der H. Laupp'schen Buchhandlung, 4. Aufl., 1908.
② ［德］弗朗茨·维亚克尔：《近代私法史——以德意志的发展为观察重点》（下），陈爱娥、黄建辉译，上海：上海三联书店，2006，第 436 页。

社会主义式的批判,因十九世纪里国家与社会的权力情势,而几乎不能对法学、法律实务有任何直接的影响。"①德皇威廉二世说得更直白:"社会主义工人不属于祖国。"②在社会民主党在议会内始终无法(或者说不愿)发挥有效作用,以及德国司法系统主要由资产阶级法官组成的这种背景下,无法想象工人阶级能够"操纵"司法甚至立法,从而实现"破坏"资产阶级法律的合理性的"企图"。现实是:在民事司法领域,无产阶级被阻止以集体自力救济的方式,通过契约和结社自由来改善其生存境遇③;在刑事领域,"阶级司法"更是大行其道,法官们使用"勒索罪"和"妨害公共秩序罪"(grober Unfug)的条款来对付罢工斗争④。

(三) 关系重构:反思合理性形而上学

德意志第二帝国的政治权力由霍亨索伦皇室、军队、容克地主、天主教会、工业巨头和中产阶级等阶层所分享。所有这些阶层都试图从现有的政治与法律结构中分一杯羹,以满足自己各方面的利益需求。这一现实提醒我们,无论韦伯所处时代的法律实践出现了何种变化,这种变化都只能是由这些群体的利益变化所导致。考虑到经济领域主要是资产阶级的舞台,所以,一个合理的猜测是:如果该时期私法实践领域内出现若干变化,那么,这有可能是资本主义本身发展的结果。

无可否认的是,在20世纪最初几十年,德国民法实践领域出现了大量

---

① [德]弗朗茨·维亚克尔:《近代私法史——以德意志的发展为观察重点》(下),陈爱娥、黄建辉译,上海:上海三联书店,2006,第429—430页。
② 转引自 Franz Neumann, *The Rule of Law: Political Theory and the Legal System in Modern Society*, Leamington Spa; Heidelberg; Dover: Berg, 1986, p.263。
③ [德]弗朗茨·维亚克尔:《近代私法史——以德意志的发展为观察重点》(下),陈爱娥、黄建辉译,上海:上海三联书店,2006,第436页。
④ 参见 Karl Kroeschell, *Rechtsgeschichte Deutschlands im 20. Jahrhundert*, Göttingen: Vandenhoeck & Ruprecht, 1992, S.35-37。

新动向。帝国最高法院(Reichsgericht)在其中扮演了尤为重要的角色。该法院通过一系列的判决,突破了《德国民法典》(该法典无疑代表着"形式合理性"法学在现实中的最高成就)的形式性规定,进而创造出了一系列适应经济与社会巨大变动的新规则与新制度。稍微列举一下维亚克尔作品中详细讨论过的这些创新,就能明白这背后是哪些人的利益:表见代理、间接代理、契约关系中的附随义务与保护义务、缔约过失责任、持续性与重复性的债之关系、契约与第三人间的关系、占有改定、让与返还请求权、对物权处分行为抽象性的松动等等。①

这些变化基本都发生在资本主义的界域之内。实际上,如前所述,韦伯在"近代法律发展中的反形式趋势"中,也提到某些"法利害关系者"对法律实践的"期待"。然而,他对这种"期待"的讨论却没有充分展开,他也没有去考察这种"期待"是否已经落实于司法实践。他匆匆结束了这些文字,他甚至不想告诉我们:这些要求法官照顾其具体经济利益的"法利害关系者",就是资产阶级。因为这里存在一个一旦澄清将可能难以弥补的理论(与世界观的)漏洞:这些代表着"非理性"的、具体的利益权衡式的法律诉求,为何会属于那个据信是与合理性和体系性法律完美匹配的资产阶级?然而,德国资本主义的法律现实,的确将潘德克顿学派的那个完美体系打碎了。如今,法律存在于判例之中,以至于"真正'现行'的私法(特别是一般理论与债法的部分)已不再能由法律文本解读出来"。②

现实向韦伯的命题开了一个玩笑。另一个更大的玩笑则是"英国法问题"。英国法在韦伯的眼中,其概念建构以"确实的、具象的、依日常经验一眼便知的、因此也就是形式的事实为其取向",它不是"由可见事实的抽象化、逻辑性的意义解明、通则化与涵摄所形成的一般概念,也不是依三段论

---

① 参见[德]弗朗茨·维亚克尔:《近代私法史——以德意志的发展为观察重点》(下),陈爱娥、黄建辉译,上海:上海三联书店,2006,第495—503页。
② 同上书,第495页。

方式使其以规范形态得以适用的一般概念"。英国法的审判总是"由一个案件推论到下一个案件",因此不可能形成体系。换言之,英国法是"形式非理性"的。与此同时,由于陪审制的广泛应用,以及基层治安法官的"卡迪司法"倾向,英国法又被韦伯认定为"实质非理性"。① 然而,正是在这种双重"非理性"的法律下,同样繁荣的资本主义却在这里发展出来。韦伯甚至必须承认,合理性的欧陆法律在近代社会却竞争不过其"非理性"的英国对手:"相反,这两种裁判与法形成的类型在有机会相互竞争之处——例如加拿大,盎格鲁-撒克逊的那种方式显然占据上风,而我们所习惯的那一类型则被迅速驱逐。"② 韦伯的坦诚最终暴露了韦伯的漏洞。

不过这一切都还有挽救余地。实际上,在"法律社会学"的文本中,交织着两套法律合理性的概念体系。第一套是已经被我们反复讨论的"形式"/"实质"体系。另一套则不是那么闻名。在"法律社会学"第一节中,韦伯谈到法律的合理性时,并不是直接就提出最著名的那四个概念,而是首先用尽可能详尽的语言向我们澄清,他所说的法律合理性究竟是什么。这套合理性概念体系也可以理解为是对形式合理性概念的进一步细分。韦伯指出,合理性可以有三个方向或者阶段。首先是通则化(Generalisieren 或 Generalisierung),韦伯又将其称为"分析",这是指将决定个案判决的标准理由化约为法律命题,亦即明确的、具有可计算性和可预见性的法律规则。其次是对一个完整的法律关系的建构,韦伯又将其称为"综合",这意味着法律规则相互关联成一个内部无矛盾的具体法律制度。最后则是将所有法律命题和法律制度加以整合,以形成一个逻辑清晰、毫无矛盾和漏洞的完善规则体系,亦即体系化(Systematisierung)。③ 这套概念也时而出现在韦

---

① [德]马克斯·韦伯:《法律社会学》,康乐、简惠美译,桂林:广西师范大学出版社,2005,第185—186页,第335页。
② 同上书,第336页。
③ 同上书,第26—27页。

伯在后文对某些法律史现象的分析当中。例如,当韦伯谈到古罗马法的合理化进程时,他所使用的标准并不是"形式"或"实质"的"合理性",而是明确地使用分析、综合和体系化这组概念。①

资本主义,至少是韦伯界定的"近代资本主义",实际上并不需要满足这个合理性标准的全部要件。早在1972年,尚且效忠于"法律与发展"运动的楚贝克(David M. Trubek),在思考法律与经济发展的关系时,也在韦伯作品中遭遇了"英国法问题"。尽管楚贝克提出的一系列看法在今天看来已经显得陈旧,但至少他已经认识到:韦伯有关"法律思维类型"的概念体系,与其说澄清了问题,不如说创造了更多混乱。为了解决英国法问题,楚贝克最终抛弃了"逻辑形式合理性"概念,转而更加准确地强调:不论是近代欧陆抑或近代英国法律都能具备的"可预见性"或者说"可计算性",才是资本主义发展的关键法律条件。②楚贝克的直觉是对的。既然韦伯对近代资本主义的根本界定是"以持续的、合理性的资本主义经营来追求利润:追求永远更新的利润,追求'利润性'(Rentabilität)",既然韦伯又着重强调这种永不枯竭的资本积累是建立在"可计算性"的技术因素的基础上,那么,为了保证这种可计算性,"可资计算的法律"也将是其重要的外部保障条件。③只要法律的结果具备可计算性和可预见性,它就能够被纳入企业主的成本-收益考量,从而不会使资本主义内部的可计算性受到"非理性"的外部司法与行政的干扰,从而也就保证了资本主义的永续经营。

这种可计算性借助上述法律合理性体系的第一和(部分的)第二阶段,就足以获得充分的保证。一旦有了充分明确且不受干扰的固定规则,并且

---

① [德]马克斯·韦伯:《法律社会学》,康乐、简惠美译,桂林:广西师范大学出版社,2005,第200—215页。
② David M. Trubek, "Max Weber on Law and the Rise of Capitalism", *Wisconsin Law Review*, Vol.1972, No.3(1972), pp.746-48, p.752.
③ [德]马克斯·韦伯:《资本主义精神与理性化》,载[德]马克斯·韦伯:《中国的宗教;宗教与世界》,康乐、简惠美译,桂林:广西师范大学出版社,2004,第451、458、459页。

在规则的基础上能够形成对应于各种资本主义经济现实的具体法律制度，资本积累的流程便宣告开始。这台经济机器的运转，无须等待那个看似完美但却呆板无用的德国法律自动售货机的登场。近代资本主义不追求法律的纯粹体系性。在体系化阶段最终达到完整自我实现的形式合理性法律，与其说是由资本主义决定，毋宁说源于具有唯智主义（Intellektuellismus）倾向的法学家阶层对逻各斯的迷恋，以及（一定程度上）早期现代绝对主义君主国家建设完善的中央集权官僚体系的需要。近代资本主义甚至与这个体系相冲突。对于现实经济而言，其所产生新的投资领域、新的交易和经营方式以及新的风险，都需要法律实践突破原有的形式性框架，从而给予这些新的社会事实实质性的保障，而这必然意味着对原有法律体系的"破坏"。然而正是这种"破坏"，赋予了企业家和投资人在全世界各个角落不断寻找利润空间的强大动力。对于这点，韦伯自己也承认：正是由于这种对欧陆法律思维之体系性的拒绝，英国法才产生出"'实际的'适应能力"和"'实用的'性格"。①

因此，一种较弱意义上的合理性，亦即规则性、可预见性和可计算性，就足以保证近代资本主义的发展。如上所述，当韦伯在《宗教社会学文集》的前言中讲述具有"普遍意义和价值"的西方资本主义现象时，他尚且能够清晰地界定出法律与近代资本主义之间的这种实际关联状态。然而，在"法律社会学"中，韦伯却将这种关联拔高到了脱离现实的境界。尽管他断言"法律的合理化与体系化"保障了资本主义经营的"可计算性"和"交易安全"，但他却没有真正展开论述：前者是如何在理论层面确切地、必然地促进后者的。这个认识盲点源自如下的概念审美："合理性"同步流溢于各个领域，即使在现实中这不可能，至少也应存在于理念型中。于是，在近代资本主义和近代法律中必然体现出同等程度的、完善的形式合理性。然而韦伯没有给

---

① ［德］马克斯·韦伯：《法律社会学》，康乐、简惠美译，桂林：广西师范大学出版社，2005，第334页。

这个假说提供证明。一方面,韦伯曾经耗尽心血尝试证明"新教伦理"对近代资本主义所起到的精神原动力作用。必须承认,他成功了。另一方面,对于形式合理性法律与近代资本主义之间的确切关联,韦伯却极为节俭笔墨。因为这实在难以证明。它的确是一种诱人的概念猜想,然而它也是一种形而上学。当这套形而上学遭遇现实的挑战时,韦伯承认了二者之间的张力,也承认了他的困惑。尽管他没能战胜形而上学,但他此刻的举动已经体现出一名学者的美德。

故事尚未结束。因为韦伯所处时代法律实践的变化尚不止维亚克尔所罗列的那些。这些"额外"的变化,同样也是由资本主义经济发展的新特征决定。这一新特征就是垄断资本主义。1850年以后的德国经济史是一部资本主义不断卡特尔化和集中化的历史。在几乎所有行业,尤其是煤炭、钢铁、制糖和化工领域,德国企业主通过卡特尔、辛迪加、企业合并、扩展投资领域等等方式,建立了或大或小的各种垄断组织,从而实现消除竞争、控制价格和产量、统一购买原料、统一销售以及瓜分市场等各种目的。在这种背景下,生产类型单一且资本总量匮乏的中小企业不断受到挤压,而企业巨头则不断出现。1915年,控制着全德煤炭生产和销售的"莱茵兰与威斯特伐利亚煤炭辛迪加"内部企业成员数目只剩下57个,但分配给每个成员的煤炭产量配额则上升到1 600 000吨。企业规模也在不断扩大,在一战开始时,克虏伯公司和格尔森吉尔星纳采矿股份公司(Gelsenkirchener Bergwerks AG)所雇用的劳工数量已经分别达到了80 000人和30 000人。[1]

新出现的这些经济特征也在寻求法律上的承认。1897年,帝国最高法院公开表达其对卡特尔的认可态度。[2] 不过卡特尔想要更多东西。这里值

---

[1] [英]彼得·马赛厄斯、[英]M. M.波斯坦主编:《剑桥欧洲经济史·第7卷,工业经济:资本、劳动力和企业》(上册,英国、法国、德国和斯堪的纳维亚),徐强等译,北京:经济科学出版社,2003,第711、716页。

[2] Karl Kroeschell, *Rechtsgeschichte Deutschlands im 20. Jahrhundert*, Göttingen: Vandenhoeck & Ruprecht, 1992, S. 26 – 27.

得关注的,是这种新的现象与法律合理性的关系。① 当然,垄断资本主义的出现意味着大型企业内部组织化和合理化程度的提高。在韦伯的"政治思想"中,这方面的关心极为明显,他担心:这种高度官僚制的企业管理类型,同政治领域的官僚制一样,都将有可能压制人的"自由"。② 然而,在垄断组织外部,在垄断企业与垄断企业之间,"法律"却呈现出了更富戏剧意味的变化。当"市场"已经不再是由数不清的财富大致相同的中小企业家,而是由数十个甚至是个位数的大型寡头来构成时,一般性的"规则"对他们而言已经毫无意义。每一次的生产销售协议和瓜分市场举动,所依赖的都不会是抽象的规则,而总是具体情境下的利润蛋糕的任意切割。工业和金融寡头不需要抽象、中立的法律规则,借助同国家机器的紧密联系,通过操纵(和破坏)立法和司法,它们反倒更能实现自己的利益。如果国家试图对垄断资本进行调控,面对为数不多的经济主体,抽象的法律规则也失去了意义。古典自由主义法治国的法律概念受到挑战。最为明显的例证就是,在整个魏玛共和国(韦伯在其有生之年的最后岁月见证了它的诞生)时期,魏玛总统根据宪法第 48 条所规定的"紧急状态权",颁布了难以计数的对经济、社会、财政和政治领域进行干预的"法令"(Verordnung)。③ 这种法令被声称具备实

---

① 此处主要借鉴了纽曼和昂格尔的分析,参见 Franz Neumann, *The Rule of Law: Political Theory and the Legal System in Modern Society*, Leamington Spa; Heidelberg; Dover: Berg, 1986, pp. 266-85;[美]R. M. 昂格尔:《现代社会中的法律》,吴玉章、周汉华译,南京:译林出版社,2001,第 175—186 页,第 208—212 页。另外,桑希尔(Chris Thornhill)在其有关德国政治哲学史的作品中,介绍了20世纪批判社会理论对垄断资本主义或国家资本主义下的法律和政治的分析,参见[英]克里斯·桑希尔:《德国政治哲学:法的形而上学》,陈江进译,北京:人民出版社,2009,第 478—496 页。
② 参见[德]马克斯·韦伯:《新政治秩序下的德国议会与政府——对官员和政党制度的政治评论》,载[德]马克斯·韦伯:《韦伯政治著作选》,[英]彼得·拉斯曼、[英]罗纳德·斯佩尔斯编,阎克文译,北京:东方出版社,2009,第 120—131 页。
③ 参见 Carl Schmitt, "Die Diktatur des Reichspräsidenten nach Artikel 48 der Weimarer Verfassung", in Carl Schmitt, *Die Diktatur: von den Anfängen des modernen Souveränitätsgedankens bis zum proletarischen Klassenkampf*, Berlin: Duncker & Humblot, 2006, S. 211-257;[德]卡尔·施米特:《合法性与正当性》,载[德]卡尔·施米特:《政治的概念》,刘宗坤等译,上海:上海人民出版社,2004,第 189—264 页。

证法的效力,然而它们中的大部分实际上是根本不具规则属性的、只针对具体人、事、物的命令。法官自由裁量权也在该时期迅速扩大,《德国民法典》中的大量具体规则被抛弃,法官转而诉诸"诚实信用""善良风俗"这样的一般条款,从而倾向于做出极具"随意性"的判决。① 也难怪卡尔·施米特能从这种司法现实中受到启发。他宣称:一切法律都是"处境法"(Situationsrecht)②,或者说根本就不是"法"。

自由资本主义到了韦伯的时代,已经发展出了自己的对立面。这个对立面以更加强大的力量耗尽了韦伯所追求的那个合理性。卡特尔的大量内部规则已经彻底破坏了"法律科学"和民法典的统一体系。对于在残酷的吞并战争中存活下来的为数不多的"市场主体",亦即垄断组织而言,其经济行为和经济利益也无需一般规则的保护,通过因人因事而异的具体化的协调和决断,它们的利益获得了更大的促进。与此同时,立法和司法,无论是出于对此予以迎合还是调控的目的,都走向了具体化、去规则化的道路。当然,"可预期性"或许还是存在的,因为操纵立法和法庭的大资本家自然能够知道法律的结果是什么。但对于其他"市场主体"(如果他们还存在的话)而言,他们已经无法从这种飘忽不定的法律实践中"预见"到什么确定性了。合理性的特性已经损失殆尽,体系性、规则性、可计算性和可预期性实际上都与这种"法律"无缘。因此,在"资本主义"的界域之内,恰恰产生了韦伯概念体系中的"非理性"。韦伯却对此表示沉默。这是他的合理性形而上学所无法面对的事实。

---

① [美]R. M. 昂格尔:《现代社会中的法律》,吴玉章、周汉华译,南京:译林出版社,2001,第209—210页。
② [德]卡尔·施米特:《政治的神学:主权学说四论》,载[德]卡尔·施米特:《政治的概念》,刘宗坤等译,上海:上海人民出版社,2004,第10页。

小　结

　　早在1978年,英国学者阿兰·亨特(Alan Hunt)即已表明:韦伯"始终未能彻底摆脱观念论传统"。为了证明这一命题,亨特以韦伯的"方法论"作品为例,指出无论是其"方法论上的个人主义",还是"价值中立"学说,抑或理念型建构,都存在着先验或者说超出现实的成分。一旦韦伯将这种方法论应用于经验研究,其在社会科学"客观性"方面的成就将不可避免地受损。① 在1980年,另一位英国学者莫林·凯恩(Maureen Cain)进一步追踪了观念论传统在韦伯"法律社会学"中的体现。在其文章中,她尤其强调韦伯有关法律与资本主义关系论述的"意识形态"成分。在她看来,韦伯对资本主义的定义来源于经典自由主义政治经济学,而这导致韦伯将"市场合理性"(market rationality)视为其资本主义理念型中的关键要素。以此为起点,"合理性"在韦伯理论中也成为连接资本主义和其他问题领域的关键桥梁。这促使韦伯倾向于认定无论是在近代资本主义还是在近代法律中都有着同种性质和程度的"合理性要素"。而一旦遭遇"英国法问题",韦伯便只能将其当作一种"异常案例",而无从加以理论解释。②

　　在很大程度上,本章可被视作以上思路的一个延续。透过对韦伯"法律社会学"中关键概念群——"法律思维"的类型——的解读,我试图揭示德国观念论哲学的关键概念对德国学者韦伯的深刻影响。这种根深蒂固的影响甚至使得韦伯原本试图照顾经验现实的概念体系再度"观念化",从而蜕变

---

① Alan Hunt, *The Sociological Movement in Law*, London: Macmillan, 1978, p.97, pp.99-101.
② Maureen Cain, "The Limits of Idealism: Max Weber and the Sociology of Law", in *Research in Law and Sociology*, Vol.3, Greenwich, CT: JAI Press, 1980, pp.79-82.

为其德国哲学上的原貌。而这一原貌又反过来影响着韦伯对经验材料的取舍、分析和判断。透过对韦伯"法律社会学"所处时代经济、法律与政治背景的追溯,我试图表明这套观念论工具甚至被韦伯使用在对现实阶级斗争的描述和界定之中。而韦伯在这种描述与界定中的最终立场,则与其本人根本性的经济存在与经济信条密不可分。

结合本书第二章所呈现的韦伯普遍历史框架,我们也可发现,韦伯在其原本认定为最先进、最合理性的近代西方私法中,发现了不甚和谐的反形式、反合理性成分。这一事实,当然对其普遍历史系谱构成重大打击。但韦伯回应这一打击的方式,并非正视或调和诸种矛盾,而是要么对矛盾基本上置之不理(如对英国法问题),要么对矛盾予以歪曲式的呈现(如将形式法归因于资产阶级,而将反形式的法律主张"归咎"于工人运动和社会政策),并从想象出来的矛盾中的一方立场出发,来要求另一方暂时退出舞台(如对工人运动及相应法律主张)。

从根本意义上说,如凯恩所言,正是韦伯对"近代资本主义"的理念型建构表明了他的归宿和局限。"近代资本主义"在韦伯眼中,是个完美而又高尚的存在:无数才智和资本大致相同的企业家,在"新教伦理"的感召下,抛弃了"传统主义"和"享乐主义"的束缚和诱惑,为着获取上帝的恩宠而辛勤地积累利润。企业家是合理性的化身,由企业家构成的市场也必然体现合理性。与此相适应的法律,也注定象征最高程度的"形式合理性"。由于这个理念型在根本意义上凝固在亚当·斯密的年代,所以它也就不可能将亚当·斯密身后的资本主义新现象纳入自己的建构之中。而且,无论是在《新教伦理》,还是在《经济与社会》,抑或在《经济通史》中,身为"政治经济学家"的韦伯居然都没有去建构一个垄断资本主义的完整理念型,也没有建构出同这种新型资本主义类型相配套的新的支配类型和法律性质。这一切使得韦伯在法律社会学中无法(或者说不愿)思考到其所处时代法律中"反形式"或"非理性"趋势的根源。将对"近代资本主义"的理解定格在自由市场时代的做法,最终显示出韦伯的根本世界观和阶级立场。尽管韦伯对现代性与合理性在其他领域的拓展(诸如对官僚制)表现出无尽的忧虑,然而在近代资本主义和近代私法这个问题上,韦伯最终无可避免地选择了对"铁笼"的皈依。也正是在这里,韦伯使用着其所属阵营的最经典理论武器,亦即"理性"的唯心主义。请注意这个词和"观念论"同出于一个德国古典哲学的关键概念。这个概念就是 IDEALISMUS。①

---

① 对德国古典哲学与资本主义间关系的分析,参见[匈]卢卡奇:《历史与阶级意识——关于马克思主义辩证法的研究》,杜章智等译,北京:商务印书馆,2011,第 183—236 页。

第五章
在近代政治中发现非理性：
大众民主与卡理斯玛

马克斯·韦伯的支配社会学不断激发学者的想象。自其去世以来，来自全世界的数代学者，都投身于对韦伯此一思想面向的解读和传播之中。他的官僚制概念对于理解近代社会是如此关键，以至于此概念从未错过研究现代性问题之学者的关注。他对传统型支配的描述——包括诸如"家父长制"和"家产官僚制"的范畴——对于分析前现代社会是如此地助益良深，以至于历史学家也对此无法忽视。他有关卡理斯玛型支配的叙述也是如此诱人，以至于社会学家和政治科学家都情不自禁地将此概念套用在20世纪中不断涌现的政治英雄或暴君身上。

然而，这并不意味有关韦伯支配社会学的研究已经穷尽一切思考可能。问题尤其在于，针对韦伯支配社会学文本中有关近代政治的描述，学界的研究依旧是不充分的。这并不是说诸如温克尔曼、本迪克斯、蒙森或施路赫特之类的韦伯专家未曾处理过此问题。[1] 无疑，如果某人从未接触过韦伯理论

---

[1] 参见 Johannes Winckelmann, *Legitimität und Legalität in Max Webers Herrschaftssoziologie*, Tübingen: Mohr Siebeck, 1952, S. 56-103；[美]莱因哈特·本迪克斯：《马克斯·韦伯思想肖像》，刘北城等译，上海：上海人民出版社，2002，第452—495页；Wolfgang J. Mommsen, *The Age of Bureaucracy: Perspectives on the Political Sociology of Max Weber*, New York: Harper & Row, 1974, pp. 72-94; Wolfgang Schluchter, *Rationalism, Religion and Domination: A Weberian Perspective*, Neil Solomon (trans.), Berkeley: University of California Press, 1989, pp. 315-91.

的此一面向,那么他也不可能被贴上"韦伯专家"的标签了。然而,我们对于如下韦伯议题的理解,依旧在很大程度上停留于模糊状态:近代官僚制和近代民主的意义和作用,以及这两个范畴之间的关系。

因此,本章是对韦伯支配社会学文本的一个重新审视,其目的则在于澄清韦伯本人究竟是如何在理论层面上理解和界定近代官僚制和近代民主的。现有研究已经在此方面贡献良多。尤其是本迪克斯和蒙森已经指出,在韦伯的语境中,在近代民主之中存在着一定程度的卡理斯玛要素。然而,另一方面,这两位作者都似乎将此种要素视作近代"法制型"支配的组成部分或辅助性补充。① 更为晚近的研究似乎更为清楚地意识到,在韦伯所描绘的近代大众民主亦即近代政治中,卡理斯玛型正当性或卡理斯玛型支配扮演着更大角色。② 然而,截至目前,韦伯为何要在近代政治中强调此种"非理性"方面这一问题,依旧未能从其支配社会学本身的内在视角来得到澄清。

因此,在某种程度上,本章也是对韦伯"政治著作"中一个高度争议之焦点——韦伯对于"领袖民主制"(Führer-Demokratie)的设计和吁求——的理论回应。从勒维特的时代开始,学者们都付诸努力,以理解这种极富吸引力但同时也包含争议的政治构想,是如何在韦伯的头脑中产生的。为了理解韦伯的这一思想倾向,学者们要么将此议题与韦伯有关将人类"自由"从近代官僚制"铁笼"中拯救出来的关注相承接③,要么将目光投向韦伯所处时代

---

① 参见[美]莱因哈特·本迪克斯:《马克斯·韦伯思想肖像》,刘北城等译,上海:上海人民出版社,2002,第319—320页;Wolfgang J. Mommsen, *The Age of Bureaucracy: Perspectives on the Political Sociology of Max Weber*, New York: Harper & Row, 1974, pp. 80-81, p. 82, p. 93。
② 参见 Regina F. Titunik, "Democracy, Domination, and Legitimacy in Max Weber's Political Thought", in Philip S. Gorski and David M. Trubek (eds.), *Max Weber's Economy and Society: A Critical Companion*, Stanford: Stanford University Press, 2005, p. 152。
③ 参见 Karl Löwith, *Max Weber and Karl Marx*, Hans Fantel (trans.), London: Routledge, 1993。

的政治现实以及他本人针对德国未来的政治态度①。几乎没有人去尝试从韦伯自身的政治理论的角度，亦即其支配社会学的角度，来解释这种政治倡议。因此，从解读韦伯更为"学术"的作品出发，本章至少尝试对韦伯政治意见和经历中这一最为棘手的面向，提供一种可能的理解视角，并增进对该议题的更为全面的理解。

当然，韦伯曾创作过多个版本的"支配社会学"。而且，这些写作于不同年份的文本在若干关键之处相互冲突。这显示出其理论乃是一直处于发展过程之中。但更为重要且更有意思的是，这也揭示出韦伯写下这些文字时自己头脑中的犹豫、矛盾乃至破裂——这些在所有韦伯作品中都太过常见。因此，本章并不意在"重建"一个逻辑上融贯的支配社会学理论（这方面的工作已经由施路赫特很好地完成过②），而是尝试定位并探索韦伯精神世界中的这些破裂之处。这是因为，如果韦伯的思维本身是"破碎"的，那么与其刻意地去调和这些"破碎"之处，不如以更为严肃的态度，来对待和思考这些断裂。

下文将要讨论的主要的韦伯作品包括：

（1）温克尔曼版《经济与社会》中的"支配社会学"（Soziologie der Herrschaft）部分，亦即玛丽安妮版本中的"支配的类型"（Typen der Herrschaft）部分。后者有三章内容——"政治共同体"（Politische Gemeinschaften）、"权力结构：'国家'"（Machtbild. "Nation"）、"阶级、身份与政党"（Klassen, Stand, Parteien）——在温克尔曼看来不属于真正的"支配社会学"，但这三章也将被纳入本章的考察范围。根据厄迪特·汉克（Edith Hanke）的研究，这部分内

---

① 参见 Wolfgang J. Mommsen, *Max Weber and German Politics, 1890 – 1920*, Michael S. Steinberg (trans.), Chicago; London: The University of Chicago Press, 1990。
② 参见 Wolfgang Schluchter, *The Rise of Western Rationalism: Max Weber's Developmental History*, Guenther Roth (trans.), Berkeley: University of California Press, 1981, pp. 82 – 138。

容的写作时间是 1912 年到 1914 年上半年。① 尽管在该部分中有一个句子的内容直接与汉克所确定的写作时间相冲突②,但汉克的观点在大体上依旧可信(韦伯可能在第一次世界大战后对该文本做了少许改动)。

(2)"世界诸宗教之经济伦理:宗教社会学素描——导论"(Die Wirtschaftsethik der Weltreligionen. Religionssoziologische Skizze. Einleitung,下文或简称"导论")一文,该文发表于 1915 年。施路赫特认为,该文的写作年份可以回溯至 1913 年。③ 该文之所以在此值得考虑,是因为在其结尾部分,韦伯首度提出一个清晰的类型学:"支配的三种类型"。

(3)"正当支配的三种纯粹类型"(Die drei reinen Typen der legitimen Herrschaft)一文,该文大致创作于 1918 年。④ 汉克则进一步推断,文章在韦伯为"以政治为业"的演讲做准备之前就已完成。⑤

(4)"支配的类型"(Die Typen der Herrschaft),该内容构成《经济与社会》"社会学范畴学"(Soziologische Kategorienlehre)部分的第三章。该部分写作于 1919 年至 1920 年,且被认为是支配社会学最成熟的版本。⑥

(5)在 1920 年经过修订的"导论"一文,文中有关支配的内容也在此版

---

① Edith Hanke, "Max Webers 'Herrschaftssoziologie'. Eine Werkgeschichtliche Studie", in Edith Hanke und Wolfgang J. Mommsen (hrsg.), *Max Webers Herrschaftssoziologie: Studien zu Entstehung und Wirkung*, Tübingen: Mohr Siebeck, 2001, S. 39.
② Max Weber, *Wirtschaft und Gesellschaft: Grundriss der verstehenden Soziologie*, Johannes Winckelmann (hrsg.), Köln; Berlin: Kiepenheuer & Witsch, 1964, S. 731;[德]马克斯·韦伯:《支配社会学》,康乐、简惠美译,桂林:广西师范大学出版社,2004,第 74 页。韦伯在此处提到了德皇威廉二世的退位,而该事件发生于 1918 年 11 月。
③ Wolfgang Schluchter, *Rationalism, Religion and Domination: A Weberian Perspective*, Neil Solomon (trans.), Berkeley: University of California Press, 1989, p. 420.
④ Wolfgang J. Mommsen, *The Age of Bureaucracy: Perspectives on the Political Sociology of Max Weber*, New York: Harper & Row, 1974, pp. 16 – 17.
⑤ Max Weber, *Wirtschaft und Gesellschaft: Grundriss der verstehenden Soziologie*, Johannes Winckelmann (hrsg.), Köln; Berlin: Kiepenheuer & Witsch, 1964, S. 39 – 40.
⑥ Wolfgang J. Mommsen, *The Age of Bureaucracy: Perspectives on the Political Sociology of Max Weber*, New York: Harper & Row, 1974, p. 17.

本中得以拓展。韦伯修改该文的直接动机则是《宗教社会学文集》的整理和出版。

（6）对《经济与社会》的其他相关部分，尤其是"社会学基本概念"（首次发表于 1913 年，一战后被大幅度修改并成为《经济与社会》的一部分）和"法律社会学"（完成于一战之前①），也将在必要时加以探讨。

第一节 "支配的三种类型"

在进入对本章核心议题的实质讨论之前，有必要对韦伯的支配类型学做一简要介绍，因为该类型学将会是本章论证的根本背景。

值得提及的是，在韦伯理论中，有关支配类型的清晰而又成熟的三分法的形成，是一个渐进的过程。在一战之前，像"法制型支配""传统型支配"这类概念都没有出现在韦伯此时已完成的作品中。在基本上是创作于该时期的"支配社会学"中，韦伯使用的相应表述是"一个由实定的合理规则构成的体系""传统的神圣性"和"对卡理斯玛的信仰"，它们构成支配之"正当性"的三种类型。②然而，根据汉克的研究，在这个"旧版本的支配社会学"中，用来鉴别不同类型支配的主要要素并非正当性，而是支配的结构。她主张，直到在该文本有关卡理斯玛的章节中，正当性才开始扮演重要角色。③在"导论"的第一版中，相应的术语变得更为明确："卡理斯玛权威"

---

① Johannes Winckelmann, "Vorbericht", in Max Weber, *Rechtssoziologie*, Neuwied: Luchterhand, 1960, S. 16.
② Max Weber, *Wirtschaft und Gesellschaft: Grundriss der verstehenden Soziologie*, Johannes Winckelmann (hrsg.), Köln; Berlin: Kiepenheuer & Witsch, 1964, S. 702;［德］马克斯·韦伯:《支配社会学》,康乐、简惠美译,桂林:广西师范大学出版社,2004,第 19—20 页。
③ Edith Hanke, "Max Webers 'Herrschaftssoziologie'. Eine Werkgeschichtliche Studie", in Edith Hanke und Wolfgang J. Mommsen (hrsg.), *Max Webers Herrschaftssoziologie: Studien zu Entstehung und Wirkung*, Tübingen: Mohr Siebeck, 2001, S. 31 - 32.

(karismatische Autorität)、"传统型权威"(traditionalistische Autorität)和"支配的合理性类型"。① 另外,在这篇文章中,区分各种支配的基本要素变为对支配者统治地位的接受或信仰在依据上的差别,亦即韦伯意义上的正当性。在1918年,最为"经典"的划分终于出现:尽管韦伯在之前作品中曾不加区分地使用"支配"(Herrschaft)和"权威"(Autorität)两个概念,如今他几乎完全偏向于使用"支配"一词。而且,"合理性支配"被"法制型支配"(legale Herrschaft)一语所取代,而traditionalistische Autorität(传统型权威)则被转换成如今我们更熟悉的单词形式:traditionelle Herrschaft(传统型支配)。②

于是,有关支配的最终版本的类型学由如下三种"纯粹"类型的支配构成:

(1) 法制型支配。这种支配类型建立在人们对一个合理性、融贯且实定的法律体系的信任之上。此种支配下的行政人员即"官员",而服从此种支配的人群则被称为这类群体的"成员"。所有人,不论他们是官员抑或普通成员,都必须遵守法律规则。在行政人员内部,存在着对职权的切事的(sachlichen)划分,此种划分建立在各种行政任务的真正需要,以及官员的相应技术专长的基础之上。③

法制型支配的最纯粹形式是通过官僚制实施的法制型支配。后者是一个由专业官员组成的一元体系。在一个晚期版本的支配类型学,亦即"支配的类型"中,韦伯罗列了它的多达十个的特征,诸如科层制、固定的职权、职业主义、官员同行政工具的分离以及官员的纪律。官僚制是近代人类组织

---

① Max Weber, "Die Wirtschaftsethik der Weltreligionen. Religionssoziologische Skizzen. Einleitung", *Archiv für Sozialwissenschaft und Sozialpolitik*, Bd. 41(1915), S. 28-29.
② Max Weber, "Die drei reinen Typen der legitimen Herrschaft" (ca. 1918), in Max Weber, *Gesammelte Aufsätze zur Wissenschaftslehre*, Johannes Winckelmann (hrsg.), Tübingen: Mohr Siebeck, 3. Aufl., 1968, S. 475, S. 478, S. 481.
③ Max Weber, "Die drei reinen Typen der legitimen Herrschaft" (ca. 1918), in Max Weber, *Gesammelte Aufsätze zur Wissenschaftslehre*, Johannes Winckelmann (hrsg.), Tübingen: Mohr Siebeck, 3. Aufl., 1968, S. 475-476.

的最普遍形式。在近代社会的几乎所有领域，包括政治、宗教和私人经济在内，这种组织形态都占据主导地位。①

（2）传统型支配。这种支配类型的正当性，源于对传统以及通过传统而获得权力的支配者之神圣性的信仰。支配者本人被称作"主人"（Herr），而行政人员则是"仆人"，服从此种支配的人则是"臣民"。一方面，支配者本人的发号施令要受到确定不移的传统的约束，而忽视这种传统将可能危及其本人的权力，因为其权力正是借助传统而得以正当化的。另一方面，在传统的范围之外，则是一个恣意的空间，于是支配者在此处能够以"卡迪司法"的方式来实施统治。在行政人员亦即仆人或家臣执行支配者政策的过程中，也存在着同样的治理之二元性质。② 此种支配类型的两个最常见例子是家父长制（patriarchale）和家产制（patrimoniale）支配，其中第二种支配实际上是第一种支配在原始家族领域外的放大版。

（3）卡理斯玛型支配。这种支配类型的正当性来自对支配者的非日常禀赋的信仰。这些禀赋包括巫术能力、预言、战场上的英雄主义以及演说才能。在这种支配中处于发号施令地位的人是"领袖"（Führer），而服从他的人则是"信徒"（Jünger）。领袖的权力不能受到任何传统或规则的约束。"行政人员"是因其对卡理斯玛的分享而被选中，他们之间不会有建立在专业技能基础上的职权划分或劳动分工。他们的行政也缺乏任何规则导向，不论规则是出于人为创制还是源于传统。因此，从韦伯的概念体系来判断，此种行政必然是"非理性"的。这种支配的最纯粹类型和例证则是先知、军事英雄

---

① Max Weber, *Wirtschaft und Gesellschaft: Grundriss der verstehenden Soziologie*, Johannes Winckelmann (hrsg.), Köln; Berlin: Kiepenheuer & Witsch, 1964, S. 162-163；[德]马克斯·韦伯：《经济与历史；支配的类型》，康乐等译，桂林：广西师范大学出版社，2004，第312—313页。

② Max Weber, "Die drei reinen Typen der legitimen Herrschaft" (ca. 1918), in Max Weber, *Gesammelte Aufsätze zur Wissenschaftslehre*, Johannes Winckelmann (hrsg.), Tübingen: Mohr Siebeck, 3. Aufl., 1968, S. 478.

或伟大煽动家的支配。①

无疑,这三种"纯粹"类型只是理念型,而现实并非如此"纯粹"或一目了然。于是,韦伯数次强调,现实总是这三种"纯粹"类型的"结合、混合调试和修正"。② 这些"纯粹"类型的功能在于提供"概念指导"③,从而有助于确定一个具体案例到底最为接近何种类型的支配。④ 而且,在必要时,结合来自不同"纯粹"类型的要素的新术语也会被创造出来,诸如家产官僚制这一概念。⑤ 因此,最吸引人们思考的,并非这些理念型本身,而是韦伯如何将这些概念运用到对现实生活的分析之中。于是,一个问题产生了:当韦伯将这些概念运用到近代政治中时,他到底说了些什么?

第二节 韦伯支配社会学中对近代政治的表述

(一) 官僚制

官僚制在韦伯的叙述中始终占据优先地位,而且它也是法制型支配的原型。在"支配社会学""正当支配的三种纯粹类型"和"支配的类型"中,韦

---

① Max Weber, "Die drei reinen Typen der legitimen Herrschaft" (ca. 1918), in Max Weber, Gesammelte Aufsätze zur Wissenschaftslehre, Johannes Winckelmann (hrsg.), Tübingen: Mohr Siebeck, 3. Aufl., 1968, S. 481–482.
② Max Weber, *Wirtschaft und Gesellschaft: Grundriss der verstehenden Soziologie*, Johannes Winckelmann (hrsg.), Köln; Berlin: Kiepenheuer & Witsch, 1964, S. 702;[德]马克斯·韦伯:《支配社会学》,康乐、简惠美译,桂林:广西师范大学出版社,2004,第20页。
③ Max Weber, "Die Wirtschaftsethik der Weltreligionen. Religionssoziologische Skizzen. Einleitung", *Archiv für Sozialwissenschaft und Sozialpolitik*, Bd. 41(1915), S. 30.
④ Max Weber, *Wirtschaft und Gesellschaft: Grundriss der verstehenden Soziologie*, Johannes Winckelmann (hrsg.), Köln; Berlin: Kiepenheuer & Witsch, 1964, S. 702;[德]马克斯·韦伯:《支配社会学》,康乐、简惠美译,桂林:广西师范大学出版社,2004,第20页。
⑤ Max Weber, "Die Wirtschaftsethik der Weltreligionen. Religionssoziologische Skizzen. Einleitung", *Archiv für Sozialwissenschaft und Sozialpolitik*, Bd. 41(1915), S. 29.

伯详细介绍的第一种支配类型均为官僚制。而且,值得注意的是,在早期作品"支配社会学"中,韦伯并未给"合理型"或"法制型"支配预留专门的篇幅。相反,在介绍性章节之后,他便直接从官僚制开始来展开他的实质性探讨。在更为成熟的"支配的类型"中,韦伯似乎给法制型支配腾出了专门的一节篇幅。然而,韦伯用来界定法制型支配的那些特征,几乎无法同官僚制的诸种特征区分开来:韦伯在此处罗列的依旧是"抽象规则""职权""科层制""行政人员和行政工具的分离"等概念。① 很明显,法制型支配这一理念型似乎完全推导自官僚制这一理念型。当然,韦伯偶尔会提及法制型支配的其他"疑似"例子,诸如"以轮流、抽签和选举的方式来选取官员的制度、议会制和内阁制政府以及各种合议式的统治和治理机构"。② 但韦伯并未对这些模式予以进一步的展开。

官僚制之所以占据这种优先位置,是因为它是近代社会最为普遍的支配形态,它也是合理化进程中最为显著的维度。近代社会的几乎所有面向都受到这种人类组织形式的影响。"近代国家官员和地方官员之间、近代天主教教士和神父之间,以及近代银行和资本主义大企业中的官员和雇员之间的关系",都属于这一范畴。③ 于是,这一最为近代人熟悉的事物,在韦伯支配社会学中当然享有特权地位。它甚至能够作为一个标准,以便观察和评估其他更为古老的支配类型。

借助其强大的技术优势,官僚制似乎在近代社会中运转良好。"精确、

---

① Max Weber, *Wirtschaft und Gesellschaft: Grundriss der verstehenden Soziologie*, Johannes Winckelmann (hrsg.), Köln; Berlin: Kiepenheuer & Witsch, 1964, S. 160 - 161;[德]马克斯·韦伯:《经济与历史;支配的类型》,康乐等译,桂林:广西师范大学出版社,2004,第307—312页。
② Max Weber, "Die drei reinen Typen der legitimen Herrschaft" (ca. 1918), in Max Weber, *Gesammelte Aufsätze zur Wissenschaftslehre*, Johannes Winckelmann (hrsg.), Tübingen: Mohr Siebeck, 3. Aufl., 1968, S. 477.
③ Max Weber, "Die Wirtschaftsethik der Weltreligionen. Religionssoziologische Skizzen. Einleitung", *Archiv für Sozialwissenschaft und Sozialpolitik*, Bd. 41(1915), S. 29.

迅速、一致、档案知识、延续性、谨慎、统一、严格服从、减少摩擦和物资与人员成本"等等优点，都在严格的官僚行政中得到了最为理想的实现。① 而在其他形式的行政中，所有这些特征都有可能受到或这或那的限制。凭借这些优势，以及其可计算性，官僚制得以尽最大可能满足近代资本主义的需求，而近代资本主义本身也分享了官僚制的形式。②

正如人类社会朝向合理性完整实现的趋势似乎无可避免那样，官僚制的发展也似乎如此。在韦伯看来，"历史的终结"似乎是官僚制的四处扩张："近代国家发展的整个历史"同步于"近代官僚制的历史"；类似的是，"近代资本主义的整个发展"也是同步于"经济营业的逐步官僚化"。结果便是："官僚制形式的支配在到处都得到增进。"③ 而且，一旦得以确立，官僚制便成为"最难以摧毁"的结构。④ 行政机器中的官员不愿意让自己脱离这种组织，因为他们的晋升以及物质利益都依赖此机器；更为关键的是，官员和被统治者都可能已经发展出一种根深蒂固的"心智"，这种"心智"会强制他们渴望稳固的秩序，从而反过来巩固了官僚机器的力量。⑤

---

① Max Weber, *Wirtschaft und Gesellschaft: Grundriss der verstehenden Soziologie*, Johannes Winckelmann (hrsg.), Köln; Berlin: Kiepenheuer & Witsch, 1964, S. 716;［德］马克斯·韦伯:《支配社会学》，康乐、简惠美译，桂林:广西师范大学出版社，2004，第45页。
② Max Weber, *Wirtschaft und Gesellschaft: Grundriss der verstehenden Soziologie*, Johannes Winckelmann (hrsg.), Köln; Berlin: Kiepenheuer & Witsch, 1964, S. 717-718;［德］马克斯·韦伯:《支配社会学》，康乐、简惠美译，桂林:广西师范大学出版社，2004，第46—47页。
③ Max Weber, "Die drei reinen Typen der legitimen Herrschaft" (ca. 1918), in Max Weber, Gesammelte Aufsätze zur Wissenschaftslehre, Johannes Winckelmann (hrsg.), Tübingen: Mohr Siebeck, 3. Aufl., 1968, S. 477.
④ Max Weber, *Wirtschaft und Gesellschaft: Grundriss der verstehenden Soziologie*, Johannes Winckelmann (hrsg.), Köln; Berlin: Kiepenheuer & Witsch, 1964, S. 726;［德］马克斯·韦伯:《支配社会学》，康乐、简惠美译，桂林:广西师范大学出版社，2004，第65页。
⑤ Max Weber, *Wirtschaft und Gesellschaft: Grundriss der verstehenden Soziologie*, Johannes Winckelmann (hrsg.), Köln; Berlin: Kiepenheuer & Witsch, 1964, S. 726-728;［德］马克斯·韦伯:《支配社会学》，康乐、简惠美译，桂林:广西师范大学出版社，2004，第65—66页。

(二) 民主：法制型支配的一部分或一个类型？

尽管温克尔曼的学术生涯直至第二次世界大战结束之际才得以开始，他的生命历程实际上却早在世纪之交便已经展开。也就是说，他见证过前后两次世界大战，目睹了两个德意志帝国的崛起与崩溃，经历了德皇威廉二世和"元首"希特勒的崛起和陨落。从这种意义上说，他属于战后新建立的联邦共和国知识分子中的"老辈"。

作为战后知识分子中"新辈"一员的蒙森，曾经描绘过这一代人在二战之后对韦伯的态度。当时的德国正在努力摆脱第三帝国的阴影，并且正在积极复兴魏玛时期的政治和文化传统。这种"回归"多少有助于在德国人民心中重建政治自信。于是，"非常自然的是"，马克斯·韦伯在此时被认为是魏玛乃至新的联邦共和国的精神"国父"之一。他对于第二帝国君主政治和官僚政治的批判，以及他对于普选和议会政治的呼吁，都成为后人手中的重要素材，以便将他描绘成一个"民主""代议制政府"甚至"人权"的提倡者。这种自由主义的韦伯图像，已经由那些"老辈"知识分子在 20 年代创建出来，当然他们也乐于看到这幅图像在新的德国继续传播。①

温克尔曼的韦伯研究也正是这个集体事业的重要一环。他小心翼翼地将韦伯同法律实证主义分离，因为后者当时正受到激烈批判："价值中立"的实证主义要为纳粹的政治和法律暴行负责。在温克尔曼看来，韦伯同所有的政治邪恶都没有丝毫关系。相反，韦伯的"法制型支配"理念正是德国人民现在所需要的东西，因为"实质价值"，比如说自然权利，都已经被包含进这种支配类型。而且，"民主"也是这种支配之不可缺失的一部分。温克尔曼甚至发明出一个韦伯大概从未使用过的术语："法制-民主型支配"（die

---

① Wolfgang J. Mommsen, *The Age of Bureaucracy: Perspectives on the Political Sociology of Max Weber*, New York: Harper & Row, 1974, p.23-24.

legal-demokratsche Herrschaft)。①

然而,不幸的是,韦伯自己的思想和温克尔曼的设想相差甚远。上文已经表明,在有关法制型支配的讨论中,韦伯的大部分精力都消耗在有关官僚制(而非"民主")的思考上,而官僚制本身也正是韦伯对法制型支配的概念建构的原型。有若干次,韦伯的确直接提及"民主"。如上文所述,他有一次在官僚制之外,还提到"以轮流、抽签和选举的方式来选取官员的统治、议会制和内阁制政府以及各种合议式的统治和治理机构"。但他没有进一步拓展这些概念。而且,值得注意的是,也就是在这些官僚制之外的法制型支配形式中,韦伯所关注的也似乎是以"疑似"民主的方式产生出的官员的"统治"和"行政",亦即官员在被选取之后的日常运作,而不是有关如何选取他们。而"民主"的根本意义似乎更为接近后一种。

温克尔曼对韦伯"法制型支配"的想象中,实际上被注入了韦伯自己的社会学进路之外的某些东西。这类东西可以被称为法治国(Rechtsstaat)要素,它在本质上属于德国公法学而非社会学(而温克尔曼本人正是一个法学家)的成就。大体而言,法治国理论的成熟形态同若干自由主义前提紧密相连。设计这种国家机制的初衷便在于保护若干属于个人的基本权利,诸如生命、自由和财产。个人自由是一个优先于国家的领域,因而国家对该领域的干预必须受到严格限制。因此,为了尽可能限制国家权力,政府系统内的权力分立便属必须。无疑,法律在此扮演着根本角色:任何对基本权利的干预都必须建立在法律基础之上;所有国家行为都必须依明确界定的职权来划分;司法独立、甚至是对行政权的司法审查都是这种制度的不可或缺要素;所有的争议,不论是发生在"国家"还是"社会"范围,都能够而且必须通过法律和司法来解决。②

---

① Johannes Winckelmann, *Legitimität und Legalität in Max Webers Herrschaftssoziologie*, Tübingen: Mohr Siebeck, 1952, S. 50, S. 70-71, S. 87-88, S. 96, S. 104, S. 105.
② 参见[德]卡尔·施米特:《宪法学说》,刘锋译,上海:上海人民出版社,2005,第137—150页。

于是,温克尔曼的"法制-民主型支配"正是以法治国的方式来运转的。在这里,有着"宪法"(Verfassung,韦伯本人很少在近代公法学的意义上使用该词)对权力的限制;有着不同权力间的分立;有着"支配的最小化"。更为漂亮的字眼也顺带出现:"民有、民享、民治"(Regierung des Volkes durch das Volk für das Volk)。① 这位法学家以如此方式来解释韦伯其实也并不奇怪,因为他的(或许是潜意识的)意图就在于将韦伯树立为之前提到的那些价值的倡导者。然而,问题在于,韦伯的"价值中立"进路似乎在根本上是反对这种"价值负载"的重述的,而且韦伯本人对"民主"的理解也似乎不同于法治国的理念。

(三) 选择性亲缘关系?

诚然,韦伯并未在法制型支配的框架内处理"民主"问题。但这一事实并不意味着他就完全没有处理此问题。他的确在支配社会学中明确涉及"民主",只不过是在不同于法制型支配的其他各种框架之中处理的。

韦伯本人的确提供了一种有关官僚制和"民主"之间关系的理解。虽然"民主"不是法制型支配的构成部分,但它的确与这种支配有着一定关联,尤其是与官僚制有一定联系。韦伯在列举官僚制得以出现并持续下去的各种前提条件时,将"经济与社会差异的齐平化"(Nivellierung der ökonomischen und sozialen Unterschied)列为诸条件之一。他也将这种"齐平化"称为近代"大众民主",这两个概念都意味着群体成员中经济和社会差异的消除或减少。这种"齐平化"的环境对于官僚制的运转至关重要:在这种社会中产生的"法律面前人人平等"的要求,正好与官僚制的抽象规则相符;社会或社区成员间的实际平等也消除了任何封建制、家产制或贵族制行政的可能,并因

---

① Johannes Winckelmann, *Legitimität und Legalität in Max Webers Herrschaftssoziologie*, Tübingen: Mohr Siebeck, 1952, S.50.

此向官僚制行政敞开大门。① 因此,借用韦伯常用的术语来表达的话,在官僚制和"民主"之间似乎存在一种选择性亲缘关系。

然而,韦伯对"民主"的定义并不纯粹局限在这种"消极"层面,亦即不局限于"面对支配着的官僚群体的被支配者的齐平化"。② 韦伯在此处提出的"民主"的另一层定义是"'专业官员'支配权力的最小化,从而有利于'人民'的'直接'支配的最大化"。因此,这种意义上的"民主"便明显与官僚制发生冲突。不过韦伯倾向于取消这种"民主"的现实可能性,在他看来这种直接统治的概念是"误导性"的:"人民……从来没有自己'治理'过,而毋宁是被治理"。"人民"只能改变选择领袖的方式,并通过"公众舆论"来影响行政。③ 因此,这种直接统治的"民主"形态要么不存在,要么一旦存在就和官僚制直接冲突,从而导致"选择性亲缘关系"的解体。

(四)"直接民主"

当然,除了将"民主"置于其与官僚制的关系的框架中来思考,韦伯也以其他方式来探讨过"民主"。在"支配社会学"的最后一章,亦即与宗教(尤其是天主教会和新教)有关的支配形式的内容中,韦伯展开了一条有关近代"民主"的有趣进路:他将"民主"溯源到新教教派的历史。有两个理由支持韦伯的做法。首先,这些教派对其成员施加了极高的伦理要求,而为了保证

---

① 参见 Max Weber, *Wirtschaft und Gesellschaft: Grundriss der verstehenden Soziologie*, Johannes Winckelmann (hrsg.), Köln; Berlin: Kiepenheuer & Witsch, 1964, S. 723 - 725;[德]马克斯·韦伯:《支配社会学》,康乐、简惠美译,桂林:广西师范大学出版社,2004,第59—61页。
② Max Weber, *Wirtschaft und Gesellschaft: Grundriss der verstehenden Soziologie*, Johannes Winckelmann (hrsg.), Köln; Berlin: Kiepenheuer & Witsch, 1964, S. 725;[德]马克斯·韦伯:《支配社会学》,康乐、简惠美译,桂林:广西师范大学出版社,2004,第62页。
③ Max Weber, *Wirtschaft und Gesellschaft: Grundriss der verstehenden Soziologie*, Johannes Winckelmann (hrsg.), Köln; Berlin: Kiepenheuer & Witsch, 1964, S. 724 - 725;[德]马克斯·韦伯:《支配社会学》,康乐、简惠美译,桂林:广西师范大学出版社,2004,第61页。

每个成员都能维持这种高度道德化的水平,它们都极为依赖相互监督的机制,这意味着在一个"民主"群体中的平等成员间展开自由讨论。"旧卫理公会每周举行的小团体形式的告解"以及"虔敬派和教友派中的相互监督和忠告",都是出于这种宗教目的而得以设置,它们也都成为"民主"的基石。这种有着神圣起源的"民主"形式在近代美国是如此普遍,以至于韦伯甚至宣称教派及其衍生物是这个国家的"不成文"宪法。① 其次,这些教派都拒绝教会所宣称的"官职卡理斯玛"理念,而且它们也不承认任何科层制或官僚制体系。它们的日常行政体现出"直接民主"的色彩,而教派中的官员也是被视作"公仆"。② 因此,在这里,韦伯在"民主"和教派之间建立起了一种选择性亲缘关系。

然而,这些教派却不属于法制型团体,而是属于卡理斯玛团体。最初的时候,个人之所以能够成为这种群体的成员之一,正是因为他所拥有的"特殊卡理斯玛"。这种卡理斯玛要么是"上帝自古以来赋予的定命",要么是"'内在灵光'或达到忘我状态的圣灵能力",要么是"'为悔过而战'和'顿悟'"的能力。③ 这种群体的行政结构也就因此不属于法律和官僚的领域。因此,此处的"选择性亲缘关系"绝非上文提到的"民主"和官僚制之间的"选择性亲缘关系"。

而且,值得注意的是,在这一新的选择性亲缘关系中的"民主",又不同于上节中那组选择性亲缘关系中的消极"民主"。在此,"民主"意指"直接民

---

① Max Weber, *Wirtschaft und Gesellschaft: Grundriss der verstehenden Soziologie*, Johannes Winckelmann (hrsg.), Köln; Berlin: Kiepenheuer & Witsch, 1964, S.919;[德]马克斯·韦伯:《支配社会学》,康乐、简惠美译,桂林:广西师范大学出版社,2004,第437—438页。

② Max Weber, *Wirtschaft und Gesellschaft: Grundriss der verstehenden Soziologie*, Johannes Winckelmann (hrsg.), Köln; Berlin: Kiepenheuer & Witsch, 1964, S.920;[德]马克斯·韦伯:《支配社会学》,康乐、简惠美译,桂林:广西师范大学出版社,2004,第438—439页。

③ Max Weber, *Wirtschaft und Gesellschaft: Grundriss der verstehenden Soziologie*, Johannes Winckelmann (hrsg.), Köln; Berlin: Kiepenheuer & Witsch, 1964, S.916-917;[德]马克斯·韦伯:《支配社会学》,康乐、简惠美译,桂林:广西师范大学出版社,2004,第434页。

主的行政",亦即尽最大可能消除支配者的权力,或者说尽最大可能实现人民的自我统治。

然而,韦伯却对这种"民主"感到悲观。纯粹的"直接民主"只存在于极为罕见的情形中。首先,实施直接民主的群体,其规模通常必须足够小,而且这种社会必须尚未分化,其所有成员的社会地位也必须尽可能平等。韦伯甚至认为,这种情况几乎可以在他自己的研究中忽略不计。① 其次,直接民主是不稳定的。行政职位会轻易落入有产者手中,而这就意味着望族支配。控制这些职位的望族首先可能是"长老",随后可能是其他有经济或社会优势的人。最终,还可能产生望族派系之间的斗争,也就是党派斗争,而这些党派也总是将夺取支配权而非建立直接民主视为其斗争目标。② 最终,在任何大规模且已经分化的社会,直接民主都不可能生存下来,因此它也就与近代政治无甚关联。

韦伯的真实态度是,由一个(或若干)支配者来行使的支配在本质上是不可避免的。直接民主试图抹杀这种根本的政治元素,因此也就注定要遭受失败。"民主"如果试图持续运转下去,就必须面对并适应支配这一事实。民主的意义必须改变。于是,韦伯注意到,在近代大规模行政中,"民主"的意义的确发生了"改变"。③ 那么,究竟发生了何种改变?

---

① Max Weber, *Wirtschaft und Gesellschaft: Grundriss der verstehenden Soziologie*, Johannes Winckelmann (hrsg.), Köln; Berlin: Kiepenheuer & Witsch, 1964, S. 697 - 678;[德]马克斯·韦伯:《支配社会学》,康乐、简惠美译,桂林:广西师范大学出版社,2004,第12—13页。
② Max Weber, *Wirtschaft und Gesellschaft: Grundriss der verstehenden Soziologie*, Johannes Winckelmann (hrsg.), Köln; Berlin: Kiepenheuer & Witsch, 1964, S. 698 - 699;[德]马克斯·韦伯:《支配社会学》,康乐、简惠美译,桂林:广西师范大学出版社,2004,第13—16页。
③ Max Weber, *Wirtschaft und Gesellschaft: Grundriss der verstehenden Soziologie*, Johannes Winckelmann (hrsg.), Köln; Berlin: Kiepenheuer & Witsch, 1964, S. 700;[德]马克斯·韦伯:《支配社会学》,康乐、简惠美译,桂林:广西师范大学出版社,2004,第17页。

(五) 近代民主

除了论及"消极"民主(社会差异的齐平化),韦伯在其社会学作品中,也处理了近代民主的其他形式。由于韦伯已经对人民的自我治理表示怀疑,他就更倾向于一种能够同支配这一根本事实兼容的民主类型。他的发现就是"领袖民主制",一种有着一个作为支配者的"领袖"的民主。

值得注意的是,韦伯对"领袖"一语的使用实际上多被限制在对卡里斯玛型支配的讨论中,这里的支配者正是被称为"领袖"。① 而在传统型支配中,对应于卡里斯玛型支配中"领袖"的人物被称为"主人"(Herr)。在法制型支配或官僚制中,对应的词汇是"官员"(Beamten)。因此,这一文本现象至少暗示,在思考韦伯的"领袖民主制"时,我们最好将其联系上若干卡里斯玛型支配的要素。

韦伯也的确在其作品中论述卡里斯玛的部分,给予了"领袖民主制"相当大的篇幅。近代选举制度是卡里斯玛例行化(Veralltäglichung)的结果。每一种真正的卡里斯玛都在本质上是短暂的,因为它是建立在支配者之非日常的,因而也就是不可预期的禀赋之上。然而,卡里斯玛人物的追随者却总是希望将这种偶然的个人性成就持续下去。因此,寻找和选择卡里斯玛新承载者的方式,便被改造成一种可预期的、持续的且具有规则导向的进路。卡理斯玛继承问题的解决方案包括前任本人的任命、通过血缘纽带来

---

① Max Weber, "Die Wirtschaftsethik der Weltreligionen. Religionssoziologische Skizzen. Einleitung", *Archiv für Sozialwissenschaft und Sozialpolitik*, Bd. 41(1915), S. 28; Max Weber, "Die drei reinen Typen der legitimen Herrschaft" (ca. 1918), in Max Weber, *Gesammelte Aufsätze zur Wissenschaftslehre*, Johannes Winckelmann (hrsg.), Tübingen: Mohr Siebeck, 3. Aufl., 1968, S. 482; Max Weber, *Wirtschaft und Gesellschaft: Grundriss der verstehenden Soziologie*, Johannes Winckelmann (hrsg.), Köln; Berlin: Kiepenheuer & Witsch, 1964, S. 159, S. 179;[德]马克斯·韦伯:《经济与历史;支配的类型》,康乐等译,桂林:广西师范大学出版社,2004,第 304、354 页。

实施的继承、追随者的选定与被支配者承认的结合,诸如此类。①

第三种方式对于选举制度的产生至关重要。最初,被支配者的承认纯粹是采取喝彩的方式,而喝彩是依靠新"领袖"的情感性从而也就是"非理性"的能力而赢得的。对卡理斯玛的真正情形而言,这种对新支配者的承认并不是人民的"权利",而毋宁是被支配者的"义务":寻求权力的人并非消极地接受被支配者对其卡理斯玛的承认,相反,他是利用自己的魅力来要求并驱使人们对其产生信仰的。② 然而,随后,由于合理化这一不可逆转的进程,承认的程序也逐渐得以合理化。正是在这时,民众选举的历史宣告开始。③

然而,甚至在这里,卡理斯玛要素依旧存在。近代"全民公决"是"对攫取权力之人作为一名个体上胜任的卡理斯玛统治者的承认"。④ 尽管筛选"领袖"的形式和法律程序被"合理化"了,实际的过程却依旧是情绪性的。在针对议会席位而展开的"和平斗争"中,政党领袖所诉诸的并非大众不带感情的判断,而毋宁是使用修辞和演讲来"向大众灌输有关该党的力量和获胜的信念的观念,并且最重要的是灌输有关领袖的卡理斯玛特征的观念"。诸如"由卡理斯玛英雄崇拜而引发的突然而起的火焰"这样的语言,在韦伯

---

① Max Weber, *Wirtschaft und Gesellschaft: Grundriss der verstehenden Soziologie*, Johannes Winckelmann (hrsg.), Köln; Berlin: Kiepenheuer & Witsch, 1964, S. 841 - 846;[德]马克斯·韦伯:《支配社会学》,康乐、简惠美译,桂林:广西师范大学出版社,2004,第279—290页。
② Max Weber, "Die drei reinen Typen der legitimen Herrschaft" (ca. 1918), in Max Weber, *Gesammelte Aufsätze zur Wissenschaftslehre*, Johannes Winckelmann (hrsg.), Tübingen: Mohr Siebeck, 3. Aufl., 1968, S. 483.
③ Max Weber, *Wirtschaft und Gesellschaft: Grundriss der verstehenden Soziologie*, Johannes Winckelmann (hrsg.), Köln; Berlin: Kiepenheuer & Witsch, 1964, S. 846 - 847;[德]马克斯·韦伯:《支配社会学》,康乐、简惠美译,桂林:广西师范大学出版社,2004,第290—291页。
④ Max Weber, *Wirtschaft und Gesellschaft: Grundriss der verstehenden Soziologie*, Johannes Winckelmann (hrsg.), Köln; Berlin: Kiepenheuer & Witsch, 1964, S. 846;[德]马克斯·韦伯:《支配社会学》,康乐、简惠美译,桂林:广西师范大学出版社,2004,第290—291页。

的文字中并不少见。① (韦伯眼中的)历史表明,所有政党都毫无例外地始于卡理斯玛结构。甚至在近代政治中,尽管政党的官僚化显得不可避免,卡理斯玛式的政党领袖依旧时而出现,并且与政党官僚制展开不可避免的权力斗争。而且这种斗争的结果也并不总是偏向代表着"历史发展方向"的政党官僚。② 最终,在1918至1919年,韦伯同时在其"学术"和"政治"作品中寻找到了命名此种制度的最合适术语,亦即为我们所熟悉的"领袖民主制"。③

一个棘手的问题是:在韦伯自己的支配类型学中,应如何定位这种近代选举和代议制度? 为了解决这一问题,本迪克斯和蒙森都尝试将近代政治中的这种卡理斯玛"要素"(elements)从真正的卡理斯玛型"支配"中区别出来。他们的策略是宣称前者并不独自构成一种支配,因此也就能够与法制型支配兼容。更具体地说,本迪克斯将卡理斯玛"领导"(leadership)同卡理斯玛"权威"(authority)分离(他使用 authority 来翻译韦伯 Herrschaft[支配]一词),并因此认定前者构成近代法制型支配的一个组成部分。④ 蒙森尽管一方面的确没有对法制型支配给予如此宽泛的界定,但另一方面却依旧追随本迪克斯的做法。他宣称卡理斯玛"领导"(leadership)并非一种独立的支

---

① Max Weber, *Wirtschaft und Gesellschaft: Grundriss der verstehenden Soziologie*, Johannes Winckelmann (hrsg.), Köln; Berlin: Kiepenheuer & Witsch, 1964, S. 848 – 849;[德]马克斯·韦伯:《支配社会学》,康乐、简惠美译,桂林:广西师范大学出版社,2004,第295—297页。

② Max Weber, *Wirtschaft und Gesellschaft: Grundriss der verstehenden Soziologie*, Johannes Winckelmann (hrsg.), Köln; Berlin: Kiepenheuer & Witsch, 1964, S. 849 – 852;[德]马克斯·韦伯:《支配社会学》,康乐、简惠美译,桂林:广西师范大学出版社,2004,第297—304页。

③ Max Weber, "Die drei reinen Typen der legitimen Herrschaft" (ca. 1918), in Max Weber, *Gesammelte Aufsätze zur Wissenschaftslehre*, Johannes Winckelmann (hrsg.), Tübingen: Mohr Siebeck, 3. Aufl., 1968, S. 488; Max Weber, "Politik als Beruf" (1919), in Max Weber, *Gesammelte politische Schriften*, Johannes Winckelmann (hrsg.), Tübingen: Mohr Siebeck, 5. Aufl., 1988, S. 543;[德]马克斯·韦伯:《政治作为一种志业》,载[德]马克斯·韦伯:《学术与政治》,钱永祥等译,桂林:广西师范大学出版社,2004,第250页。

④ [美]莱因哈特·本迪克斯:《马克斯·韦伯思想肖像》,刘北城等译,上海:上海人民出版社,2002,第319—320页,第471—495页。

配类型,因而这种"领导"也就不同于卡理斯玛"支配"。接着他主张韦伯绝非"期待一种新的卡理斯玛支配形式的产生"。① 通过这些做法,两位作者似乎相信:近代政治中的卡理斯玛元素可借此得以"中立化",因而也就再也不会威胁到法制型支配的稳定。

然而,甚至这两位学者自己——两位优秀而又诚实的学者——也不得不承认,这种文字游戏其实并不存在于韦伯自身文本之中。② 相反,韦伯自己的态度,毋宁是将近代政治中的这种卡理斯玛要素置于卡理斯玛型支配当中来考量。他将相应的讨论安排在有关卡理斯玛型支配的章节中,就已经是一个暗示;他本人也正是将这些现象称为卡理斯玛型"支配"③;"领袖民主制"的根本精神特质依旧是"非理性"的情绪,而非任何"理性"或合理的计算;"领袖"的统治方式也从未被法律规则或选民的指示彻底控制住:"人民的代表"总是拥有成为"人民的支配者"的倾向和机会④。

最为重要的区别在于如下问题的答案:"领袖"的正当性源自何处? 韦伯似乎将民选"领袖"的正当性视为一种卡理斯玛正当性之倒转过来的版本。纯粹的卡理斯玛正当性带有威权主义属性:支配者的正当性来自其卡理斯玛,而且他自身就占据这种正当性,他借此要求被支配者接受和追随他。然而,在近代民主的情形之中,支配者的情形似乎是来自人民的"自由

---

① Wolfgang J. Mommsen, *The Age of Bureaucracy: Perspectives on the Political Sociology of Max Weber*, New York: Harper & Row, 1974, pp. 80 – 81, p. 82, p. 93.
② [美]莱因哈特·本迪克斯:《马克斯·韦伯思想肖像》,刘北城等译,上海:上海人民出版社,2002,第 319 页; Wolfgang J. Mommsen, *The Age of Bureaucracy: Perspectives on the Political Sociology of Max Weber*, New York: Harper & Row, 1974, p. 80, p. 93.
③ Max Weber, *Wirtschaft und Gesellschaft: Grundriss der verstehenden Soziologie*, Johannes Winckelmann (hrsg.), Köln; Berlin: Kiepenheuer & Witsch, 1964, S. 852;[德]马克斯·韦伯:《支配社会学》,康乐、简惠美译,桂林:广西师范大学出版社,2004,第 304 页。
④ Max Weber, *Wirtschaft und Gesellschaft: Grundriss der verstehenden Soziologie*, Johannes Winckelmann (hrsg.), Köln; Berlin: Kiepenheuer & Witsch, 1964, S. 847 – 848;[德]马克斯·韦伯:《支配社会学》,康乐、简惠美译,桂林:广西师范大学出版社,2004,第 293—294 页。

承认"。① 尽管如此,这种"人民的意志"其实仍然符合卡理斯玛正当性的旧形态。韦伯的语言已经有所暗示:通过人民的"意志"来获得统治权只是一种"形式"而已,亦即不是事情的"实质"。② "实质"则是,如上文所述,"领袖"诉诸修辞和煽动来从情绪层面动员人民,并且驱使他们去为自己投票。"领袖"的这种做法,及其成功的秘诀,都在于他的卡理斯玛。结果,正当性依旧存在于领袖的卡理斯玛力量之中,而人民的"意志"无非只是人民的(被操纵的)激情。

在其生命的最后几年,作为一名杰出的历史学家、而且像其他许多德国学者一样将毕生学术精力都奉献给"解码"韦伯的蒙森,最终也意识到:韦伯分配给近代民主的命运,正是卡理斯玛型支配。③ 因此,结合上文对官僚制的讨论,从韦伯的社会学视角来看,近代政治图像由一种以两个范畴构成的二元性构成——官僚制和"领袖民主制",而后者是一种卡理斯玛型支配。此外,众所周知的是,韦伯的"政治著作"非常明显地表明他对后者的侧重。④ 然而,尚待思考的问题是:为什么韦伯要在理论层面上设计出此种近代政治中的对立?为什么韦伯将近代政治中的一个关键面向,亦即民主,主要视作一种非理性现象?为什么他要在现实世界中拥抱并渴望这种非理性现象?接下来的内容将尝试从韦伯自己的"学术"逻辑出发,来严肃处理这些问题。

---

① Max Weber, "Die drei reinen Typen der legitimen Herrschaft" (ca. 1918), in Max Weber, *Gesammelte Aufsätze zur Wissenschaftslehre*, Johannes Winckelmann (hrsg.), Tübingen: Mohr Siebeck, 3. Aufl., 1968, S. 487.

② Max Weber, *Wirtschaft und Gesellschaft: Grundriss der verstehenden Soziologie*, Johannes Winckelmann (hrsg.), Köln; Berlin: Kiepenheuer & Witsch, 1964, S. 199. 台译本完全没有将"形式"一词译出,见[德]马克斯·韦伯:《经济与历史;支配的类型》,康乐等译,桂林:广西师范大学出版社,2004,第405—406页。

③ Wolfgang J. Mommsen, "Politik im Vorfeld der 'Hörigkeit der Zukunft'. Politische Aspekte der Herrschaftssoziologie Max Webers", in Edith Hanke und Wolfgang J. Mommsen (hrsg.), *Max Webers Herrschaftssoziologie: Studien zu Entstehung und Wirkung*, Tübingen: Mohr Siebeck, 2001, S. 314.

④ 这种倾向非常明显地体现在韦伯"新政治秩序下的德国议会与政府""帝国总统""以政治为业"等作品中。

第三节 韦伯"政治理论"之重温

(一) 若干概念:政治、权力与行政

本章的剩余部分,将关注韦伯的"政治理论"。其文本资源不仅包括严格意义上的韦伯支配社会学,也包括其他相关文本,诸如"法律社会学"和"社会学基本概念"(尤其是其中涉及政治与公法的内容)。当然,此处的任务并非一种精致的"重构"。然而,它试图至少在一定程度上揭示韦伯在理论层面上分析政治时的根本思维结构。首先,对某些"关键词"进行检讨,或许不无裨益。

第一个术语是"政治"。尽管在《经济与社会》中,韦伯并未直接对该词本身提供定义,但他曾以其他方式涉及这一议题。在"社会学基本概念"中,"政治组织"(politische Verband)被定义成如下组织:"在一个既定的地理空间内,其存在和效力是以行政人员一方的物理性强制的运用和威胁来得以持续地保障"。① 在"政治共同体"一章中,这种共同体被定义为:"其共同体行动(Gemeinschaftshandeln)发生在如下情形中:参与者使'一块领土'以及领土内的人员(不论他们是永久的还是临时的居民)服从有序治理,其方式则是时刻准备诉诸物理性强制,通常是武力"。② 因此,在此,有利于我们对韦伯支配社会学之理解的内容是,"政治"现象包括如下事实:一部分人使另

---

① Max Weber, *Wirtschaft und Gesellschaft: Grundriss der verstehenden Soziologie*, Johannes Winckelmann (hrsg.), Köln; Berlin: Kiepenheuer & Witsch, 1964, S.39;[德]马克斯·韦伯:《社会学的基本概念》,顾忠华译,桂林:广西师范大学出版社,2005,第74页。
② Max Weber, *Wirtschaft und Gesellschaft: Grundriss der verstehenden Soziologie*, Johannes Winckelmann (hrsg.), Köln; Berlin: Kiepenheuer & Witsch, 1964, S.657;[德]马克斯·韦伯:《经济与社会》(第二卷 上册),阎克文译,上海:上海人民出版社,2010,第1036页。

一部分人服从。

另外,观察韦伯是如何讨论"政治共同体"的具体运转的,或许会更具启发性。于是,一个吸引人的事实是,韦伯多次在"政治的"(politisch)事务和"经济的"(wirtschaftlich)事务间建立起一种对立。"政治"是某种超越"经济"("对商品和服务的直接的经济分配"①)的东西;"政治"活动出现于一个共同体突然需要面对来自外部甚或内部的威胁之际,而"经济"活动更多是属于"正常"(韦伯原词)时期,亦即"无政府"时期,因为此时没有"政治"②;"经济"是一个理性计算的世界,是一种日常和"平庸"的生活,而"政治"则倾向于打破这种单调的状态,并且努力追求本质上是"非理性"(韦伯原词)的国家"威望"——这种"威望"通常是由征服邻近的团体或由保卫或扩张团体自己的领土来获得的③。

因此,从这种二元性来看,韦伯眼中的"政治"在本质上是非理性的。如果借用韦伯的概念体系,这种非理性就是不受合理性规则的限制(不论这些规则是法律的或技术的)。而且,"政治"正是与合理的、日常的和规则导向的"经济"针锋相对。稍后将会指出,在"正常"和"经济"状态与"紧急"和"政治"状态之间的这种二分法,对于理解韦伯支配社会学中的若干片段至关重要。

在进入韦伯支配社会学文本之前,还有必要提及其他若干外在于此文本的关键概念。其中之一便是"权力"(Macht),无疑此概念与"政治"紧密相

---

① Max Weber, *Wirtschaft und Gesellschaft: Grundriss der verstehenden Soziologie*, Johannes Winckelmann (hrsg.), Köln; Berlin: Kiepenheuer & Witsch, 1964, S. 657;[德]马克斯·韦伯:《经济与社会》(第二卷 上册),阎克文译,上海:上海人民出版社,2010,第1037页。
② Max Weber, *Wirtschaft und Gesellschaft: Grundriss der verstehenden Soziologie*, Johannes Winckelmann (hrsg.), Köln; Berlin: Kiepenheuer & Witsch, 1964, S. 658;[德]马克斯·韦伯:《经济与社会》(第二卷 上册),阎克文译,上海:上海人民出版社,2010,第1037页。
③ Max Weber, *Wirtschaft und Gesellschaft: Grundriss der verstehenden Soziologie*, Johannes Winckelmann (hrsg.), Köln; Berlin: Kiepenheuer & Witsch, 1964, S. 665-666;[德]马克斯·韦伯:《经济与社会》(第二卷 上册),阎克文译,上海:上海人民出版社,2010,第1045—1048页。

连。在"社会学基本概念"和"政治共同体"中,"权力"都是被定义为:在一组社会关系中,一个人或一群人针对他人的抵抗而实现自己意志的"可能性"。① 我们在此需要注意的是,"权力"是一种社会关系,在其中一部分人贯彻其意志,而另一部分人则没有机会违背此种意志。

最后一个值得提及的术语是"行政"(Verwaltung)。该词在支配社会学中出现过无数次,但韦伯却并未在此给出清晰定义。幸运的是,在"法律社会学"中,尽管韦伯并没有触及太多政治和公法的议题,但他确实在该章第一节使用若干段落来讨论"行政"的起源(在他看来这种起源不同于法律的起源)。在这里,该词有时候会被替换成"治理"(Regierung)。两者都指外在于法创制和法发现领域的活动。这类活动有时的确受到法律规则的限制,但它们的目标却超出纯粹的执行法律:这些目标可能是政治的、伦理的、功利的等等。更重要的是,"行政"的起源是"家内支配"(Hausherrschaft),在其中家父长的权力本质上是不受限制的,因而不论是"主观权利"还是"客观法"都不存在于该领域。另一方面,法律的诞生却发生在不同血缘团体之间的相互关系之中,并且主要涉及在一个氏族对另一氏族造成人身或财产损害时,相应损害的证明和仲裁:只有在这里,才出现了权利、裁决、手续、时限和证据规则。② 因此,韦伯对"行政"的理念型建构似乎根本不同于其对"法律"的理念型建构。后者正是在"法律社会学"中得以详细的澄清,而前者或许是其写作后来的"支配社会学"的起点。

因此,我们初步得到的结论是:在韦伯的"政治理论"中,或者说在他对

---

① Max Weber, *Wirtschaft und Gesellschaft: Grundriss der verstehenden Soziologie*, Johannes Winckelmann (hrsg.), Köln; Berlin: Kiepenheuer & Witsch, 1964, S. 38, S. 678;[德]马克斯·韦伯:《社会学的基本概念》,顾忠华译,桂林:广西师范大学出版社,2005,第71—72页;[德]马克斯·韦伯:《经济与社会》(第二卷 上册),阎克文译,上海:上海人民出版社,2010,第1063页。

② Max Weber, *Wirtschaft und Gesellschaft: Grundriss der verstehenden Soziologie*, Johannes Winckelmann (hrsg.), Köln; Berlin: Kiepenheuer & Witsch, 1964, S. 497-498;[德]马克斯·韦伯:《法律社会学》,康乐、简惠美译,桂林:广西师范大学出版社,2005,第6—9页。

政治和公法的认识中,存在一种根深蒂固的、但却在很大程度上被数代韦伯诠释者忽略(或许是有意为之?)的思维倾向。这种思维的主要因素包括:(1)"经济"和"政治"领域间存在区别,后者在"例外"或"紧急"状态(通常是战争或类似事件)中获得最大程度的实现,而前者则在和平和"正常"时期运转良好;(2)一方面,"政治"在本质上是非理性和排斥规则的,另一方面,"经济"则高度依赖合理性、可预期性和规则导向等要素;(3)所有处于"政治"领域内部或与之相关的现象,都似乎建立在如下基础之上:一群人(或一个人)控制另一群人,而且这种控制的方式绝不限于纯粹对法律规则的执行。

(二) 反思"支配"概念

在韦伯的概念体系中,支配是一种"权力"形式,它主要存在于"政治"领域,并且通过"行政"来"展现和运作"。① 因此,有必要观察的是:韦伯是否将上文提到过的"政治"各元素整合进他对"支配"一词的定义和说明之中?

不出所料,韦伯确实是以此种方式来处理"支配"的。在他所有版本的对该术语的界定中,他都在不断强调,在支配的结构中,都必须存在三种类型的人。首先是支配者,或者说 Herr(而支配一词正是 Herrschaft),通常是一个人,此人以自己的意志来发布命令。其次是行政人员,亦即"机器",这些人由支配者组织起来,并执行支配者发布的命令。最后是被支配者,亦即群体的剩余人员,他们"自愿地"——因为他们相信此种支配结构体现出的

---

① Max Weber, *Wirtschaft und Gesellschaft: Grundriss der verstehenden Soziologie*, Johannes Winckelmann (hrsg.), Köln; Berlin: Kiepenheuer & Witsch, 1964, S.157, S.691-696, S.697;[德]马克斯·韦伯:《经济与历史;支配的类型》,康乐等译,桂林:广西师范大学出版社,2004,第297页;[德]马克斯·韦伯:《支配社会学》,康乐、简惠美译,桂林:广西师范大学出版社,2004,第2—9页,第11页。

正当性——遵守由支配者发布并由行政人员执行的命令。①

第一个类型,亦即支配者,是将支配结构同其他现象——诸如拒绝支配者存在的"直接民主"——区分开来的核心要素。在支配的"组织"中,"领袖"和机器都是不可或缺的:"任何情形下的支配结构的社会学特征,终归是由领袖与机器间关系的一般特征来决定的……"。② 在支配之中,或者说在其行政之中,不论支配者是何种类型的人,他都必须存在:"不论何种发布命令的权力都必须被放在支配者手中,不论他是何人"。③ 韦伯甚至曾经走向最极端的情形:"支配的存在,只与一个能够成功地命令他人的人格的实际在场相关,而并不与行政人员或一个群体的存在绝对相连"。④

在支配结构的最顶端,必须有一个人格,而且该人格远非一种装饰。支配者携带着他的机器,要求并迫使被支配者追随其指令。他有着自己的激情、意志、奥秘(arcunum)和国家理性(raison d'État)。在必要时,尤其在极端情形中,他能够采取他自己的立场,并做出他自己的决断,而无需考虑法律与程序。如果这个人格没有如此行事的权力,那么就完全没有必要在支配的理论结构中给他预留一个位置。这正是韦伯将"政治"视作根本上非理性

---

① Max Weber, *Wirtschaft und Gesellschaft: Grundriss der verstehenden Soziologie*, Johannes Winckelmann (hrsg.), Köln; Berlin: Kiepenheuer & Witsch, 1964, S.38, S.157, S.695, S.701;[德]马克斯·韦伯:《社会学的基本概念》,顾忠华译,桂林:广西师范大学出版社,2005,第73—74页;[德]马克斯·韦伯:《经济与历史;支配的类型》,康乐等译,桂林:广西师范大学出版社,2004,第298页;[德]马克斯·韦伯:《支配社会学》,康乐、简惠美译,桂林:广西师范大学出版社,2004,第8、18页。

② Max Weber, *Wirtschaft und Gesellschaft: Grundriss der verstehenden Soziologie*, Johannes Winckelmann (hrsg.), Köln; Berlin: Kiepenheuer & Witsch, 1964, S.701;[德]马克斯·韦伯:《支配社会学》,康乐、简惠美译,桂林:广西师范大学出版社,2004,第18页。

③ Max Weber, *Wirtschaft und Gesellschaft: Grundriss der verstehenden Soziologie*, Johannes Winckelmann (hrsg.), Köln; Berlin: Kiepenheuer & Witsch, 1964, S.697;[德]马克斯·韦伯:《支配社会学》,康乐、简惠美译,桂林:广西师范大学出版社,2004,第12页。

④ Max Weber, *Wirtschaft und Gesellschaft: Grundriss der verstehenden Soziologie*, Johannes Winckelmann (hrsg.), Köln; Berlin: Kiepenheuer & Witsch, 1964, S.38;[德]马克斯·韦伯:《社会学的基本概念》,顾忠华译,桂林:广西师范大学出版社,2005,第73页。

的原因。这也正是韦伯会被雅斯贝斯称为"政治思想中的德意志本质"①的原因。而且,这也正是"人身统治"的本质。

(三) 官僚制的非支配本质

"支配社会学"中或许是最为费解的一个段落,出现在韦伯对官僚制之技术优势的讨论中。在陈述完官僚制的"切事性"(Sachlichkeit)——在此处意味着执行事务时"根据可计算的规则"和"不考虑具体的人"②——之后,在之前没有任何暗示且与整个讨论的腔调完全不符的情况下,韦伯突然宣布:"真正"的行政是与"个人"(此处指支配者本人和行政人员)的"自由"和"支配"相关的,而且一般化的规则总是在此扮演一个"消极"角色,亦即作为官员的(本不应该受规制的)积极的"创造性"活动的阻碍。③ 考虑到此处的语境,我们可以确信韦伯此时想到的问题是:在据信是纯粹合理性和规则导向的官僚制中,在其本质中依旧存在某些超越合理性的成分。

由于上文已经探讨过对"行政"本质的一个更为详细的澄清,韦伯在"支配社会学"中插入的这段话或许不会让我们感到惊讶。更令我们感兴趣的,或许是去观察在这个旧版本的支配社会学中,韦伯是如何协调这段话的内容与他以更合理方式建构出的官僚制模式之间关系的。韦伯的确在此处做出了协调尝试。他不得不找到一个解决方案,以证明官僚制虽然有时需要突破法律的限制,但它依旧在这些时刻遵循着其他一些"可预期的"或"可计

---

① Karl Jaspers, John Dreijmanis (ed.), *Karl Jaspers on Max Weber*, Robert J. Whelan (trans.), New York: Paragon House Publishers, 1989, preface, ix.
② Max Weber, *Wirtschaft und Gesellschaft: Grundriss der verstehenden Soziologie*, Johannes Winckelmann (hrsg.), Köln; Berlin: Kiepenheuer & Witsch, 1964, S. 717;[德]马克斯·韦伯:《支配社会学》,康乐、简惠美译,桂林:广西师范大学出版社,2004,第46页。
③ Max Weber, *Wirtschaft und Gesellschaft: Grundriss der verstehenden Soziologie*, Johannes Winckelmann (hrsg.), Köln; Berlin: Kiepenheuer & Witsch, 1964, S. 720 - 721;[德]马克斯·韦伯:《支配社会学》,康乐、简惠美译,桂林:广西师范大学出版社,2004,第53页。

算的",亦即"合理"的理念。韦伯发现的这个理念是国家理性。他宣称,国家理性成为"一个在所有真正官僚制行政行为背后合理的理由,这种理由要么是被规范所涵摄,要么是一种在目的和手段间的权衡",因而"'自由'创造式的行政就不会构成……一个自由、恣意的行动和自由裁量的领域,或者一个由个人驱动的偏好和评价的领域"。① 通过这种办法,韦伯试图使自己相信:伴随着国家理性的行政将不会"玷污"他的合理的官僚制。

然而这种策略收效甚微。国家理性,或国家理由(两者都是 reason of the state),并非国家的合理性(rationality of the state)。这两个范畴源自完全不同的思想和实践谱系。正如弗雷德里希·梅内克(Friedrich Meinecke)所言,国家理性会要求去违反甚至是国家自己创设的法律,更不用提"神圣法"或"自然法"。② 因此,在近代西方政治思想中,存在着一种在对法律或伦理规则的信仰和对历史或政治事实的膜拜之间的永恒冲突。③ 国家理性总是出现在具体场景中,而这些具体场景总是有关于特定国家之间的战争或外交事件,因此在这种场景下通常都无法以正式的、可预期的规则来确定行动策略。相反,政治决断的做出,必须考虑到具体的事实、目标和经历。④ 所有这些都与韦伯的合理性观念形成强烈对比,后者强调的正是国家理性要打破的可计算性、可预期性以及规则导向。因此,引入具有"有机体论"或"生机论"意味的国家理性概念,反倒有可能从根本上摧毁韦伯设计的自我封闭的、在合理性意义上自我正当化的并且因而也就是"机械论"的官僚制模型。

---

① Max Weber, *Wirtschaft und Gesellschaft: Grundriss der verstehenden Soziologie*, Johannes Winckelmann (hrsg.), Köln; Berlin: Kiepenheuer & Witsch, 1964, S. 721;[德]马克斯·韦伯:《支配社会学》,康乐、简惠美译,桂林:广西师范大学出版社,2004,第 53 页。
② [德]弗雷德里希·迈内克:《马基雅维里主义:"国家理由"观念及其在现代史上的地位》,时殷弘译,北京:商务印书馆,2008,第 213 页。
③ 同上书,第 483 页。
④ 参见[德]卡尔·施米特:《政治的神学:主权学说四论》,载[德]卡尔·施米特:《政治的概念》,刘宗坤等译,上海:上海人民出版社,2004,第 5—23 页。

当然,韦伯并不是如此疯狂和自我分裂。他并未进一步地拓展这个话题。相反,他在这段话之后就转而讨论官僚制的其他合理性面向,诸如行政人员和行政工具的分离。然而,这个文本现象至少暗示出韦伯的根本理论担忧之一:纯粹以合理性方式运作的官僚制,在没有任何非理性或"人格性"因素参与的情况下,能否被称作一种支配?

韦伯一次次地意识到了官僚制的"非人格性"(Unpersönlichkeit)。这一机制的正当性并不依赖作为个体的支配者的任何具体素质,而毋宁是依赖抽象法律体系的合理化运转(亦即依赖"合法性",legality)。这种群体的成员并不是服从于任何特定个人,而毋宁是服从于由实定规则构成的整个非人格秩序。① 在这种合理性"铁笼"中,不会有具体的决断、判断或价值选择,只会有对看似"中立"或"技术"的规则的执行。于是,一个合理的推论便是:如果官僚制得以拓展到它的极限值,那么即使是占据顶端位置的人也必须遵守官僚制的规则。

因此,官僚制中的"支配者问题"浮出水面。如果官僚制正像韦伯的合理化脚本所设定的那样不断拓展,那么处于顶端位置的那个人也会变成众多官员中的一员。因此,这个人将不会独自做出决断,或独自承担责任,相反他的表现将如同他的下级同僚。他也将倾向于从事同其他人一样的例行工作:遵循技术规则、参照已确立的先例、尊重以切事方式划分的职权界限,诸如此类。所以,毫不奇怪的是,韦伯几乎没有关心过这种"首席官员"是否需要具备任何独特的素质。最终,这个"首席官员"不再是韦伯自己给支配

---

① Max Weber, *Wirtschaft und Gesellschaft: Grundriss der verstehenden Soziologie*, Johannes Winckelmann (hrsg.), Köln; Berlin: Kiepenheuer & Witsch, 1964, S. 702; Max Weber, "Die Wirtschaftsethik der Weltreligionen. Religionssoziologische Skizzen. Einleitung", *Archiv für Sozialwissenschaft und Sozialpolitik*, Bd. 41(1915), S. 29; Max Weber, "Die drei reinen Typen der legitimen Herrschaft" (ca. 1918), in Max Weber, *Gesammelte Aufsätze zur Wissenschaftslehre*, Johannes Winckelmann (hrsg.), Tübingen: Mohr Siebeck, 3. Aufl., 1968, S. 476;[德]马克斯·韦伯:《支配社会学》,康乐、简惠美译,桂林:广西师范大学出版社,2004,第19—20页。

的顶端设定的那个人格，亦即支配者，而只是众多行政人员中的一员。在这种近代"支配"结构中，支配者消失了。

韦伯严肃对待了这个问题。早在一战之前，他就已经发现，官僚制在根本上不同于另外两种支配类型。在"支配社会学"中，除了上文提及的那个有关支配类型的粗糙的三分法（"一个实定的合理规则的体系""传统的神圣性"和"对卡理斯玛的信仰"），他实际上还给出了另一种二分法。支配的"效力"（Geltung）可以建立在（1）"一个实定的合理规则的体系"和（2）"人格权威"的基础之上，接着第二种类型才可分为传统型和卡理斯玛型支配。① 但他的思路就此打住。在当时，他并没有太多在意这种非人格的法律或官僚制结构能否单独构成一种支配的问题。但随着韦伯思想体系的进一步成熟和明确，情况发生了变化。

在创作于1918年的"正当支配的三种纯粹类型"中，韦伯更为清晰地意识到了"支配者问题"。在这里，他写道："……没有任何一种支配的情形是纯粹官僚制的……这完全是不可能的"。② 原因在于，政治组织的最高位置要么是"君主"，要么是民选的"总统"，要么是由"一个议会机构"选举的人。这些人要么具备卡理斯玛正当性，要么有着这种正当性的转变形式。③ "纯粹"官僚制支配在现实中不可能，不仅是因为现实永远都是各"纯粹"类型的"结合、混合、调试和修正"，而且是因为"纯粹"官僚制支配本身在理论上就不可能。换句话说，韦伯逐步意识到，作为一种支配类型的官僚制的理念

---

① Max Weber, *Wirtschaft und Gesellschaft: Grundriss der verstehenden Soziologie*, Johannes Winckelmann (hrsg.), Köln; Berlin: Kiepenheuer & Witsch, 1964, S. 702；[德]马克斯·韦伯：《支配社会学》，康乐、简惠美译，桂林：广西师范大学出版社，2004，第19—20页。

② Max Weber, "Die drei reinen Typen der legitimen Herrschaft" (ca. 1918), in Max Weber, *Gesammelte Aufsätze zur Wissenschaftslehre*, Johannes Winckelmann (hrsg.), Tübingen: Mohr Siebeck, 3. Aufl., 1968, S. 477.

③ Max Weber, "Die drei reinen Typen der legitimen Herrschaft" (ca. 1918), in Max Weber, *Gesammelte Aufsätze zur Wissenschaftslehre*, Johannes Winckelmann (hrsg.), Tübingen: Mohr Siebeck, 3. Aufl., 1968, S. 477.

型,本身是成问题的,并且甚至是无法自我维持的。

然而,在韦伯的内心存在着理论挣扎。他似乎不愿承认由本章展现出的官僚制逻辑进一步延伸下去的理论后果。当他发现他一度建构出的最为"近代""合理性"和"高效"的支配类型最终是一种非支配类型,他似乎手足无措。在合理性的官僚制表象和非理性的政治奥秘之间、在由永远有效之规则构成的网络和间歇性的、却不会消失的、并有可能撕碎这种网络的政治决断之间,他都在不停地搏斗。在据信是最为"成熟"版本的支配社会学中,韦伯刻意强调:在法制型支配或官僚制之中,甚至是"支配者"本人也必须严格遵守非人格的秩序和规则。"民选的国家总统"是一个"法制型"支配者,甚至他也无非是官僚制机器中的一个"职权"。①

然而真相却存在于别处。需要注意的是,在这个"最终"版本中,被分配给有关官僚制的数节内容的标题,显得颇为微妙。在玛丽安妮版的《经济与社会》中,这个标题是"法制型支配:借助官僚制行政人员的纯粹类型";在温克尔曼版中,标题是"伴随官僚制行政人员的法制型支配"(着重号为我所加)。② 难以确定的是,玛丽安妮版中的标题是否由韦伯本人确定,更不用说温克尔曼版中的标题了。然而这些词句至少对揭示韦伯的意图提供了某些线索:官僚制只是支配组织的一部分甚或一个工具,而非支配组织的全部。

在这同一个文本中,韦伯最终(或许是痛苦地)承认了这个存在于官僚制中的问题。玛丽安妮和温克尔曼两个版本中的标题都没有违背韦伯的原

---

① Max Weber, *Wirtschaft und Gesellschaft: Grundriss der verstehenden Soziologie*, Johannes Winckelmann (hrsg.), Köln; Berlin: Kiepenheuer & Witsch, 1964, S. 160, S. 162;[德]马克斯·韦伯:《经济与历史;支配的类型》,康乐等译,桂林:广西师范大学出版社,2004,第308、312页。

② Max Weber, *Grundriss der Sozialökonomik*, Ⅲ. Abteilung, *Wirtschaft und Gesellschaft*, Tübingen: Mohr Siebeck, 1922, Inhaltsverzeichnis, Ⅶ; Max Weber, *Wirtschaft und Gesellschaft: Grundriss der verstehenden Soziologie*, Johannes Winckelmann (hrsg.), Köln; Berlin: Kiepenheuer & Witsch, 1964, Inhalt, Ⅺ.

意,因为韦伯在自己的文字中写道:法制型支配的"最纯粹"类型是"借助官僚制行政人员的支配"。① 他最终以更为详细的方式谈到了"支配者问题"。他一开始提到"何种类型的指导者(Leiter)"最适合法制型或官僚制支配。在有关官僚制的讨论中,他却宣称这个问题必须在法制型支配的讨论中暂时搁置,因为官僚制的"指导者"属于其他支配的类型。这种人可能是一个世袭君主,其正当性来自世袭性卡理斯玛,可能是一个民选总统,他是纯粹卡理斯玛的一个例子。如此,(在顶端有着异质成分的)官僚制方能获得"普遍的运用"。② 在官僚制的顶端,"不可避免地存在着至少不是纯粹官僚制的元素"。③ 而且,官僚制和传统型支配的顶端,实际上都是被卡理斯玛承载者或其转变形态占据。④

官僚制支配转变成了非支配。它仅仅是支配的一种工具,尤其是卡理斯玛型支配的工具。它的确是一种高效的工具,然而只有在获得一个操纵它的主人之后才能发挥出效率和能量。它本身越是朝着自己的逻辑发展,它就越加远离韦伯对政治的理解。官僚制假定了一个非人格的秩序和自我维持的法律体系,并相信政治可以被编造成一种通过规则而非(针对其他人的)人格意志来运转的永动机。然而,韦伯对政治的思考却与此冲突。

韦伯面临的问题是,他认为官僚化是不可逆转的。他一再声称官僚制是"最难以摧毁"的事物之一,而普遍历史正体现为在人类生活所有领域的

---

① Max Weber, *Wirtschaft und Gesellschaft: Grundriss der verstehenden Soziologie*, Johannes Winckelmann (hrsg.), Köln; Berlin: Kiepenheuer & Witsch, 1964, S.162;[德]马克斯·韦伯:《经济与历史;支配的类型》,康乐等译,桂林:广西师范大学出版社,2004,第312页。
② 同上注。
③ Max Weber, *Wirtschaft und Gesellschaft: Grundriss der verstehenden Soziologie*, Johannes Winckelmann (hrsg.), Köln; Berlin: Kiepenheuer & Witsch, 1964, S.163;[德]马克斯·韦伯:《经济与历史;支配的类型》,康乐等译,桂林:广西师范大学出版社,2004,第316页。
④ Max Weber, *Wirtschaft und Gesellschaft: Grundriss der verstehenden Soziologie*, Johannes Winckelmann (hrsg.), Köln; Berlin: Kiepenheuer & Witsch, 1964, S.195;[德]马克斯·韦伯:《经济与历史;支配的类型》,康乐等译,桂林:广西师范大学出版社,2004,第398页。

合理化亦即官僚化的历史。因此,根据韦伯自身的逻辑,如果这个过程最终得以进展到其终点,人类将面临一种没有真正支配也就是没有政治的生活。

韦伯不是无政府主义者。他相信政治和权威是人类历史中最为普遍的现象之一。韦伯也不是马克思主义者,他坚持认为政治并不是经济基础的"反映",而是有着自己的内在逻辑,并构成人类生活的一个独立领域,从而有着自己的尊严。① 政治必须存在于有着大规模社会关系的任何时候和任何地点。韦伯自己承认:"发号施令的权力,亦即支配,不论它小到何种程度,都必须存在于几乎所有能够想象的情形之中。"② 此外,在"紧急"状态中,诸如在残酷的国际舞台中为生存而斗争,政治是唯一的行动方案。当大国像狼群一般行事时,政治如何能够消失?要注意的是,这不仅仅是一个出现在韦伯"政治"作品中的实际问题,而且是一个同其根深蒂固的世界观紧密缠绕的理论问题。

(四) 作为政治之原型和尺度的卡理斯玛

韦伯的"学术"作品与其政治信念紧密相连。他对"事实"的描述混合着他对"价值"的选择。他相信"政治"必须包含人身统治的基本事实,并进而将这一观点整合进他对该术语的"学术"阐释之中。他将"人民主权"视为纯粹幻觉,并进而拒绝对其予以严肃探讨。他努力搭建出一个完美的官僚制模型。但是一旦他认识到这个模型违背了自己的政治信念,他就将自己的

---

① Max Weber, *Wirtschaft und Gesellschaft: Grundriss der verstehenden Soziologie*, Johannes Winckelmann (lusg.), Köln; Berlin: Kiepenheuer & Witsch, 1964, S. 39-40;[德]马克斯·韦伯:《社会学的基本概念》,顾忠华译,桂林:广西师范大学出版社,2005,第75—76页。

② Max Weber, *Wirtschaft und Gesellschaft: Grundriss der verstehenden Soziologie*, Johannes Winckelmann (hrsg.), Köln; Berlin: Kiepenheuer & Witsch, 1964, S. 159;[德]马克斯·韦伯:《经济与历史;支配的类型》,康乐等译,桂林:广西师范大学出版社,2004,第302—303页。

某些"政治"质料注入该模型之中。

为了满足其世界观、其政治理论以及其实际政治考虑(这三者都共享若干共同要素)的要求,韦伯必须在支配社会学中寻找政治的要素。这既是一个政治尝试,又是一个学术尝试。如果政治不能在"纯粹"官僚制中被找到,那么就必须在他处寻找。他最终在卡理斯玛的承载者身上发现了政治。

汉克(Edith Hanke)曾经主张,"'卡理斯玛'是(韦伯的)真正的支配类型学的诞生地。"[1]如上文所述,她对旧版支配社会学的仔细阅读显示出:直到有关卡理斯玛的章节,"正当性"概念才开始在该作品中承担重要角色。正是追随者对"领袖"的卡理斯玛之无条件信奉,才激励韦伯去设计一个有关正当性的更宽泛范畴和类型学,而这又反过来影响了他后来几个版本的支配社会学的写作。[2]

汉克的进路主要关注的是支配的"主观"方面。然而,本章在此处将主张,卡理斯玛型支配在支配的"客观"方面也同样刺激了韦伯日后的支配社会学研究。同其他类型相比,卡理斯玛型支配的结构最为完美地满足了来自韦伯"政治理论"及其狭义的支配社会学的要求。结果,在韦伯看来,卡理斯玛成为了真正政治的原型和衡量标准。

卡理斯玛的一个核心特征是非日常性(Außeralltäglichkeit)。这一属性显示出卡理斯玛同之前提及的韦伯的二元世界图像——"政治/经济"以及"紧急状态/正常状态"——之间的联系。因此,毫不奇怪的是,这种二分法一再出现在韦伯对卡理斯玛的讨论中。在这组对立中,卡理斯玛属于"政治的""军事的"和"巫术"的世界,并且是"一切有秩序的经济活动的

---

[1] Edith Hanke, "Max Webers 'Herrschaftssoziologie'. Eine Werkgeschichtliche Studie", in Edith Hanke und Wolfgang J. Mommsen (hrsg.), *Max Webers Herrschaftssoziologie: Studien zu Entstehung und Wirkung*, Tübingen: Mohr Siebeck, 2001, S. 32.

[2] Edith Hanke, "Max Webers 'Herrschaftssoziologie'. Eine Werkgeschichtliche Studie", in Edith Hanke und Wolfgang J. Mommsen (hrsg.), *Max Webers Herrschaftssoziologie: Studien zu Entstehung und Wirkung*, Tübingen: Mohr Siebeck, 2001, S. 31-34.

对立面"①;卡理斯玛人物的"政治"活动通常意味着人类共同体之间的暴力斗争,而非对自然的和平开发②;卡理斯玛"领袖"在诸如战争、狩猎和自然灾害等"紧急"情况下,能够最为成功地积累权力③。另一方面,传统和官僚制都属于这一二元论的"例行"和"经济"一面:"作为一种以系统地获取物质财产为目的的有序的活动过程,经济是家父长制支配的特定场所,而且随着合理化过程中'营业'的兴起,经济也是官僚制结构的场所"。④

除了完美地符合韦伯的二元世界图像,卡理斯玛型支配也是典型的人身统治的案例。与官僚制的情形截然相反,在卡理斯玛型支配中,被支配者臣服于一个拥有个人性卡理斯玛禀赋的个体支配者。由于这种支配的正当性是奠基于(据信是)个人支配者的超自然和超日常能力之上,支配者没有任何义务去遵守任何日常规则。相反,他的行政方式本质上表现为"卡迪司法"⑤,因而也就是"非理性"的⑥。另外,由于卡理斯玛英雄通常都是在"紧

---

① Max Weber, *Wirtschaft und Gesellschaft: Grundriss der verstehenden Soziologie*, Johannes Winckelmann (hrsg.), Köln; Berlin: Kiepenheuer & Witsch, 1964, S. 834;[德]马克斯·韦伯:《支配社会学》,康乐、简惠美译,桂林:广西师范大学出版社,2004,第 266 页。
② Max Weber, *Wirtschaft und Gesellschaft: Grundriss der verstehenden Soziologie*, Johannes Winckelmann (hrsg.), Köln; Berlin: Kiepenheuer & Witsch, 1964, S. 859 - 860;[德]马克斯·韦伯:《支配社会学》,康乐、简惠美译,桂林:广西师范大学出版社,2004,第 321—323 页。
③ Max Weber, *Wirtschaft und Gesellschaft: Grundriss der verstehenden Soziologie*, Johannes Winckelmann (hrsg.), Köln; Berlin: Kiepenheuer & Witsch, 1964, S. 860;[德]马克斯·韦伯:《支配社会学》,康乐、简惠美译,桂林:广西师范大学出版社,2004,第 322—323 页。
④ Max Weber, *Wirtschaft und Gesellschaft: Grundriss der verstehenden Soziologie*, Johannes Winckelmann (hrsg.), Köln; Berlin: Kiepenheuer & Witsch, 1964, S. 838, 另见 S. 859 - 860;[德]马克斯·韦伯:《支配社会学》,康乐、简惠美译,桂林:广西师范大学出版社,2004,第 275 页,亦见第 322—323 页。
⑤ Max Weber, *Wirtschaft und Gesellschaft: Grundriss der verstehenden Soziologie*, Johannes Winckelmann (hrsg.), Köln; Berlin: Kiepenheuer & Witsch, 1964, S. 836;[德]马克斯·韦伯:《支配社会学》,康乐、简惠美译,桂林:广西师范大学出版社,2004,第 269 页。
⑥ Max Weber, *Wirtschaft und Gesellschaft: Grundriss der verstehenden Soziologie*, Johannes Winckelmann (hrsg.), Köln; Berlin: Kiepenheuer & Witsch, 1964, S. 180 - 181;[德]马克斯·韦伯:《经济与历史;支配的类型》,康乐等译,桂林:广西师范大学出版社,2004,第 358 页。

急"状况下被召唤出来,这些英雄都完全需要以一种打碎日常规则限制的方式来行事,因为这些限制可能会阻碍他们的创造性行动。所有这些都符合韦伯对政治的设想。在此处,亦即在卡理斯玛型支配的结构中,"领袖"是一个具体的人格,而他正是以一种人格化的方式来实施支配。

于是,在韦伯的支配社会学中,纯粹的政治定居于纯粹的卡理斯玛之中。而且,作为政治的纯粹形式,卡理斯玛可以作为衡量其他情形的"支配"的标准。从卡理斯玛的观点来看,另外两种"支配"都或多或少是"非政治的"。几乎无需再提的是,官僚制处于与"政治的"卡理斯玛完全对立的位置。另一方面,传统型支配则将韦伯世界图像的二分法"内化"进自己的结构中。在传统型支配者的统治之中,如下两种状态总是并行不悖:一方面是由神圣传统所施加的限制,另一方面则是在传统议题之外的个人自由裁量和任意处置。[①] 在某种意义上,政治栖居于后一情形中。

卡理斯玛支配早在人类历史的开端就已出现。韦伯写道,早在原始部落的时代,就已经存在着一种统治角色的二元并立:家父长负责处理所有成员的日常经济需求,而卡理斯玛"领袖"则承担狩猎、巫术和军事任务。这些原始人相信:在"超越日常"的情形中所需要的超自然能力,并不是所有人都能获得的,相反,这种能力只属于特定个人。卡理斯玛崇拜和支配的历史就此展开。尤其是在"非日常事件"中,战争英雄和巫师得以最大程度地展示其意志和存在。随后,巫师和先知都变成教士,武士则转变成国王。他们继

---

① Max Weber, *Wirtschaft und Gesellschaft: Grundriss der verstehenden Soziologie*, Johannes Winckelmann (hrsg.), Köln; Berlin: Kiepenheuer & Witsch, 1964, S. 167, S. 761, S. 770; Max Weber, "Die Wirtschaftsethik der Weltreligionen. Religionssoziologische Skizzen. Einleitung", *Archiv für Sozialwissenschaft und Sozialpolitik*, Bd. 41 (1915), S. 29; Max Weber, "Die drei reinen Typen der legitimen Herrschaft" (ca. 1918), in Max Weber, *Gesammelte Aufsätze zur Wissenschaftslehre*, Johannes Winckelmann (hrsg.), Tübingen: Mohr Siebeck, 3. Aufl., 1968, S. 478-479;[德]马克斯·韦伯:《经济与历史;支配的类型》,康乐等译,桂林:广西师范大学出版社,2004,第 324 页;[德]马克斯·韦伯:《支配社会学》,康乐、简惠美译,桂林:广西师范大学出版社,2004,第 131—132 页,第 151 页。

续在更为"开化"的社会中承担着卡理斯玛使命。①

然而,所有类型的卡理斯玛都必须面对例行化的命运。在"导论"的修订版(1920)中,韦伯给我们展现了一部支配的"发展史",其起点正是卡理斯玛。然而,"启示"和"刀剑"双双落入例行化的命运之中。在这个进程中,卡理斯玛变为可以继承,或者可以依据规则来进行选择,卡理斯玛的追随者则被例行化为封臣或官员。这种共同体的正当性依据和结构也被迫改变。于是,整个支配的体系转变成家产制或身份制国家。在后一种情形中,会存在国王权力和贵族特权之间的斗争。为了战胜这些身份团体,国王诉诸中央集权化的官僚系统以及使用罗马法以支持王权的法学家。最终,伴随着"形式主义的法学理性主义"的胜利,法制型"支配"出现在历史舞台,而官僚制则是其最"纯粹"类型。② 于是,在这种叙述中,卡理斯玛将在历史的合理化终点耗尽最后一份能量。在历史的终结之处,不会有政治。

因此,甚至早在旧版本的支配社会学中,韦伯也不时地以极尽感伤之口吻,来感叹卡理斯玛的逐渐逝去。"所有卡理斯玛都处于从一种不知经济为何物之激荡的感情生活到在物质利益重压下慢慢窒息而亡的道路上。这发生在其存在过程的每一个小时之中,而且每一个小时都使得它更加靠近这一归宿",这段话已经明显体现出韦伯的怀旧情结。③ "伴随着

---

① Max Weber, *Wirtschaft und Gesellschaft: Grundriss der verstehenden Soziologie*, Johannes Winckelmann (hrsg.), Köln; Berlin: Kiepenheuer & Witsch, 1964, S. 852 – 853;[德]马克斯·韦伯:《支配社会学》,康乐、简惠美译,桂林:广西师范大学出版社,2004,第 305—306 页。

② Max Weber, "Die Wirtschaftsethik der Weltreligionen. Vergleichende religionssoziologische Versuche. Einleitung" (1915/1920), in Max Weber, *Max Weber Gesamtausgabe*, Band Ⅰ/19, 1989, S.122 – 125;[德]马克斯·韦伯:《比较宗教学导论——世界诸宗教之经济伦理》,载[德]马克斯·韦伯:《中国的宗教;宗教与世界》,康乐、简惠美译,桂林:广西师范大学出版社,2004,第 497—500 页。

③ Max Weber, *Wirtschaft und Gesellschaft: Grundriss der verstehenden Soziologie*, Johannes Winckelmann (hrsg.), Köln; Berlin: Kiepenheuer & Witsch, 1964, S.840;[德]马克斯·韦伯:《支配社会学》,康乐、简惠美译,桂林:广西师范大学出版社,2004,第 279 页。

对政治和经济需求的满足方式的合理化,纪律的扩张以一种普遍现象的形态不可阻挡地扩展,并且逐渐限制卡理斯玛以及个人的、差异化的行动的重要性",这是他有关卡理斯玛例行化过程中之合理化纪律的未完成章节的最后一段。①

为了满足其感情和理论需要,韦伯寻找到了近代"领袖民主制"。如果官僚制之中不存在政治,那么政治必须存在于他处。如果政治必须存在于任何时代任何地点,那么在我们的时代,政治也注定存在于(官僚制之外的)某些地方。如今,唯一的解决方法是将目光转向选举、议会、民选总统和政党政治。在这些舞台上,若干政治的要素得以保存下来:不同信念之间的斗争、政治家的煽动力和大众的激情。最为重要的是:这里存在一个"领袖"。

于是,在支配社会学的数个后期版本中,韦伯将越来越多的近代民主的例子整合进他对卡理斯玛的讨论之中。卡理斯玛不仅是一个"古代"现象,而且也属于近代。在"正当支配的三种纯粹类型"(1918)中,在对卡里斯玛型支配做出定义之后,他列出此种支配人物"最纯粹"的三种形式:"大煽动家"(Große Demagogue)、"先知"和"战争英雄"。②"煽动家"是西方城市国家的产物。在耶路撒冷,他们以犹太教先知的身份出现。而在雅典,他们以世俗形态出现。正是伯利克里和厄菲阿尔特(Ephialtes)拯救了雅典城邦和它的宪法,并振兴了雅典民主。③"煽动家"是残存到近代的卡理斯玛"领袖"的

---

① Max Weber, *Wirtschaft und Gesellschaft: Grundriss der verstehenden Soziologie*, Johannes Winckelmann (hrsg.), Köln; Berlin: Kiepenheuer & Witsch, 1964, S.873;[德]马克斯·韦伯:《支配社会学》,康乐、简惠美译,桂林:广西师范大学出版社,2004,第347页。
② Max Weber, "Die drei reinen Typen der legitimen Herrschaft" (ca.1918), in Max Weber, *Gesammelte Aufsätze zur Wissenschaftslehre*, Johannes Winckelmann (hrsg.), Tübingen: Mohr Siebeck, 3. Aufl., 1968, S.481.
③ Max Weber, "Die drei reinen Typen der legitimen Herrschaft" (ca.1918), in Max Weber, *Gesammelte Aufsätze zur Wissenschaftslehre*, Johannes Winckelmann (hrsg.), Tübingen: Mohr Siebeck, 3. Aufl., 1968, S.483.

唯一形式。在近代革命中,他们宣布并解释"自然法",以激发人民参与到其事业之中,甚至使人民愿意为之流血。①

在"最为成熟"且是"最终版"的支配社会学中,韦伯将更多的近代元素整合到有关卡理斯玛的讨论之中。他似乎是非常自然地将"纯粹的'平民主义'"统治者(诸如拿破仑)树立为卡理斯玛"领袖"的案例。② 同样地,近代"党工"同其他人物——诸如旧卡理斯玛人物的追随者和信徒——一道,成为卡理斯玛支配的"行政人员"的例子。③ 他提到近代国家和工会中"纯粹"卡理斯玛和"例行化"卡理斯玛间的斗争。④ 而且,他将独立的篇幅分配给了"平民主义民主"(plebiszitäre Demokratie)或"领袖民主制",这种政治形态"根据其真正意义是一种卡理斯玛型支配"。⑤ 在这里,韦伯提到了历史中各种大人物:古希腊的仲裁者(aisymnetai)、僭主和煽动家、罗马的格拉古兄弟,以及意大利中世纪城市国家中的"人民首长"。这种类型的人格依旧出现在近代国家之中。韦伯提到了英国的克伦威尔、法国大革命中的专政者,以及法兰西第一帝国和第三帝国时期的领导人。革命的专政者忽

---

① Max Weber, "Die drei reinen Typen der legitimen Herrschaft" (ca. 1918), in Max Weber, *Gesammelte Aufsätze zur Wissenschaftslehre*, Johannes Winckelmann (hrsg.), Tübingen: Mohr Siebeck, 3. Aufl., 1968, S. 482.
② Max Weber, *Wirtschaft und Gesellschaft: Grundriss der verstehenden Soziologie*, Johannes Winckelmann (hrsg.), Köln; Berlin: Kiepenheuer & Witsch, 1964, S. 181;[德]马克斯·韦伯:《经济与历史;支配的类型》,康乐等译,桂林:广西师范大学出版社,2004,第 359 页。
③ Max Weber, *Wirtschaft und Gesellschaft: Grundriss der verstehenden Soziologie*, Johannes Winckelmann (hrsg.), Köln; Berlin: Kiepenheuer & Witsch, 1964, S. 182, S. 186;[德]马克斯·韦伯:《经济与历史;支配的类型》,康乐等译,桂林:广西师范大学出版社,2004,第 364、374 页。
④ Max Weber, *Wirtschaft und Gesellschaft: Grundriss der verstehenden Soziologie*, Johannes Winckelmann (hrsg.), Köln; Berlin: Kiepenheuer & Witsch, 1964, S. 187;[德]马克斯·韦伯:《经济与历史;支配的类型》,康乐等译,桂林:广西师范大学出版社,2004,第 375 页。
⑤ Max Weber, *Wirtschaft und Gesellschaft: Grundriss der verstehenden Soziologie*, Johannes Winckelmann (hrsg.), Köln; Berlin: Kiepenheuer & Witsch, 1964, S. 199;台译本此处的翻译较为模糊,见[德]马克斯·韦伯:《经济与历史;支配的类型》,康乐等译,桂林:广西师范大学出版社,2004,第 405 页。

视所有种类的规则限制,不论它们是来自"传统正当性"还是来自"形式合法性"。① 所有这些都揭示了韦伯"政治理论"的最终归宿。

小　结

在韦伯的"公法-政治"理论中,其对近代政治的描述体现为一种官僚制与"领袖民主制"之间的混合状态。其中的官僚制代表着合理化命运在政治领域的具体展现。然而在韦伯眼中,这一具体命运却体现为越来越强的"非政治性"。韦伯对政治本质的"德意志"式的理解,使得他始终无法信任一个非人格的、彻底规则化的官僚制机器能够承担起政治的重任。这迫使韦伯将近代民主建构成体现政治本质的卡理斯玛式的"领袖民主制",以便抵制官僚制造成的"非政治化"倾向。韦伯最终对官僚制选取了有所保留的态度,并坚持在其顶端安置一个本质上是卡理斯玛意味的"领袖"。官僚制配合下的"领袖民主制",亦即韦伯在《以政治为业》的演讲中提到的"挟'机器'以俱来的领袖民主制"(Führerdemokratie mit "Maschine")②,成为韦伯对近代政治的最终期待。

让我们再次回到韦伯的普遍历史框架。与韦伯在近代西方私法中发现反形式合理性趋势的情形类似,他也在原本据信是最具政治合理性的近代西方公法与政治中,发现了难以否认的情感性因素,即大众民主下民选领袖

---

① Max Weber, *Wirtschaft und Gesellschaft: Grundriss der verstehenden Soziologie*, Johannes Winckelmann (hrsg.), Köln; Berlin: Kiepenheuer & Witsch, 1964, S.199;[德]马克斯·韦伯:《经济与历史;支配的类型》,康乐等译,桂林:广西师范大学出版社,2004,第 406—409 页。
② Max Weber, "Politik als Beruf" (1919), in Max Weber, *Gesammelte politische Schriften*, Johannes Winckelmann (hrsg.), Tübingen: Mohr Siebeck, 5. Aufl., 1988, S.543;[德]马克斯·韦伯:《政治作为一种志业》,载[德]马克斯·韦伯:《学术与政治》,钱永祥等译,桂林:广西师范大学出版社,2004,第 250 页。

的卡理斯玛特质。与韦伯对私法中二元对立的掩盖式或扭曲式处理不同，韦伯对政治中的矛盾性事实进行了更严肃的应对。韦伯能够"光明磊落"地承认近代西方政治中非理性的卡理斯玛因素，并在支配理论层面将这一因素与官僚制予以调和。其调和结果，便是在官僚制机器的顶端安置一名民选的卡理斯玛领袖，并将这一情形视为近代政治的常态乃至理念型，而非变异。必须承认，韦伯在此处的理论建构是相对成功的。而这一成功也表明，克服过度抽象化和过度欧洲中心主义的普遍历史建构的冲动，以更加"切事"（借用韦伯自己的概念）的态度对经验事实进行理论处理，其至有助于西方社会科学家更加准确、清醒地把握自己身处的社会本身（而非仅仅是有助于准确理解"东方"）。

第六章
调和非理性:"领袖民主"宪制设计

马克斯·韦伯在其"政治著作"中明确提及和阐述的"领袖民主制",已得到学界的较多关注。总体而言,相关研究主要侧重于对韦伯此种宪制主张的产生原因进行深入探究。自从上世纪 30 年代以来,若干学者已经从大致两个脉络出发,提供了对韦伯"领袖民主制"设想之产生根源的解释框架。首先,以蒙森《马克斯·韦伯与德国政治》一书为代表的一系列研究成果,通常将韦伯这一主张置于 20 世纪初德意志第二帝国的国内和国际政治语境中,并强调韦伯思想中的民族主义乃至帝国主义成分。在这种解读方式下,"领袖民主制"正是应运德国官僚制难以承担"权力政治"重任这一局面而生。[①] 其次,由勒维特所开创的韦伯解释传统,则从更加理论化乃至哲学化的视角,将韦伯对近代官僚制的忧虑同其对人的"自由"的关注联系起来。由于合理性的"铁笼"倾向于扼杀"自由",所以韦伯对一个打破官僚制束缚的"领袖"的召唤,成为其心目中尽可能拯救近代人"自由"的一条

[①] 参见 Wolfgang J. Mommsen, *Max Weber and German Politics, 1890—1920*, Michael S. Steinberg (trans.), Chicago; London: The University of Chicago Press, 1990; J. P. Mayer, *Max Weber and German Politics: A Study in Political Sociology*, London: Faber and Faber, 1943; Raymond Aron, "Max Weber and Power-politics", in Otto Stammer (ed.), *Max Weber and Sociology Today*, Kathleen Morris (trans.), Oxford: Basil Blackwell, 1971, pp. 83 - 100;[法]雷蒙·阿隆:《社会学主要思潮》,葛智强等译,北京:华夏出版社,2000,第 377—378 页。

出路。① 我本人曾经将这两个脉络结合,对韦伯"领袖民主制"的思想根源进行过探讨,并着力指出过韦伯对"自由"的矛盾式理解使其宪制主张的真实指向存在晦暗不明之虞。②

相比之下,从法学或者宪法研究的视角、对韦伯"政治著作"中的关键制度性倡议予以清晰和系统梳理的作品,仍属少见。勒文斯坦曾经以比较宪法学的视角审视过韦伯的"政治思想"。然而,在阐述韦伯的各个具体宪法主张时,勒氏总是偏向于以二战后西方各主要国家的宪法实际运作状态,来对数十年前韦伯的主张予以映证或批判。③ 因此,如下问题依旧有待进一步澄清:韦伯本人如何从建设"领袖民主制"这一宗旨出发,来对其所身处的第二帝国晚期和魏玛共和国诞生期的具体宪法运作予以应对?为着尽最大可能训练和选拔出德意志民族国家的"领袖",韦伯又提出了何种具体的宪法改革主张(针对实施君主制的第二帝国)乃至全新的制宪方案(针对革命后的新生共和国)?

本章将尝试对如上问题提供一定解答。值得事先说明的是,韦伯"领袖民主制"的设计方案,以1918年11月爆发的德国革命为契机,经历了一次显著变动。革命之前的韦伯倾向于建设君主立宪政体下的议会制政府。在该方案中,政治领袖将从议会中产生,并对议会负责。相反,革命之后的韦伯在经历短暂的思想调整后,最终拥护共和政体,并极力提倡总统的全民直选,且将政治领袖的角色置于民选总统而非议会领袖之上。与此对应,本章将分别对革命前后韦伯宪法主张的各自产生原因和具体方案予以澄清。此

---

① 参见 Karl Löwith, *Max Weber and Karl Marx*, Hans Fantel (trans.), London: Routledge, 1993;[英]戴维·比瑟姆:《马克斯·韦伯与现代政治理论》,徐鸿宾等译,杭州:浙江人民出版社,1989,第二版导言第1—2页。
② 参见赖骏楠:《马克斯·韦伯"领袖民主制"宪法设计的思想根源》,载《人大法律评论》2016年卷第1辑,北京:法律出版社,2016,第151—179页。
③ 参见 Karl Loewenstein, *Max Weber's Political Ideas in the Perspective of Our Time*, Richard and Clara Winston (trans.), Amherst: University of Massachusetts Press, 1966。

外,尽管韦伯并没有正式登上魏玛共和国的政治舞台,但他依旧以各种方式直接或间接地参与了魏玛宪法的制定,并在某些具体制度设计上发挥了决定性的影响。因此,在本章中简要地提及韦伯与魏玛宪法制定过程之间的联系,也将不无裨益。

本章也将涉及韦伯研究中最为敏感也最具火药味的一个议题,亦即韦伯与卡尔·施米特二人在"领袖民主制"上思想联系之问题。已有大量学者投入对该议题的研究之中。[1] 然而,与大部分韦伯研究的情形类似,该问题领域中的大部分研究者也更多是将重心放在"政治理论"层面,而非具体制度设计层面。而本书对韦伯和施米特的比较研究,则将偏重于二者在制度主张上的异同。对两人在政治理论层面上之联系或差异的阐述,往往易陷于混沌不清的境地。而本书对制度面向的关注,或许能有助于我们更加鲜明和清晰地理解两人在根本政治立场上的联系或差异。

第一节 议会主义"领袖民主制"

(一) 议会主义的实现基础:普选

面对第二帝国晚期的宪法实践,亦即面对官僚制在政治领域过度扩张

---

[1] 参见 Wolfgang J. Mommsen, *Max Weber and German Politics, 1890 – 1920*, Michael S. Steinberg (trans.), Chicago; London: The University of Chicago Press, 1990, pp. 381 – 89; Otto Stammer (ed.), *Max Weber and Sociology Today*, Kathleen Morris (trans.), Oxford: Basil Blackwell, 1971;[挪]朗内·斯莱格斯塔德:《自由立宪主义及其批评者:卡尔·施米特和马克斯·韦伯》,载[美]埃尔斯特、[挪]斯莱格斯塔德编:《宪政与民主——理性与社会变迁研究》,潘勤、谢鹏程译,朱苏力校,北京:生活·读书·新知三联书店,1997,第 119—150 页;Duncan Kelly, *The State of the Political: Conceptions of Politics and the State in the Thought of Max Weber, Carl Schmitt and Franz Neumann*, Oxford; New York: Oxford University Press, 2003; Andreas Kalyvas, *Democracy and the Politics of the Extraordinary: Max Weber, Carl Schmitt, and Hannah Arendt*, Cambridge; New York: Cambridge University Press, 2008。

从而导致政治机器之顶端缺少一个"领袖"的尴尬局面,韦伯极力提倡德国政治的议会化改革。在该阶段中,韦伯深信,只有一个强大的议会,才能为德意志民族国家提供一个训练和选拔政治领袖、并通过政治领袖对行政权力予以领导、监督和控制的场所。[①] 韦伯在该时期的所有宪法改革方案,几乎都是围绕着实现强大的议会这一目标。

一个处于政治舞台中心的强大议会的基础无疑是民主。而这种代议制民主的实现方式,无疑是通过选举来获取民众对特定政党或政党联盟在政治上的信任。而且,民主选举对于实现民族国家的意志整合起着积极作用。当所有国民都能以选举的方式参与对领导国家的政党的选择、并借此分享治理国家的权力时,民众总是能体现出更高的爱国热情,并愿意为"民族政治"做出奉献。在韦伯眼中,民主和民族主义起着相互促进的作用。[②] 同样自然的是,在具备民主正当性的议会中经受历练并最终脱颖而出的政治领袖,也将更容易获得大众的信任和支持,从而将更顺利地履行其对民族国家的政治使命。

因此,韦伯主张德国议会选举实现全面平等的普选。在当时的德国,尽管中央级别的议会组织——帝国国会(Reichstag)——早在1871年德国统一之际就已建立在全面普选的基础之上,但在部分邦国内部,尤其是最大邦普鲁士,议会机构仍然是建立在不平等选举权基础上的等级会议,在其中贵族享有不成比例的选举特权,其选举权效力远超出其他阶层。结果,普鲁士邦议会在很大程度上是由特权阶层把持,而这将不利于"民族政治"。在一战期间,韦伯用最为严厉的措辞来谴责这种制度,并号召立即废除等级会议且实现普鲁士境内的平等选举权。韦伯(一定程度上)策略性地站在"即将归国的

[①] 参见赖骏楠:《马克斯·韦伯"领袖民主制"宪法设计的思想根源》,载《人大法律评论》2016年卷第1辑,北京:法律出版社,2016,第153—163页。

[②] [德]马克斯·韦伯:《德国的选举权与民主》,载[德]马克斯·韦伯:《韦伯政治著作选》,[英]彼得·拉斯曼、[英]罗纳德·斯佩尔斯编,阎克文译,北京:东方出版社,2009,第67—68页。

士兵"的角度,来指责等级会议和不平等选举权在道德上的瑕疵和在实际运作上的缺陷。如果普鲁士等级会议的结构被维持到战争结束之际,那么那些曾经为国内和平而在国外流血牺牲的士兵(大部分出身于无产阶级或农民),将在返回家园后发现自己仍旧处于仅有最低级选举权的最低等级位置,而那些"待在家里的人"由于发战争财的缘故跻身新贵阶层,并且借此获得更高级别的选举权。韦伯对此谴责道:"诚然,政治跟伦理不是一回事。但总归存在至少一丁点的廉耻感和礼节上的义务,而对这种东西甚至是政治也不能肆无忌惮地违反。"①而且,一旦议会化的改革被延误,一旦归国士兵发现自己在政治上遭受歧视和欺骗,那么其实际政治后果将不堪设想:"如果庄严的承诺被某些自以为是的聪明欺骗所破坏,那么这个民族将再也不会像这次那样为一场战争而积极动员起来了。那场欺骗将永远不会被忘记"。② 而这也将意味着德国"世界政治"的终结。因此,韦伯呼吁,即使是通过帝国方面以强制方式介入,也必须实现普鲁士议会制度的彻底改造。③

只有通过全民普选,才能造就以议会选拔政治领袖的社会基础。然而,强大的议会不仅仅依赖于议会与人民之间的紧密相连,而且依赖于议会在政治制度实际运作中所享有的权力和发挥的功能。这尤其涉及到议会与行政权力之间的关系。而韦伯的议会化改革方案中的关键主张,几乎全是涉及此一面向。

(二) 议会主义"领袖民主制"的具体制度:责任内阁与质询权

德意志第二帝国的政治结构最初带有强烈的联邦主义和立法国家特

---

① [德]马克斯·韦伯:《德国的选举权与民主》,载[德]马克斯·韦伯:《韦伯政治著作选》,[英]彼得·拉斯曼、[英]罗纳德·斯佩尔斯编,阎克文译,北京:东方出版社,2009,第68页。
② 同上文,第103页。
③ 同上注。

征。① 由于帝国是建立在普鲁士和其他邦国之间相互妥协的基础之上,所以帝国宪法呈现出强烈的联邦主义下的邦国间妥协色彩。与这种联邦主义倾向相对应的,则是帝国对各邦国内部的行政事宜几乎无权过问,甚至帝国本身几乎没有真正成建制的行政机构。积极而又强大的帝国行政权,无疑会被各邦国认定为对自身政治权力的巨大威胁。因此,帝国的治理形态毋宁是停留在更为"消极"且"抽象"的立法国家层面。帝国仅仅有权在帝国宪法规定的立法范围内制定可以在全帝国实施的法律,而对法律的执行却属于各邦国内部事宜。而且,行使最高立法权的机构,并非全帝国公民直接选举出的帝国国会,而是代表着各邦国利益的联邦参议院(Bundesrat)。这个机构由各邦国和自由市所派出的全权代表组成(在其中普鲁士全权代表的数量无疑最多)。它除拥有与帝国国会类似的法案表决权外,还拥有针对已通过的立法制定更详细的实施细则、并为此设立相应实施机构的权力。皇帝在以帝国名义对外国宣战时,也必须获得联邦参议院的同意,但却无需获得帝国国会的同意。帝国首相则是联邦参议院的主席。按照宪法的初衷,他的主要活动也只是主持联邦参议院的各种活动,而且他几乎没有自己的内阁班子。

然而,这种宪法表象很快就表明,其自身并不符合统一后德国经济、社会、政治各领域飞速变化的现实及相应需求。联邦主义和立法国家的政治模式,完全无法适应帝国政府对一个工业化社会中的各种经济和社会事宜进行长期干预和调控的任务。② 于是,帝国行政权便在宪法条文的范围之外迅速积累。经济与社会政策的大量出台,导致实施这些政策的行政机构大量涌现。于是,至迟到 19 世纪 80 年代晚期,亦即俾斯麦执政晚期,"帝国政府"已经成为德国政治生活中绝对不可忽视的关键力量之一。在帝国首相

---

① 参见邢来顺:《迈向强权国家——1830—1914 年德国工业化与政治发展研究》,武汉:华中师范大学出版社,2002,第 69—72 页。
② 同上书,第 179—182 页。

领导下的各种帝国官厅(Reichsamt)——包括外务官厅、帝国海军官厅、帝国殖民地官厅、帝国邮政官厅、内政官厅、帝国司法官厅、帝国铁路官厅在内——不断涌现,而每个官厅则由一个国务秘书(Staatssekretär,相当于部长)负责。① 换句话说,一个由帝国首相领导的帝国中央行政班子已经完全成型,而这个集团无疑是帝国政治的核心部分。然而,值得注意的是,这个内阁中的所有成员,都是由皇帝任命,而且不受帝国国会的控制。

韦伯正是身处这一政治环境中。面对日益膨胀的帝国行政权,如何对其实施有效的控制和监督,并使其运作服从德意志民族国家的长远政治目标,便是韦伯对现实政治思考的根本出发点。韦伯在此阶段始终主张议会对行政权的有效控制,亦即议会的"积极政治"。而要实现这种"积极政治",首先便要求实现对议会负责而非对君主负责的内阁。具体而言,在这种局面中,"要么行政领袖直接从议会中提拔而来,要么如果他要继续任职就必须获得议会多数明确表示出来的信任,要么至少在议会表示不信任时必须辞职"。② 在德国的具体背景下,韦伯实际上是在主张帝国国会中的多数派领袖能够同时成为帝国首相或者各国务秘书,而且整个内阁必须向帝国国会负责。

在韦伯看来,要在德国实现此种意义上的"积极政治",尚须克服一个宪法条款上的形式障碍。帝国宪法第9条最后一句规定:"任何人都不得同时成为联邦参议院和帝国国会的成员"。由于宪法规定帝国首相必然同时是联邦参议院的成员(担任该机构主席正是宪法针对首相规定的原初法定职

---

① 参见 Mark Hewitson, "The *Kaiserreich* in Question: Constitutional Crisis in Germany before the First World War", *The Journal of Modern History*, Vol. 73, No. 4 (2001), p. 764; Christian-Friedrich Menger, *Deutsche Verfassungsgeschichte der Neuzeit: eine Einführung in die Grundlagen*, Heidelberg: C. F. Müller Juristischer Verlag, 5. Aufl., 1986, S. 152。

② [德]马克斯·韦伯:《新政治秩序下的德国议会与政府——对官员和政党制度的政治评论》,载[德]马克斯·韦伯:《韦伯政治著作选》,[英]彼得·拉斯曼、[英]罗纳德·斯佩尔斯编,阎克文译,北京:东方出版社,2009,第136页。

责),所以他不可能是帝国国会的成员。进一步而言,如果议会中的杰出政治家要被德皇任命为帝国首相,那么,由于他连带地必须成为联邦参议院主席,所以根据宪法第 9 条的规定,他就必须放弃他的帝国国会议员身份,这就意味着放弃他在帝国国会中与自己党派集团的联系以及对该阵营的影响力。如此,则这名新进入行政集团的人物也将沦为一个没有议会根基的行政官员,而非政治家。而且,他在内阁中的境况可能比藉由官僚制途径晋升而来的其他官员更为糟糕。因为他不仅失去了在议会中的影响力,而且也不具备职业官员所需的内行知识。在这种局面下,他不可能有机会施展其政治才华,而只能被迫成为官僚制的一员。"领袖"的权力必须建立在议会中的大批追随者之上,而帝国宪法的规定却断绝了此种可能性。①

因此,韦伯数次主张修改帝国宪法第 9 条中的这项规定。② 不过,出于尽可能少触动帝国之联邦主义格局的目的,韦伯并不提倡彻底废除该规定。③ 他主张在第 9 条最后一句后添入一句内容:"此项规定不适用于帝国首相和帝国国务秘书"。④ 借助这种修正,韦伯试图保证政治领袖有可能"既

---

① [德]马克斯·韦伯:《新政治秩序下的德国议会与政府——对官员和政党制度的政治评论》,载[德]马克斯·韦伯:《韦伯政治著作选》,[英]彼得·拉斯曼、[英]罗纳德·斯佩尔斯编,阎克文译,北京:东方出版社,2009,第 138—139 页。
② 参见 Max Weber, "Die Abänderung des Artikel 9 der Reichsverfassung" (1917), in Max Weber, *Gesammelte politische Schriften*, Johannes Winckelmann (hrsg.), Tübingen: Mohr Siebeck, 5. Aufl., 1988, S. 222 - 225;[德]马克斯·韦伯:《新政治秩序下的德国议会与政府——对官员和政党制度的政治评论》,载[德]马克斯·韦伯:《韦伯政治著作选》,[英]彼得·拉斯曼、[英]罗纳德·斯佩尔斯编,阎克文译,北京:东方出版社,2009,第 138—139 页。
③ 各邦国在此议题上的主要担心如下:一旦一个人可以兼任帝国国会中议员和联邦参议院中代表某个邦国的全权代表,那么他在帝国国会中所持的带有"全国性质"的政治观点,可能会与他在联邦参议院中所必须代表的其所属邦国的"地方性"的政治利益发生冲突;在发生这种冲突时,此人很有可能会在联邦参议院中坚持自己在帝国国会中所发表的观点,而这将可能损害其所属邦国的政治利益,参见 Max Weber, "Die Abänderung des Artikel 9 der Reichsverfassung" (1917), in Max Weber, *Gesammelte politische Schriften*, Johannes Winckelmann (hrsg.), Tübingen: Mohr Siebeck, 5. Aufl., 1988, S. 222 - 223。
④ Max Weber, "Die Abänderung des Artikel 9 der Reichsverfassung" (1917), in Max Weber, *Gesammelte politische Schriften*, Johannes Winckelmann (hrsg.), Tübingen: Mohr Siebeck, 5. Aufl., 1988, S. 224.

以主席的身份去领导联邦参议院,同时还可能以一个党的领头成员的身份去影响德国国会"。① 只有借助这种方式,才能确保德国政治制度下的"领袖"得以真正成为领袖。

除责任内阁外,韦伯为"积极议会"设计的另一个重要制度工具,则是针对行政机构的质询权。质询权是议会在常态下监督和控制行政的重要工具,而质询的内容则是与行政相关的各类信息。具体而言,这类信息可以大致分为两种类别。第一个类别是"技术性"的专业知识。韦伯主张,针对这类信息的质询权之行使,有必要由议会聘请相应领域的专家来对有关部门官员进行系统的口头盘问。第二类信息则是官员的职务信息(例如与行政行为相关的具体个案事实),而这种信息只有官员通过官方机构的手段才能获得。韦伯对此主张,为了有效地监督行政,议会必须有权获取这些事实信息,而获取的途径则包括查阅档案、现场监察以及对相关官员的盘问等。②

韦伯认为,只要建立起与行政权合作、但同时也使用质询权来确保对官员的持续控制的各议会委员会,就能够实现他所意图的议会质询权上的改革。③ 而且,这种质询权的行使主体不应局限于议会中的多数派。相反,质询权在本质上就应该被设计成是少数派的关键权力。通过这种设计,就有希望避免议会中长期一党独大所可能带来的弊端。④ 此外,通过赋予少数派政党以质询权,也有助于所有政党在议会中训练各自的政治领袖,因为观察

---

① [德]马克斯·韦伯:《新政治秩序下的德国议会与政府——对官员和政党制度的政治评论》,载[德]马克斯·韦伯:《韦伯政治著作选》,[英]彼得·拉斯曼、[英]罗纳德·斯佩尔斯编,阎克文译,北京:东方出版社,2009,第138—139页。韦伯的这一思路源自英国政治的实践。在英国,议会多数党领袖以首相身份组阁,随后该内阁转而影响议会,而议会多数必须服从首相,参见[德]卡尔·施米特:《宪法学说》,刘锋译,上海:上海人民出版社,2005,第288页。
② [德]马克斯·韦伯:《新政治秩序下的德国议会与政府——对官员和政党制度的政治评论》,载[德]马克斯·韦伯:《韦伯政治著作选》,[英]彼得·拉斯曼、[英]罗纳德·斯佩尔斯编,阎克文译,北京:东方出版社,2009,第146页。
③ 同上文,第147页。
④ 同上文,第151页。

和监督行政并与行政进行对质,无疑有助于政治家熟悉政治的日常事务,从而使"影子内阁"在(可能的)成为正式内阁之前就已经对内阁事务获得较为充分的了解。

拥有质询权的议会委员会无疑在训练政治领袖的事宜上贡献良多。在韦伯看来,如果议会不具有质询权,那么,由于其所发表言论不具有事实或知识依据,所以这种言论"不是无知的煽动就是例行的无能(或者两者兼备)"。① 相反,在各种议会委员会中训练出来的政治领袖,却可以避免这种纯粹负面的煽动性。通过行使议会委员会的质询权,政治领袖候选人得以长期接触行政工作,从而获得深入细致的行政熏陶,并最终培养出一种政治上的切事性(Sachlichkeit)。其言行也将变得有理有据,而非缺乏依据的煽动或干瘪的官场客套。这种对政治人物的政治教育机制在英国得以最充分的展现:"杰出的英国议会领袖无一例外都具有议会委员会、且往往还有一系列行政部门的工作经历,然后才上升到权力地位"。②

韦伯的议会制改革号召获得了帝国政府姗姗来迟的响应。1918 年 10 月 28 日,亦即第一次世界大战的最后时刻,德意志帝国宪法修正案最终出台。该方案正式、明确地引入了议会制政府。从此以后,帝国首相在行使职权时必须取得帝国国会的信任。俾斯麦宪法中的第 9 条有关联邦参议院和帝国国会成员不相容性的内容也被废除。③ 然而,这一切都已经无法扭转第二帝国行将覆灭的命运。军事上的溃败和经济上的衰退,导致君主制德国——即使是一个议会君主制的德国——已经失去普通民众对它的信任。而 1917 年在俄国发生的事件,也向德国国内的社会民主党人和中下阶层暗示存在另一种政治可能性。

---

① [德]马克斯·韦伯:《新政治秩序下的德国议会与政府——对官员和政党制度的政治评论》,载[德]马克斯·韦伯:《韦伯政治著作选》,[英]彼得·拉斯曼、[英]罗纳德·斯佩尔斯编,阎克文译,北京:东方出版社,2009,第 148 页。
② 同上。
③ [德]卡尔·施米特:《宪法学说》,刘锋译,上海:上海人民出版社,2005,第 359 页。

第二节 凯撒主义"领袖民主制"

（一）德国革命之后韦伯对共和政体的接纳

1918年11月初,德国爆发革命。最初,位于基尔的远洋舰队水兵拒绝执行出动舰队的命令(他们认为此刻出动舰队纯粹是做无意义的牺牲),并发生哗变。11月4日,基尔被水兵控制,昔日帝国海军军舰上升起红旗。起义和罢工活动迅速在全帝国境内蔓延。11月5日,吕贝克和汉堡被革命者控制。11月7日,慕尼黑的工人示威导致巴伐利亚苏维埃共和国的成立。11月8日和9日,不莱梅也成立工人士兵苏维埃和工人武装部队。同样在11月9日,柏林爆发起义,工人与士兵开始占领各政府机关。同日,激进左派斯巴达克同盟领袖李卜克内西宣布"自由社会主义共和国"成立。另一方面,帝国首相马克斯亲王也在同一日将政权移交社会民主党领袖艾伯特,而该党立刻宣布成立"德意志共和国"。德皇威廉二世则同样在9日被废除皇位和普鲁士国王头衔,并于翌日逃亡荷兰。君主制政体在德国宣告终结。①

我在此无意追踪德国革命的后续发展。相反,与本章研究相关的,毋宁是韦伯是如何应对这一革命势态,并如何对自己政治观点做出相应调整的。在革命之前,韦伯对德国君主制抱着复杂的态度。一方面,韦伯对德皇威廉二世本人在政治舞台上一系列不负责任的言行深感愤慨,他认为正是这种"个人统治"将德国带向了灾难。韦伯甚至数次在私下场合宣称:"如果我有机会靠近他(指德皇),我将亲自拧断这个搞砸一切事情的傻瓜的

---

① 参见[东德]维纳·洛赫:《德国史》(中册),北京大学历史系世界近代现代史教研室译,北京:生活·读书·新知三联书店,1976,第650—665页。

脖子。"① 然而,另一方面,韦伯又倾向于(甚至在革命爆发之后)认定,作为一种政体的立宪君主制,是"技术上最合适并因而在此种意义上也是最强大的国家形式"。② 一方面,在立宪君主制下,议会能够对行政权进行监督和控制,从而能够确保行政机构正确履行职责。另一方面,国家权力机构(形式上的)最高职位则被一劳永逸地以王室的形式固定下来,而这也能产生良好的政治效果。此时君主不仅可以避免日常政治派系斗争中的各种弊端,而且可以作为处于各力量之上的中立力量和稳定因素对冲突予以调停,甚至在其他政府机构相互间发生僵持导致政权有瘫痪之虞时予以介入。③ 而且,尽管在立宪君主制中议会相对而言掌握更大的法定权力,然而当君主本人具有政治眼光以及实现其目标的意志时,他仍旧可以依靠个人魅力而以非正式渠道来影响政府的决策,并能够在各种事务尤其是国际关系上发挥关键性作用。④ 韦伯以同时代的英国国王爱德华七世和比利时国王利奥波德二世为例,来映证他的主张:尽管他们的正式权力都因议会制而受到限制,但他们中的一人"却聚集起了一个世界性的联盟",另一人"尽管只是统治着一个小国,但却聚集起一个庞大的殖民帝国"。⑤

然而,面对德国革命这一新形势,韦伯的如上观点不可避免要经历改变。在革命爆发一个月之后,韦伯发表了《德国的未来国家形式》一文,并在

---

① Karl Loewenstein, *Max Weber's Political Ideas in the Perspective of Our Time*, Richard and Clara Winston (trans.), Amherst: University of Massachusetts Press, 1966, Epilogue: "Personal Recollections of Max Weber", p.98.
② Max Weber, "Deutschlands künftige Staatsform", in Max Weber, *Gesammelte politische Schriften*, Johannes Winckelmann (hrsg.), Tübingen: Mohr Siebeck, 5. Aufl., 1988, S. 449.
③ 参见[德]马克斯·韦伯:《新政治秩序下的德国议会与政府——对官员和政党制度的政治评论》,载[德]马克斯·韦伯:《韦伯政治著作选》,[英]彼得·拉斯曼、[英]罗纳德·斯佩尔斯编,阎克文译,北京:东方出版社,2009,第133—134页。
④ 同上文,第136页。
⑤ 同上文,第135页。

文中强烈主张建立民主共和国(他甚至在此刻自称为"我们激进分子"①)。韦伯认为,其他任何政体方案在当下都是不可行的。无论人们对君主制抱有多深的"感情",它都已经成为历史。在战争期间,就曾经有过将德国君主制进行改造并使其适应近代议会制的尝试(韦伯本人也正是这种尝试的提倡者),然而皇室及其幕僚的拖延,却导致这种尝试最终失败。德国皇帝本人犯下的大量政治错误,也使得君主制的威信扫地。因此,"普鲁士王朝是如此地丧失名誉,以至于从现在起它的维持以及其他(邦国的)王朝的维持……都已经不能再受到支持了"。② 从更为实际的角度而言,王朝复辟无论对于国内政治还是国际政治来说都是不可行的,因为这将导致内战,并引发外国军事干预,这意味着德意志民族将更加丧失政治自由。③

就当时形势而言,摆在德意志民族面前的政治道路有两条:一条是激进左派亦即革命主导力量所提倡的无产阶级专政制度,另一条则是建立近代民主制度。在韦伯看来,第一条道路将同样导致内战,并将导致经济秩序的崩溃。而这仍旧意味着,在不久以后,协约国军队将直接介入德国内部事宜,或者将培植起一个傀儡政权对德国政治进行操控。④

只有一个建立在人民主权基础上的共和国,才是未来德国政治的唯一可行道路。韦伯主张,德国未来的政治命运,只能由主权者亦即人民自

---

① Max Weber, "Deutschlands künftige Staatsform", in Max Weber, *Gesammelte politische Schriften*, Johannes Winckelmann (hrsg.), Tübingen: Mohr Siebeck, 5. Aufl., 1988, S. 451, S. 453.
② Max Weber, "Deutschlands künftige Staatsform", in Max Weber, *Gesammelte politische Schriften*, Johannes Winckelmann (hrsg.), Tübingen: Mohr Siebeck, 5. Aufl., 1988, S. 449-450.
③ Max Weber, "Deutschlands künftige Staatsform", in Max Weber, *Gesammelte politische Schriften*, Johannes Winckelmann (hrsg.), Tübingen: Mohr Siebeck, 5. Aufl., 1988, S. 453, S. 482.
④ Max Weber, "Deutschlands künftige Staatsform", in Max Weber, *Gesammelte politische Schriften*, Johannes Winckelmann (hrsg.), Tübingen: Mohr Siebeck, 5. Aufl., 1988, S. 452.

己——无论这种人民在政治上是如何地不成熟,也无论"人民"这个概念是否在韦伯心目中实际上仅具有修辞价值——来决定,而非由少数人决定,无论这少数人是王朝还是革命委员会。只有一个民主的德意志共和国,才能得到协约国的认可,才有资格参与谈判并缔结和平条约,并最终保证德国的主权独立。而且,共和国也是"大德意志问题"的合理解决方案。只有建立在民主与自决的基础上,才能将尽可能多的德意志人——包括奥地利人(而1871年普鲁士王朝在建立德意志帝国时正是将奥地利抛弃了)——整合进未来的民族国家框架之内。① 最后,共和国也将为长期以来政治上欠缺成熟的德国人民提供一个政治教育的平台,从而使德国人民(尤其是资产阶级)勇敢地摆脱对旧威权国家体制下"安全感"的依赖,并使其从今以后以自己的自豪、力量和成就来建设自己的国家。② 因此,一个"共和的、大德意志而非大普鲁士的国家形式"③,不仅是可能的,也是必须的。接下来的问题则是:这个新生共和国的内部组织形式应如何安排?

(二) 魏玛制宪过程中韦伯对总统制的呼吁

早在德国革命之前,韦伯就已提及纯粹议会制之外的另一种选拔政治领袖的可能性:"凯撒主义"(Cäsarismus)。韦伯将"凯撒主义"界定为如下获取权力的方式:潜在的"领袖"运用大众煽动的手段来获得大众的信任,并由此

---

① Max Weber, "Deutschlands künftige Staatsform", in Max Weber, *Gesammelte politische Schriften*, Johannes Winckelmann (hrsg.), Tübingen: Mohr Siebeck, 5. Aufl., 1988, S. 453.

② Max Weber, "Deutschlands künftige Staatsform", in Max Weber, *Gesammelte politische Schriften*, Johannes Winckelmann (hrsg.), Tübingen: Mohr Siebeck, 5. Aufl., 1988, S. 453-454.

③ Max Weber, "Deutschlands künftige Staatsform", in Max Weber, *Gesammelte politische Schriften*, Johannes Winckelmann (hrsg.), Tübingen: Mohr Siebeck, 5. Aufl., 1988, S. 448.

获得权力从而成为真正的"领袖"。在这种情形下,领袖的产生实际上并不依赖议会这一机制,而是发生在议会之外的大众宣传领域,因此"凯撒主义"也带有强烈的"平民主义"(plebiscitary)色彩。"凯撒主义"政治最为典型的国度无疑是美国。美国总统的权力地位正是建立在全民直选的基础上,而非国会的信任。不过,即使是在英国这种奉行"议会主权"的国家,"凯撒主义"因素也在其政治生活中占据一席之地。虽然在一般情况下议会承担着培养和选拔政治领袖的功能,然而只要某些"真正具有政治气质和天赋的人"证明自己能够赢得大众的信任,大众民主就会迫使政党屈从于这些人物。①

然而,针对革命之前的政治局势,韦伯曾经对以"凯撒制"方式选拔领袖持保留态度,并坚持以议会制来承担选拔领袖的任务。面对官僚制在德国政治生活中的核心地位,韦伯认定,只有一个强大的、与行政权对峙并对之实施有效监督的议会,才能构成对官僚制统治的真正限制(而皇帝则没有能力来承担这种任务)。② 一个拥有质询权的强大议会培养出来的"领袖",由于饱经各种实际政治事务的历练,能够避免纯粹"凯撒主义"领袖的那种纯煽动性特征(而当时的德国尤其不缺少这种贬义的"煽动家")。③ 此外,韦伯甚至怀疑:在一个世袭君主制国家内,由于大部分公众都信奉王朝本身的正统性,在这种情况下能够获得大众高度信任的平民主义"凯撒"又何以能够产生?④

---

① [德]马克斯·韦伯:《新政治秩序下的德国议会与政府——对官员和政党制度的政治评论》,载[德]马克斯·韦伯:《韦伯政治著作选》,[英]彼得·拉斯曼、[英]罗纳德·斯佩尔斯编,阎克文译,北京:东方出版社,2009,第 178、185 页。
② [德]马克斯·韦伯:《德国的选举权与民主》,载[德]马克斯·韦伯:《韦伯政治著作选》,[英]彼得·拉斯曼、[英]罗纳德·斯佩尔斯编,阎克文译,北京:东方出版社,2009,第 104 页;[德]马克斯·韦伯:《新政治秩序下的德国议会与政府——对官员和政党制度的政治评论》,载[德]马克斯·韦伯:《韦伯政治著作选》,[英]彼得·拉斯曼、[英]罗纳德·斯佩尔斯编,阎克文译,北京:东方出版社,2009,第 179 页。
③ [德]马克斯·韦伯:《新政治秩序下的德国议会与政府——对官员和政党制度的政治评论》,载[德]马克斯·韦伯:《韦伯政治著作选》,[英]彼得·拉斯曼、[英]罗纳德·斯佩尔斯编,阎克文译,北京:东方出版社,2009,第 185 页。
④ 同上书,第 183 页。

然而,韦伯在革命之后迅速转变了态度。面对新的形势,他不遗余力地号召:未来共和国中的最高首脑,亦即帝国总统(Reichspräsident)①,必须由全体人民直接选举产生,而且总统必须拥有实权并与议会形成对抗,而非像在某些纯议会制国家那样仅承担礼仪性的职务。换言之,此时韦伯已经放弃了经由议会来培养和选拔政治领袖的机制,并转而诉诸一种更为激进的手段,亦即"凯撒主义"。

从根本意义上说,韦伯之所以最终选择"凯撒主义"的"领袖"选拔道路,实际上与其所信奉的某些"政治理论"或支配社会学的基本命题密不可分。如本书第五章所言,韦伯在写作支配社会学时实际上认为,在近代大众民主的背景下,政治领袖在本质上是个卡理斯玛式的人物。他之所以能够获得政治权力,正是由于他能够以自己的人格和言辞魅力来煽动大众的非理性情绪并获取大众的支持,从而问鼎政治舞台的最高权力宝座。因此,近代"民主"的正当性,依其本质而言,也就仍是一种卡理斯玛式正当性,而非真正意义上的"人民主权"。换言之,在大众民主与"凯撒主义"之间存在着选择性亲缘关系。② 类似观点也反映在韦伯的"政治著作"中。在《新政治秩序下的德国议会与政府》一文中,韦伯就已经表明:"实际上,任何民主都会出现这种(凯撒主义的)趋势"。③ 有鉴于君主制的垮台为彻底的大众民主铺平了道路,"凯撒主义"的趋势将更加不可避免。这意味着一个经由全民选举产生的、具有卡理斯玛气质的帝国总统将是新共和国政治发展中自然而然的产物。

---

① 为 Reich 一词寻找准确的中文译词有一定困难。神圣罗马帝国和德意志第二帝国都被称为 Reich,而魏玛共和国的正式国号(das Deutsche Reich)也沿用这个单词。有学者主张将魏玛时期的 Reich 译为"民国",以区别于之前的"帝国"。但如此翻译,易导致读者误认为魏玛时期的国号不同于帝制时期。为统一译词起见,本书暂且将 Reich 统一译成"帝国",因此魏玛时期的 Reichspräsident 也被译作"帝国总统"。
② 参见[德]马克斯·韦伯:《经济与历史;支配的类型》,康乐等译,桂林:广西师范大学出版社,2004,第 359、364、374、375、405 页,第 406—409 页。
③ [德]马克斯·韦伯:《新政治秩序下的德国议会与政府——对官员和政党制度的政治评论》,载[德]马克斯·韦伯:《韦伯政治著作选》,[英]彼得·拉斯曼、[英]罗纳德·斯佩尔斯编,阎克文译,北京:东方出版社,2009,第 178 页。

当然,针对革命后的新形势,韦伯也为总统制提供了更多具体支持理由。第一,韦伯最频繁使用的一条(策略性的)理由,是作为行政首脑的强总统对未来可能的"社会化"(Sozialisierung)政策而言是不可或缺的。社会民主党人主张经济的"社会化"或"国有化",然而仅仅借助议会的力量或委员会式的行政,却不利于该政策的实施。只有一个由受到人民信任的总统领导的一元化的行政体系,才可能具备实施该政策的力量和决心,并在最困难的局面下对经济进行干预。韦伯甚至在《帝国总统》一文中宣称:"即使是频见讨论的群众'专政',也需要一个'专政者'"。① 第二,韦伯强调,民选总统的存在有助于克服长久以来存在于各邦的地方主义乃至分离主义倾向。由于德国政治始终无法摆脱联邦主义的传统,所以由各邦所派全权代表构成的联邦参议院,将无可避免地存在于新宪法框架之中。联邦主义的现实政治格局,也导致区域性政党依旧会存在于新的共和国之中。因此,在这种局面下,一个由全德国范围内所有公民选举产生的总统便更属必要。民选总统的存在,有助于抗衡联邦参议院所代表的地方主义力量。而总统竞选本身也将遏制政党区域化的趋势,因为"各政党将被迫以全国为范围发展统一的组织、统一的观点"。② 第三,通过这种直接诉诸民众信任来选拔"领袖"的"凯撒制",能够促成各政党改造组织方式,从而取代名门望族当道的过时体制。而在这种旧的体制下,往往是资质平庸但却符合党内各派系利益的人物,能够获得议员参选资格。③ 第四,针对国会选举事宜上比例代表制的实施,韦伯担忧这将更加导致未来国会的庸俗化,因此他认为未来德国政治

---

① 参见 Max Weber, "Deutschlands künftige Staatsform", in Max Weber, *Gesammelte politische Schriften*, Johannes Winckelmann(hrsg.), Tübingen: Mohr Siebeck, 5. Aufl., 1988, S. 469;[德]马克斯·韦伯:《韦伯论帝国总统》,载[德]马克斯·韦伯:《学术与政治》,钱永祥等译,桂林:广西师范大学出版社,2004,第310—311页。
② [德]马克斯·韦伯:《韦伯论帝国总统》,载[德]马克斯·韦伯:《学术与政治》,钱永祥等译,桂林:广西师范大学出版社,2004,第310、312页。
③ 同上书,第311页。

也就更为迫切地需要民选总统来承担起"领袖"的职责。韦伯数次设想出如下可能性:在比例代表制下,由于议员候选人名单是以"一揽子"的方式在党的中央层级提出,那么政党为了争取某职业团体所有成员的选票,将被迫将这些团体中意的人选甚至是团体本身的官员列入议员候选人名单。这将导致国会成为一个各种经济利益在其中分赃的机构,从而丧失其原本具有的挑选政治领袖的意义。而联邦参议院对政治权力的分享,则进一步限制了国会具有的政治意义。因此,承担"领袖"的政治职责的机构将不再是国会,而只能是民选总统。① 第五,针对未来德国国会中可能存在 4 到 5 个主要政党的局面,韦伯主张,一旦这些政党彼此不能团结从而无法形成国会多数并引发国会危机时,一个强势总统的干预便不可或缺,否则共和国整个架构都将被动摇。② 第六,只有一个有着民众信任支撑的民选总统,才能在柏林与实际控制着大量文职官员乃至军官职位的普鲁士领导阶层相抗衡,否则他将只能扮演一个纯粹被包容的角色,而这意味着普鲁士霸权的再度出现。③ 因此,基于如上理由,韦伯呼吁:正如当年的君主们以不仅最高贵而且也最明智的方式,将他们自己的权力不失时机地限制在议会制之中那样,也希望如今的议会能够主动认可民主的大宪章:直接选举领袖的权利。④

就具体制度设计而言,出于尽最大可能增加总统权力起见,韦伯最初倾向于实施一种较为纯粹的总统制。在他的方案中,总统经由全民直接选举产

---

① [德]马克斯·韦伯:《韦伯论帝国总统》,载[德]马克斯·韦伯:《学术与政治》,钱永祥等译,桂林:广西师范大学出版社,2004,第 311—312 页。另见 Max Weber, "Die kommende Reichsverfassung" (1919), in Max Weber, *Max Weber Gesamtausgabe, Band* I /16. *Zur Neuordnung Deutschlands: Schriften und Reden 1918 - 1920*, Wolfgang J. Mommsen und Wolfgang Schwentker (hrsg.), Tübingen: Mohr Siebeck, 1988, S.449.
② [德]马克斯·韦伯:《韦伯论帝国总统》,载[德]马克斯·韦伯:《学术与政治》,钱永祥等译,桂林:广西师范大学出版社,2004,第 312 页。
③ 同上文,第 312—313 页。
④ 同上文,第 313 页。

生,拥有长达 7 年的任期。① 由于总统是由选民直接选举产生,所以对其职务的解除也应由选民本身提起。因此总统不对议会负责,而要解除其职务,必须有相当数量的选民(韦伯的提议是需要大约 1/10 的选民)提议全民公决。② 总统拥有文职官员和军官的任命权,并领导整个行政系统。③ 在最为关键的一点,亦即由总统领导的整个内阁是否需要获得议会的信任并对议会负责这一问题上,韦伯倾向于整个行政权无需对议会负责的立场。一个独立的、由民选总统领导的行政机构将更加符合权力分立原则,并形成对"失去信用"的议会的有效抗衡。④ 此外,总统还可以反过来以全民公决的形式,对立法进行干预,而且在提议全民公决时无须部长副署(因为韦伯担心新宪法可能规定各部部长必须对议会负责)。⑤

然而,尽管韦伯尝试尽可能增强总统权力,他并未忽视议会在新宪法结构中的作用。议会对于维持政治的延续性和稳定性仍然有所助益。议会的存在本身及其所代表的法治精神和程序,也对可能发生的民选"凯撒"的任

---

① Max Weber, "Deutschlands künftige Staatsform", in Max Weber, *Gesammelte politische Schriften*, Johannes Winckelmann (hrsg.), Tübingen: Mohr Siebeck, 5. Aufl., 1988, S. 470.
② Max Weber, "Beiträge zur Verfassungsfrage anläßlich der Verhandlungen im Reichsamt des Innern vom 9. bis 12. Dezember 1918" (1918), in Max Weber, *Max Weber Gesamtausgabe*, Band I /16. Zur Neuordnung Deutschlands: Schriften und Reden 1918 - 1920, Wolfgang J. Mommsen und Wolfgang Schwentker (hrsg.), Tübingen: Mohr Siebeck, 1988, S. 88.
③ Max Weber, "Beiträge zur Verfassungsfrage anläßlich der Verhandlungen im Reichsamt des Innern vom 9. bis 12. Dezember 1918" (1918), in Max Weber, *Max Weber Gesamtausgabe*, Band I /16. Zur Neuordnung Deutschlands: Schriften und Reden 1918 - 1920, Wolfgang J. Mommsen und Wolfgang Schwentker (hrsg.), Tübingen: Mohr Siebeck, 1988, S. 82.
④ Max Weber, "Beiträge zur Verfassungsfrage anläßlich der Verhandlungen im Reichsamt des Innern vom 9. bis 12. Dezember 1918" (1918), in Max Weber, *Max Weber Gesamtausgabe*, Band I /16. Zur Neuordnung Deutschlands: Schriften und Reden 1918 - 1920, Wolfgang J. Mommsen und Wolfgang Schwentker (hrsg.), Tübingen: Mohr Siebeck, 1988, S. 85.
⑤ Max Weber, "Beiträge zur Verfassungsfrage anläßlich der Verhandlungen im Reichsamt des Innern vom 9. bis 12. Dezember 1918" (1918), in Max Weber, *Max Weber Gesamtausgabe*, Band I /16. Zur Neuordnung Deutschlands: Schriften und Reden 1918 - 1920, Wolfgang J. Mommsen und Wolfgang Schwentker (hrsg.), Tübingen: Mohr Siebeck, 1988, S. 87.

意统治构成有效限制。① 此外，从纯粹技术的角度而言，各种预算事务和复杂的立法事宜也只能在议会的框架下才能展开，将这类事务由总统交付全民公决是不可想象的。② 因此，尽管缺少了对行政的直接控制权，但拥有立法权和质询权的议会，仍不失为一种针对民选总统的抗衡力量，并能防止"凯撒主义领袖民主制"走向彻底煽动性的、并因而也就是彻底非理性的政治局面。

韦伯以各种直接或间接的方式参与了魏玛宪法的制定。早在1918年12月9日至12日，韦伯就参加了过渡政府内政官厅组织的就未来宪法的纲要所进行的协商会议。会议由内政国务秘书，亦即著名宪法学家胡果·普罗伊斯（Hugo Preuß）主持。此人也正因其在魏玛宪法制定过程中的关键作用，而成为"魏玛宪法之父"。在本次协商中，韦伯就联邦制与单一制之间的取舍问题、议会上院亦即联邦参议院的组织结构问题、议会质询权问题、民选总统问题提出了大量主张。③ 应普罗伊斯的要求，韦伯甚至起草了最初步宪法草案中的两个条文（有关分解普鲁士邦事宜和确保各邦实行共和政体事宜）。④ 韦伯也曾与过渡政府首脑艾伯特会面，并就民选总统事宜发表意见。⑤ 尽管韦伯未能参加魏玛国民大会的制宪过程，但他此时所属的

---

① ［德］马克斯·韦伯：《新政治秩序下的德国议会与政府——对官员和政党制度的政治评论》，载［德］马克斯·韦伯：《韦伯政治著作选》，［英］彼得·拉斯曼、［英］罗纳德·斯佩尔斯编，阎克文译，北京：东方出版社，2009，第179页。

② 同上文，第180—183页。

③ 参见 Max Weber, "Beiträge zur Verfassungsfrage anläßlich der Verhandlungen im Reichsamt des Innern vom 9. bis 12. Dezember 1918" (1918), in Max Weber, *Max Weber Gesamtausgabe*, Band Ⅰ/16. *Zur Neuordnung Deutschlands: Schriften und Reden 1918 - 1920*, Wolfgang J. Mommsen und Wolfgang Schwentker (hrsg.), Tübingen: Mohr Siebeck, 1988, S. 49 - 90。

④ 参见 Max Weber, "Entwürfe für die Paragraphen 11 und 12 einer Verfassung des Deutschen Reiches" (1919), in Max Weber, *Max Weber Gesamtausgabe*, Band Ⅰ/16. *Zur Neuordnung Deutschlands: Schriften und Reden 1918 - 1920*, Wolfgang J. Mommsen und Wolfgang Schwentker (hrsg.), Tübingen: Mohr Siebeck, 1988, S. 147 - 151。

⑤ Wolfgang J. Mommsen, *Max Weber and German Politics, 1890 - 1920*, Michael S. Steinberg (trans.), Chicago; London: The University of Chicago Press, 1990, p. 373.

政党——德国民主党——中的当选国民代表无疑吸收了大量韦伯的立宪主张,并将其带入国民大会的制宪讨论之中。① 此外,韦伯也利用媒体发表相关言论,来尝试影响魏玛宪法的制定。

在其所有主张中,韦伯最珍视的无疑是与民选总统有关的数条意见。当然,面对制宪过程中的新局面,他也适时修正并缓和自己的主张,使其变得更易接受。对一个议会无法解除其职务、且主导行政权运转的民选总统的提倡,已经在韦伯于12月参与的内政官厅协商会议中遭到其他派系相当程度的抵制。② 1919年2月11日,国民大会(而非全体选民)选举出艾伯特担任第一任帝国总统,这迫使韦伯担心未来帝国总统的选举也将循此途径。2月24日,普罗伊斯提出新宪法草案,宪法一读程序随即展开。翌日,韦伯发表上文已提及的《帝国总统》一文,该文详细阐述了韦伯支持总统民选的各种理由。值得注意的是,该文显示出,在总统所拥有的权力及其与议会关系问题上,韦伯的主张已经有所缓和。韦伯在此时虽然仍坚持总统应以全民直选方式产生,并应有权任命文武官员,但也同时认可由受到议会信任、并对议会负责的总理和各部长组成的内阁,而日常的国家行政事务则由后者来承担。新模式下的民选总统仅仅在确属必要的时刻才能干预日常政治的运作,干预的手段则包括解散国会的权力、针对立法的搁置否决权、(当议会无法产生总理人选时)对各部长直接下命令的权力,以及举行全民公决的权力。③ 简言之,韦伯此刻的主张,已经从最初那种彻底的总统制转向一种"半总统半议会制"类型。

---

① Wolfgang J. Mommsen, *Max Weber and German Politics, 1890 – 1920*, Michael S. Steinberg (trans.), Chicago; London: The University of Chicago Press, 1990, pp. 374 – 375.
② 参见 Max Weber, "Beiträge zur Verfassungsfrage anläßlich der Verhandlungen im Reichsamt des Innern vom 9. bis 12. Dezember 1918" (1918), in Max Weber, *Max Weber Gesamtausgabe, Band I /16. Zur Neuordnung Deutschlands: Schriften und Reden 1918 -1920*, Wolfgang J. Mommsen und Wolfgang Schwentker (hrsg.), Tübingen: Mohr Siebeck, 1988, S. 82 – 88。
③ [德]马克斯·韦伯:《韦伯论帝国总统》,载[德]马克斯·韦伯:《学术与政治》,钱永祥等译,桂林:广西师范大学出版社,2004,第312、313页。

国民大会的最终制宪成果,亦即 1919 年 8 月获得通过的魏玛宪法,也在很大程度上反映了韦伯这些修正后的主张。魏玛宪法大致遵循了"半总统半议会制"的精神。根据其规定,帝国总统由人民选举产生,其任期为七年,并可连任一届(第 41 条、第 43 条);帝国总统有权任免帝国文武官员,并掌握国防军最高命令权(第 46 条、第 47 条);总统有权解散国会(第 25 条);总统有权将已通过国会议决的法律付诸全民公决(第 73 条)。对于这些权限,施米特曾经评价道:帝国总统"大体上取得了(帝制时期)皇帝的权力"。① 另一方面,议会以及对议会负责的内阁也在相当程度上对总统构成了钳制。在这部宪法中,国会有权在总统任期未满前就提议全民公决以对其罢免(第 43 条);宪法明文规定,帝国政府是由"帝国总理和各部部长"(不包括总统)构成(第 52 条);而总理和各部部长都必须获得国会之信任,当国会对其中一人明显表示不信任时,此人必须立即退职(第 54 条);总理和各部部长负责帝国行政事务,并对国会负责(第 56 条);帝国总统的一切命令和处分都必须由经总理或相应部长副署,才发生效力(第 50 条)。无疑,魏玛宪法的制定是众多学者和政治家合力的结果。尤其是有关总统应由全民选举产生的条款,如果没有普罗伊斯和民主党的极力支持,其获得通过是难以想象的。但同样无可否认的是,韦伯也以自己独特的方式,在德国第一部共和宪法中打下了自己的深刻烙印。最后,值得一提的是,魏玛宪法中备受争议的第 48 条,亦即有关"紧急状态权"的规定,实际上并未受到韦伯的关注。② 而这已经涉及到本章的最后一个讨论主题,亦即韦伯与施米特在"领袖民主制"主张上的联系与差别。

---

① [德]卡尔·施米特:《宪法学说》,刘锋译,上海:上海人民出版社,2005,第 314 页。
② Wolfgang J. Mommsen, *Max Weber and German Politics, 1890 – 1920*, Michael S. Steinberg (trans.), Chicago; London: The University of Chicago Press, 1990, pp. 377 – 378.

第三节 "领袖民主制":对韦伯与施米特主张的初步比较

在政治思想领域,马克斯·韦伯与卡尔·施米特存在某种程度的"亲和性",似乎已经成为一个不争的事实。有鉴于施米特本人在纳粹执政时期的不光彩经历,这种"亲和性"无疑也转而给韦伯本人的形象抹上一定阴影。蒙森就曾经主张,在"领袖民主制"议题方面,施米特是韦伯的一名"好学弟子",而这名弟子一系列主张的最终归宿无疑是纳粹的极权主义。① 青年时期的哈贝马斯也曾宣称,在继承"凯撒主义领袖民主制"主张方面,施米特是韦伯的"亲儿子"(natürlicher Sohn)。② 格雷·厄尔曼(Gary L. Ulmen)通过自己与晚年施米特的亲自交往所挖掘出来的"学术史"细节,也让这一段"思想传承"显得更为具体鲜明:根据施米特本人的回忆,在1917年至1920年间,当时已是一名小有名气的青年法学家的他,几乎听取了韦伯在慕尼黑大学所做的包括《以学术为业》《以政治为业》在内的所有讲座,他还参加了韦伯开设的一个青年教师培训班,并且与韦伯单独就政治与国家理论问题做过交谈。③

无可否认的是,单纯就政治主张,尤其是"领袖民主制"主张而言,韦伯与施米特的作品在思维方式和具体主张上都有着至少是表面上的一致性。两人都对广义的"政治现代性"的常规运作感到不满,认为这种政治机制根

---

① Wolfgang J. Mommsen, *Max Weber and German Politics, 1890 – 1920*, Michael S. Steinberg (trans.), Chicago; London: The University of Chicago Press, 1990, pp. 381 – 389.
② Otto Stammer (ed.), *Max Weber and Sociology Today*, Kathleen Morris (trans.), Oxford: Basil Blackwell, 1971, p. 66.
③ Gary L. Ulmen, *Politischer Mehrwert: eine Studie über Max Weber und Carl Schmitt*, Weinheim: VCH, 1991, S. 20 – 21.

本无力解决时代问题。针对这种局势,两人都主张借强力"领袖"来突破近代政治中的诸多局限,以期最终解决民族国家的政治整合和政治决断能力问题。甚至在实现这种倡议的具体制度方案方面,两人也体现出一致性:韦伯最终将打碎官僚制"铁笼"、引领民族国家政治决断方向的希望寄托于帝国总统,而施米特也将帝国总统视为政治统一性的代表以及"宪法的守护者"。

然而,这种精神气质上的类似和具体主张上的耦合,却无法掩盖两人在根本性思维方式和根本性政治立场上的重大差别。尽管其作品中充满各种模糊和矛盾之处,但韦伯在根本意义上仍旧高度依赖现代性思维方式。他的新康德主义式的世界观、他对自由资本主义经济的拥护,以及他针对形式合理性法律和官僚制虽不断抵制但又无法割舍的复杂心态,实际上都揭示出,韦伯的大部分思考都停留在现代性(如果不是"自由主义"的话)的界域之内。而施米特则在根本上主动跳出现代性或自由主义的界限,并转而诉诸他所谓的"政治的神学"。[①] 他针对世俗政体下的魏玛宪法的"拯救"方案,毋宁更多是出于学术兴趣,而非源自真实情感。然而,由于主题和篇幅的限制,我在此处无意对两人作品做一彻底通盘的比较,而毋宁是尝试在"领袖民主制"这一问题框架下,对两人相应的思考和言论做一选择性、重构性的比较。比较将只涉及施米特在魏玛时期针对魏玛宪法危机而提出的一系列思考和主张。尽管施米特在纳粹时期以及战后的作品对于施米特专家而言显得同等重要,但这些作品不属于此处的讨论范围。

在进入正式比较之前,对施米特有关"(魏玛)宪法的守护者"的方案做一简要勾勒,将不无裨益。施米特认定,魏玛宪法运行的最大特征或者说最大威胁是多元主义。这种多元主义的社会现实使得民主的根基,亦即人民的"同质性"变得不再可能。而这也迫使议会从之前扮演的以公开辩论寻找

---

① 参见[德]迈尔:《隐匿的对话:施米特与施特劳斯》,朱雁冰、汪庆华等译,北京:华夏出版社,2002;[德]迈尔:《古今之争中的核心问题:施米特的学说与施特劳斯的论题》,林国基等译,北京:华夏出版社,2004。

同质性人民中的"公意"的机制,蜕化成多元主义政党国家下利益分配和交换的平台。议会制立法国家的理想已经成为过去式,而议会本身也早已失去旧有的代表人民"公意"和塑造政治统一性的意义。在施米特看来,寻求人民意志的体现和政治统一性的唯一可能,便在于民选的帝国总统,只有这一角色才有能力和意志去抵抗四分五裂的议会以及同样四分五裂的多元主义社会现实。而在施米特的"民主理论"中,"民主"也正是体现为"出场"的人民对一名"领袖"的欢呼拥戴。与此同时,施米特"政治的神学"则在根本立场上体现为对法治国的深刻不信任。"政治的神学"偏爱一种一切规律和规则都停止运转、从而任由主权者或主权者的受托人以其意志进行摆布的例外状态,而这种例外状态下的摆布和决断,据说能够矫正常态运转所积累的各种弊病,以及常态本身所无法应对的危机。因此,面对魏玛宪法的多元主义危机,以及魏玛共和国本身所面对的其他一系列内忧外患,施米特主张,唯有倚靠代表着主权者-人民之意志的帝国总统以一种现代神迹的方式、借助魏玛宪法第48条所规定的"紧急状态权"来打破法治国的各种制度性约束,并实施各种应急措施(例如未经任何正当程序便取缔有颠覆政权嫌疑的政党,甚至下令对危险分子在未经审判的情况下迅速处决),才能实现"拯救"魏玛共和国的目的。①

---

① 有关议会制的思想基础及其现实运作危机,参见[德]卡尔·施米特:《当今议会制的思想史状况》,载[德]卡尔·施米特:《政治的浪漫派》,冯克利、刘锋译,上海:上海人民出版社,2004,第 157—225 页;有关多元主义政党国家、议会现状以及总统角色,参见[德]卡尔·施密特:《宪法的守护者》,李君韬、苏慧婕译,北京:商务印书馆,2008;有关"民主",参见[德]卡尔·施米特:《宪法学说》,刘锋译,上海:上海人民出版社,2005,第 261—262 页;有关例外状态,参见[德]卡尔·施米特:《政治的神学:主权学说四论》,载[德]卡尔·施米特:《政治的概念》,刘宗坤等译,上海:上海人民出版社,2004,第 1—43 页;有关帝国总统"紧急状态权"之行使,参见 Carl Schmitt, "Die Diktatur des Reichspräsidenten nach Artikel 48 der Weimarer Verfassung", in Carl Schmitt, *Die Diktatur: von den Anfängen des modernen Souveränitätsgedankens bis zum proletarischen Klassenkampf*, Berlin: Duncker & Humblot, 2006, S. 211—257;有关议会制立法国家的"破产"以及帝国总统之"紧急状态权",参见[德]卡尔·施米特:《合法性与正当性》,载[德]卡尔·施米特:《政治的概念》,刘宗坤等译,上海:上海人民出版社,2004,第 189—264 页。

首先，韦伯与施米特在"领袖民主制"主张上的第一个差异涉及两者的出发动机问题。这尤其涉及一个在韦伯思想体系中至关重要，但在施米特作品中却处于边缘或"反面"地位的主题：人的自由。尽管韦伯对"自由"这一概念的界定始终是模糊的，但无可置疑的是，正是针对高度合理化的近代官僚制有可能彻底吞噬人的"自由"这一潜在威胁，韦伯才提倡在官僚制的顶端放置一名能够打碎此一"铁笼"的领袖，从而挽救"任何一种意义上的任何一点自由"。尽管保障人之自由并非韦伯"政治著作"中的论证重心，但从韦伯整个思想体系的角度来看，如果缺失对该议题的关注，韦伯作品中的大量文字无疑将变得无法理解。

与此相反，更多关注政治统一性和政治决断能力问题的施米特，则将"人类""人性""自由""人权"以及其他类似概念视为与自己政治理论相对立的事物。所有这一切都被贴上在其眼中无疑是贬义色彩的"自由主义"标签。在施米特看来，人权理念无非是掩盖政治斗争真相的意识形态，普遍性的"人类"概念只是特殊性的"政治"的一个伪装："当一个国家以人类的名义与其政治敌人作战时，这并不是一场为人类而战的战争，而是一场某个具体国家篡取这个普世概念以反对其军事对手的战争"。[①] 因此，施米特在魏玛时期所提出的一系列政治主张，无疑是不可能从其厌恶的"自由"或"人类"概念出发的。

其次，对"自由"态度上的根本差异，也导致两人在"领袖民主制"的设计上存在关键性分歧。姑且不论韦伯所设想的"自由"是否符合自由主义意义上的"自由"，韦伯对人类个体的"自由"与"尊严"的关注，无疑导致他即使是在设计一种在精神气质上"反法治国"的、卡理斯玛式的"领袖民主制"时，也始终未曾突破自由主义法治国的根本制度底线。韦伯从未主张废除权力分立的原则。即使是在他极力主张建立在民选总统基础上的"凯撒主义领袖

---

① ［德］卡尔·施米特：《政治的概念》，载［德］卡尔·施米特：《政治的概念》，刘宗坤等译，上海：上海人民出版社，2004，第134页。

民主制"时，拥有质询权的议会也仍旧被他视为限制行政机构任意行使职权的有力监督机构。在革命后过渡政府内政官厅召开的制宪协商会议中，也正是韦伯极力提倡议会质询权制度。韦伯也未曾忽视对基本权利的保护。这体现在他对私有财产和自由市场资本主义的根本态度上。尽管韦伯出于说服社会民主党人接受强总统制的目的，始终宣称强总统领导下的行政权将有利于"社会化"政策的实施，然而他在内心深处依旧对"社会化"的意义和效果深感怀疑。这种怀疑态度也充分体现在《经济与社会》中有关"社会化"的讨论之中。① 因此，尽管支配社会学中的韦伯曾将卡理斯玛型支配的效果推演到理念型上的极致状态，亦即彻底不顾任何规则约束从而以自己的意志来进行支配，但"政治著作"中的韦伯却从未设想过如下状态：帝国总统可以完全不顾权力分立的原则，集立法、行政与司法权限于一身，以个人意志突破法治国中的各种制度限制，来干预市民社会领域中的一切活动。在韦伯的设想下，帝国总统的活动范围始终必须仍旧停留在法治国的范围之内，或者说这名总统所承载的是一种"立宪的国家理性"。

然而，施米特却自始至终呈现出一种明确的"反法治国"基调。而对自由主义之"自由"概念的不屑，更导致其在对法治国展开攻击时近乎"毫无顾忌"。在他眼中，法治国是一台试图取消人对人统治、只听任规则自行运转的、毫无生机和美感的"机器"。然而这种自我运转在施米特看来毋宁只是一种幻觉。一旦遭遇危机，无法借由人格意志进行迅速决断的法治国，便将暴露出其一切缺陷，它甚至无法保障自己的存在。法治国内部的一系列制度也早已失去其原本依赖的正当性基础。议会制度便是这方面的典型之一。19世纪政治思想中议会之正当性所依赖两个重要基点——辩论和公开性，在魏玛时期的多元主义政党政治格局中早已不复存在。议会中的辩论已是形同虚设，实际的决策多由各政党间的秘密协商委员会做出。因此，议

---

① [德]马克斯·韦伯：《经济行动与社会团体》，康乐、简惠美译，桂林：广西师范大学出版社，2004，第60—65页。

会制立法国家的理想已经"破产",议会本身也变得毫无存在价值。① 实际上,通过对韦伯不曾关注的魏玛宪法第 48 条规定的极端解释,施米特试图赋予帝国总统一种委任专政的权力。在这种专政中,宪法得以"暂时"悬置,而专政者,即帝国总统,则有权突破魏玛宪法的几乎所有约束,以一切方式——包括立法在内——来对经济、社会、财政和政治等事宜进行毫无底线的干涉。

最后,一个(对施米特而言)略带讽刺意味的差别,则体现在两人的研究和写作风格上。韦伯作为一名政治现实中(在政治理论中则未必)的自由主义者,始终未曾放弃自由主义者所珍视的各种法治国要素。与此同时,作为一名经验研究者,韦伯在建构"领袖民主制"时,却能够充分洞察各种宪法规范和机制在现实运作中的潜在效果(例如原本承担限制和监督行政权之职能的议会,在韦伯眼中却成了选拔领袖的场所),这使得他能够在不改变法治国基本框架的情况下,尽可能去为一位"领袖"创造最大的活动空间。换言之,具有强烈现实眼光的韦伯能够在自由主义法治国和规范论的界限之内,去创造出自由主义原本未曾意图的政治效果。与此相对的是,尽管施米特千方百计试图突破法治国的层层限制,然而他的论证方式却又高度依赖自由主义-法治国-规范论模式,或者用他自己的术语来说是"非政治的"。施米特的大部分论述并非对实际的宪法运作状态的细致考察。作为一名法学家,他始终依赖小心翼翼的"教义学"方法来对宪法第 48 条做出细致的解释,以求达到超越法治国的效果。"规范性"视角影响到施米特写作的方方面面。在论述帝国总统的权威时,施米特并非在论证一个握有实权的民选总统将在现实中实现何种政治成就,而是不断地诉诸各种或许他自己也不再相信的有关民主、制宪权与人民主权的学说。换言之,尽管施米特用尽一

---

① [德]卡尔·施米特:《当今议会制的思想史状况》,载[德]卡尔·施米特:《政治的浪漫派》,冯克利、刘锋译,上海:上海人民出版社,2004,第 157—225 页;[德]卡尔·施米特:《宪法学说》,刘锋译,上海:上海人民出版社,2005,第 341—342 页。

切手段试图撇清与"不谙政治"之自由主义的联系,然而他不曾或不愿面对的一个事实却是:他的武器库里的关键弹药,亦即法学的、规范性的教义学论证方式,依旧是自由主义的馈赠。

小　　结

韦伯有关"领袖民主制"的制度设计,先后经历了议会主义与凯撒主义模式两个阶段。在第二帝国时期,面对君主制的现实,韦伯提倡尽可能将德国政治从君主的"个人统治"中解放出来,并呼吁尽快建立以帝国首相为首的行政机构对议会负责的制度。在该方案中,产生政治领袖的场所位于议会之中。当德国爆发革命、德国人民开始着手建立共和国后,韦伯也顺应了这一新政治现实。为了迎合大众民主的潮流,以及出于应对各种具体政治现实问题的目的,韦伯在此刻将"领袖"选拔的方式,从议会制转移到大众与"领袖"直接互动的方式,亦即"凯撒主义"或"平民主义"的方式。此时的韦伯认定,只有一个获得人民直接信任的民选总统,才有望克服新生的魏玛共和国的各种现实问题,诸如国有化、分离主义、比例代表制、政党官僚化和多元化,以及普鲁士的潜在霸权等问题。尽管韦伯所提倡的纯粹总统制方案并未在魏玛制宪过程中得到采纳,但他的部分观点仍旧体现在魏玛宪法所规定的"半总统半议会制"之中。

本章对韦伯"领袖民主"之制度方案的考察无疑略显琐碎。然而,这种琐碎的方式,却有助于我们在纯理论研究的视角之外,观察到韦伯"领袖民主制"在其具体设计过程中所必须适应的各种具体政治现实需要。韦伯的各种宪法主张始终是围绕各种政治现实中的问题而提出,而非纯粹的空中楼阁。对这些现实而又异质的问题的考察,以及对韦伯相应对策的考察,也无疑可以对勒维特等人的韦伯研究中清晰、简明的哲学阐述,形成一种并非意义甚微的补充。

本章的考察也有助于澄清,在韦伯对政治现实的思考中,"领袖民主制"与人的"自由"之间的具体而又复杂的关联。韦伯在潜意识中始终能清醒地意识到,彻底的"领袖民主制",也就是彻底突破官僚制乃至法治国界限并赋予"领袖"一人以专断权力的制度状态,无疑也将意味着对人之"自由"的威胁。同时,他也意识到法治国治理模式在保障"自由"方面不可或缺的意义。因此,韦伯的"领袖民主制"设计始终未曾突破法治国模式的制度底线:他始终不曾放弃权力分立和基本权利保障等理念。在这种意义上,韦伯可以被视为一个政治现实中的自由主义者,尽管他的政治理论已经被混入太多"德意志"的、非自由主义的理念。借助对韦伯与施米特在"领袖民主制"主张上的比较,两人对政治现实态度的差别也更为一目了然。与韦伯相反,施米特借用本质上属于非现代思想的"政治的神学",来突破自由主义法治国的诸多底线。尽管两人都在召唤"领袖",然而他们所意欲的"领袖"的内涵和制度环境,都已大不相同。因此,施米特对韦伯主张的发展和改造,绝非简单的"激化",而毋宁更是一种"突破"。

至此,我们可以对本书第四、五、六章的内容予以总结。在不断深入的具体研究中,韦伯越来越意识到,作为其心目中普遍历史演进之最后一环的近代西方法律、经济与政治,却出现了在最后一环这一位置本不应出现的大量非理性要素。然而,面对不同领域的非理性,韦伯采取了不同的应对方式。本书第四章表明,韦伯对近代西方私法与经济中的非理性要素无法做到清醒地把握。这主要是因为韦伯本人的阶级立场和政治倾向,使其无法勇敢地承认资本主义法律与经济界域之内的诸多"反常"现象(如私法的实质化、垄断资本主义)。相反,本书第五、六章表明,在公法和政治领域中,由于韦伯相关的立场和前见包袱较轻,又由于其对"政治"的理论性认识本身就能与若干非理性要素兼容,还由于韦伯对德国官僚制现实运行效果的不满,所以他反而能够摆脱原本的普遍历史偏见,坦然面对近代西方大众民主中的卡理斯玛支配要素,并能够在理论和现实两个层面对近代政治中的合理性与非理性要素予以较为成功的调和(而且这种调和在现实制度层面更为成功)。这些事实说明,无法摆脱欧洲中心主义的认识局限,甚至会让欧洲学者自我麻痹,导致无法清醒地认识和界定其所处的社会本身;而一旦能够抛弃这种偏见,西方学者自身也将受益良多,并建构出更符合西方经验、更具洞见、对人类思想也更有贡献的理论和制度设计主张。

第七章
延续未竟的事业：韦伯理论与清代法的对话

清代法，或者说晚期帝制中国法（late imperial Chinese law），长期以来是中国法律史学的研究重心之一。现有成果已为我们展现出一幅多姿多彩的图景：清代的刑事司法并非任意专断，而是严格遵循相关实体与程序法[①]；清代民事审断也并非韦伯所想象的那种恣意决断的"卡迪司法"，而是有着足够的规则性与可预见性，并对私有财产呈现出保护姿态[②]；清代法律体系也并非全然沿袭前朝、一成不变，而是能够有效地回应新出现的商业现象，并做出符合经济趋势的学说与制度调整[③]。总之，在经历数代学者的耕耘后，学者们已不再将清代法视为停滞、专制、非理性或落后的代名词[④]。

[①] 例见[美]D. 布迪、[美]C. 莫里斯：《中华帝国的法律》，朱勇译，南京：江苏人民出版社，2003；郑秦：《清代司法审判制度研究》，长沙：湖南教育出版社，1988。

[②] 例见 David C. Buxbaum, "Some Aspects of Civil Procedure and Practice at the Trial Level in Tanshui and Hsinchu from 1789 to 1895", *The Journal of Asian Studies*, Vol. 30, No. 2 (1971), pp. 255–79；[美]黄宗智：《清代以来民事法律的表达与实践：历史、理论与现实》（卷一），北京：法律出版社，2014。

[③] 例见邱澎生：《当法律遇上经济：明清中国的商业法律》，杭州：浙江大学出版社，2017。

[④] 参见 Matthew H. Sommer, "The Field of Qing Legal History", in Haihui Zhang et al. (eds.), *A Scholarly Review of Chinese Studies in North America*, Ann Arbor: Association for Asian Studies, 2013, pp. 113–26. 另见[美]络德睦：《法律东方主义：中国、美国与现代法》，魏磊杰译，北京：中国政法大学出版社，2016；Li Chen, *Chinese Law in Imperial Eyes: Sovereignty, Justice, and Transcultural Politics*, New York: Columbia University Press, 2015.

第七章　延续未竟的事业：韦伯理论与清代法的对话

对于清代法律史这一学术领域而言，一个尚待完成的重要任务是：如何以更具理论性的——尤其是来自古典社会理论的——问题意识、概念和思维方式，对上述图景的各方面予以解释和整合。这种解释和整合，并非西方理论对中国经验的机械套用，而是在理论与经验间展开更为平等有效、且相互促进的对话：中国法律史学需要理论，因为如果没有理论的语言和思维，这一学科将始终停留在自说自话阶段，它将失去拓展视野、寻求新的问题意识的动力，也将在全球跨学科交流的盛会中丧失议席；理论也需要中国法律史学，因为这些源自西方经验的理论，如果想要获得真正的普遍解释力，无疑需要将中国经验纳入自身体系之内，并在意识到自身与"新"经验间的可能抵牾后，对自身的命题和预设予以适度调整。

本章将主要依赖马克斯·韦伯的理论架构及其对中国法的描述，并结合法国思想家托克维尔（Alexis de Tocqueville，1805—1859）和匈牙利裔、英国籍政治经济学家卡尔·波兰尼（Karl Polanyi，1886—1964）的若干洞见，与现有清代法律史研究展开理论-经验对话。尽管后两位学者与韦伯并不处于同一时代，且其作品严格而言也不属于古典社会理论范围，但他们的某些洞见（如托克维尔对"社会齐平化"［social levelling］的论述、波兰尼有关市场"内嵌"［embeddedness］和"脱嵌"［disembeddedness］的论述），的确在解释清代法方面，对韦伯的支配社会学、经济社会学理论构成有效补充和修正。在总结前人所做理论对话的基础上，本章将指出，家产官僚制概念仍是理解清代法的核心线索。这一支配形态，对清代国家、社会和经济产生广泛又深刻的影响，并使相应领域中的法律与习惯展现出清晰可辨的、与欧洲史上绝对主义国家的法律颇为类似的早期现代（early modern）特色：官僚化、职业化、司法的可预见性、对身份平等化的承认与促进、对市场和产权的保护等等。

第一节　前人所做对话：家产官僚制下的清代政治与法律

截至目前，部分研究已在韦伯与清代法之间做出了卓有成效的对话。这方面最关键的贡献，乃是运用韦伯支配社会学中的家产官僚制概念，对清代法政体系做出的描绘。

孔飞力就清代刑事司法——尤其是具有政治敏感性的刑事案件处理——提供了极富洞见的理论视角。在韦伯对君主专制权力和官僚制支配间关系较模糊讨论的基础上，孔飞力提出"官僚君主制"（bureaucratic monarchy）[①]这一概念，以解释清代政治、司法与行政制度。孔飞力认为，韦伯理论中专制权力与官僚制权力难以长期共存。在合理化的历史过程中，前者终将屈服于后者。但孔飞力描绘的中国官僚君主制，则展现出一幅专制君主与官僚制长期抵牾、又长期共存的图景：君主依赖官僚制实施统治，并以此约束官僚，但又不甘心自己沦为官僚制顶端的一个"镶钻齿轮"，并时而尝试以专断方式打破规则束缚；官僚被官僚制中种种规章条例制约，因而感觉不便，但他们也依靠这套制度来对抗君主的专制要求。叫魂案这类政治罪案件，实际上是君主检阅官僚忠诚度、强化专制权力的绝佳机会。但即使在这种情形下，官僚仍借助瞒报信息、相互掩护、墨守成规等手段，实施默默抵制。这最终导致君主的雄心壮志例行性地落空。[②]

黄宗智则更为系统地使用韦伯法律社会学与支配社会学中的资源，与

[①] 该概念并非孔飞力原创，而是来自罗森伯格对普鲁士政治史的研究，参见 Hans Rosenberg, *Bureaucracy, Aristocracy and Autocracy: The Prussian Experience, 1600-1815*, Cambridge, MA: Harvard University Press, 1958。

[②] 参见[美]孔飞力：《叫魂：1768年中国妖术大恐慌》，陈兼、刘昶译，北京：生活·读书·新知三联书店，2012，第232—291页。

黄本人对清代民法的经验观察展开对话。在法律社会学层面,黄宗智指出,清代司法既受道德原则指导,又强调全面事实真相的探究,因而呈现出"实质"的倾向;清代立法与司法是恒常的而非任意的,因而能够实现规则性和合理性。因此,实质合理性,而非韦伯给中国法指定的实质非理性标签,就成为描述清代法的最合适概念。在支配社会学层面,孔飞力使用的官僚君主制概念,被替代以韦伯作品中本已出现的一个概念:"家产官僚制"(Patrimonialbürokratie)。在黄宗智看来,与其像韦伯那样从纯粹家产制角度去理解中国法,不如从家产官僚制这一复合理念型出发,去关注复杂的清代地方法律实践:家产制统治理念,导致地方官身为父母官的角色,与身为"君父"的中央皇帝一样,所以地方官在其辖域内的权力本应是无限的;家产制君主为防止官僚制发展出独立于皇权的利益倾向和自律性,会限制官僚制的层级及其对社会的渗入程度,从而限制了地方政府的规模和专业化;但身处官僚制中的地方官,不得不按照官僚制的要求照章办事、依法审判;社会经济的日益复杂化,也迫使地方衙门发展成一个复杂精密的司法和行政机器,以应对繁杂的日常公务。因此,黄宗智对韦伯作品中原本自相矛盾、内容含糊的家产官僚制概念予以清晰界定,并将之成功运用于对清代国家与法律的描述之中。①

徐忠明则对韦伯中国法论述的理论背景予以更为全面的梳理和反思,并以内在视角提出对清代法的理论性概括。在对韦伯理论的核心问题意识(理性主义的起源和发展)、理念型方法论、韦伯对卡迪司法的理念型建构及其对中国之适用展开一一梳理后,徐忠明指出,应当以韦伯自身承认的对理念型的混合,来理解现实中的清代法律。因此,对中国法律与政治的理解,可以从形式合理性法律和卡迪司法之混合、以及家产制与官僚制之混合这两个角度来理解(这一做法实际上类似于黄宗智)。最终,徐忠明诉诸清代

---

① [美]黄宗智:《清代以来民事法律的表达与实践:历史、理论与现实》(卷一),北京:法律出版社,2014,第181—188页。

法本身的语言和思维,对清代民刑司法提出了"情法两尽"这一概括性理解。①

综上所述,现有对话已经借助韦伯理论中家产官僚制等关键概念,对清代法图景予以重绘。在这种认识下,清代法中蕴含的早期现代性,尤其是其官僚制特色、司法的规律性等因素,得以呈现。

然而,韦伯与清代法的理论-经验对话空间,仍然未被穷尽。上述所有对话的一个显著特点在于,他们几乎都是在"国家"(或者说支配)领域内部去考虑韦伯与清代法。他们对韦伯理论的援引,多局限在韦伯有关国家法运行和国家权力结构(亦即支配结构)的论述方面。相应地,被他们用来参与理论对话的清代法经验观察,也多限于国家法方面(包括基层国家法)的研究成果。在国家与社会的互动方面,以及法律在这种互动中的角色方面,上述成果无论是在理论关注还是在经验对照上,都略显不足。② 作为一种社会理论,韦伯作品的原意显然不限于仅研究国家与国家法。本章将表明,除了韦伯有关支配的内部结构对国家法运行之影响的论述,韦伯有关支配与社会、经济间关系、以及法律在这些关系中所扮演角色的论述,都对清代法的经验观察构成启发,而后者也能对韦伯相应论述提出质疑,并予以重构。韦伯与清代法间的全面、严肃对话,将使清代法的早期现代性得到更全面、清晰的呈现,并使清代法在全球学术中摆脱其原本用以映衬西方近代法的"他者"角色。

---

① 徐忠明:《清代中国司法类型的再思与重构——以韦伯"卡迪司法"为进路》,《政法论坛》2019年第2期。
② 梁治平曾经脱离国家法的视角,利用韦伯法律社会学中的概念,对清代习惯法予以分析,参见梁治平:《清代习惯法:社会与国家》,北京:中国政法大学出版社,1996,第167—179页。

第二节　家产官僚制对国家法的影响

(一) 家产官僚制概念及韦伯对中西案例的"区别对待"

在韦伯的支配社会学中,家父长制(patriarchale)和家产制(patrimoniale)支配结构的核心特征,便是权力行使的任意性。家父长制支配是传统型支配的最原始形态。这一概念的产生,显然源自罗马法上父权制度的启发。① 因此,家父/支配者在这种结构中拥有无可置疑的个人性权威,并可以任意行使其权力,甚至包括生杀予夺权。一旦支配者将这种支配拓展到家庭共同体的范围之外,并发展出特别的行政机构和武装力量,就产生了家产制支配。很显然,由于家产制支配之精神和结构本质上都源自家父长制,所以这里支配者的权力运行也是恣意的。② 值得注意的是,纯家产制下的行政和武装人员,是以家产制方式招募和维持的,亦即吸纳族亲、奴隶、家士、半自由民充当管理干部(Verwaltungsstab)参与支配。职业官僚在家产制支配中的角色并不突出。③

与家产制支配构成对照的是官僚制(Bürokratie)支配。在韦伯最成熟的支配社会学论述中,官僚制是法制型支配的最纯粹形态。官僚制结构中的管理干部是职业官僚,他们组成一个一元制的统一组织。官僚由自由人构成,并被安排在层级分明的科层制(Amtshierarchie)中;他们相互间有着由治理功能划分决定的、清晰固定的官职权限(Amtskompetenzen);其选拔方式

---

① [英]梅因:《古代法》,沈景一译,北京:商务印书馆,1959,第65—97页。
② 参见本书第三章中的相关分析。
③ 参见[德]马克斯·韦伯:《经济与历史;支配的类型》,康乐等译,桂林:广西师范大学出版社,2004,第326—327页。

也是依据专业资格,升迁则主要依靠年资或业绩;任何职务和行政工具并非官僚私人财产,而是由国家统一调配;官僚必须遵从统一的官僚纪律与控制。① 官僚制的技术优越性显而易见:"精准、迅速、明确、熟悉档案、持续、谨慎、统一、严格服从、防止摩擦以及物资与人员费用的节省,所有这些在官僚制行政(尤其是一元式支配的情况)里达到最理想状态"。② 在韦伯心目中,19世纪以来德国的官僚系统是这种理念在现实中的典范。

但上述概念都只是韦伯出于学术研究的便利而创造出来的理念型,而任何现实案例都可能是这些理念型的混合或过渡状态。为着更好地理解现实,一些复合理念型得以创造出来。家产官僚制便是其中之一。尽管韦伯多次提及这一概念,但略为遗憾的是,韦伯并未对这一理念型予以充分界定和发展。韦伯确曾解释过这一概念的意义:"我们将被迫一再地要造出像'家产官僚制'……这样的语词,以表明这现象有部分特征是属于理性的支配形态,然而其他部分的特征却是属于传统主义的……支配形态"。③ 我们至少可以推断,韦伯在设计家产官僚制这一概念时,是承认这种支配分享了某种程度的官僚制合理性的。

因此,家产官僚制是一种家产制与官僚制支配的混合状态。在这种支配中,家产制因素表现如下:君主本人的权力行使,倾向于去形式化与去规则化;官僚也倾向于以不受规则约束的方式行使权力;尤其是扮演"父母官"角色的地方官,作为君权在地方的代理人,在各自辖区内具有不受约束的专断全权。但官僚制的因素也在该支配中得以体现:官僚必须照章办事、遵循

---

① 参见[德]马克斯·韦伯:《经济与历史;支配的类型》,康乐等译,桂林:广西师范大学出版社,2004,第312—313页。
② [德]马克斯·韦伯:《支配社会学》,康乐、简惠美译,桂林:广西师范大学出版社,2004,第45页。
③ [德]马克斯·韦伯:《比较宗教学导论——世界诸宗教之经济伦理》,载[德]马克斯·韦伯:《中国的宗教;宗教与世界》,康乐、简惠美译,桂林:广西师范大学出版社,2004,第500—501页。

先例，这是官僚制合理行政的基础；其对日常行政事务的处理，也受到上级部门依规章而实施的监督；随着社会经济日益复杂化，行政机构也被迫依据职能和专长来进行分工，官僚行事方式也就不得不朝职业化和技术化方向发展。无疑，在这种支配形态中，家产制与官僚制的成分不会以一种彻底和谐的方式并存，它们之间的关系毋宁是一种长期的、矛盾性的共存（paradoxical coupling）。①

因此，家产官僚制下的日常司法行为，必然也是一种混杂状态。它既不可能是全然不受限制的"卡迪司法"，也不太可能是彻底遵循合理性规则的近代官僚制司法。但正是这种描述中间或混杂状态的概念，却有助于我们认识支配和法律的现实世界。

在韦伯作品中，家产官僚制概念被成功地运用到对早期现代欧洲绝对主义国家及其法律的描述上。该时期欧洲君主为战胜封建特权，开始将官僚制用作中央集权的核心手段。这就开启了合理化国家的建设过程。在职业官僚和罗马法学家的共同推动下，欧洲家产官僚制国家的法律甚至走向形式合理性的发展道路。② 换言之，在韦伯看来，欧洲历史上家产官僚制中的官僚制和合理性法律成分，甚至要多于其家产制和非理性法律成分。

然而，当韦伯将家产官僚制概念运用于中国时，却有意无意间忽略了帝制中国家产官僚制中的官僚制面向，并刻意放大其家产制面向。③ 在韦伯看来，中国实际上不存在成熟的官僚制。韦伯以清代财政体制为例，认为中国的中央集权程度非常有限，因为"地方督抚（和波斯的总督一样）只输纳一个

---

① 参见本书第三章中的相关分析。
② 参见［德］马克斯·韦伯：《比较宗教学导论——世界诸宗教之经济伦理》，载［德］马克斯·韦伯：《中国的宗教；宗教与世界》，康乐、简惠美译，桂林：广西师范大学出版社，2004，第499页；［德］马克斯·韦伯：《经济与历史；支配的类型》，康乐等译，桂林：广西师范大学出版社，2004，第390页；［德］马克斯·韦伯：《法律社会学》，康乐、简惠美译，桂林：广西师范大学出版社，2005，第272—274页，第284页。
③ 参见本书第三章中的相关分析。

标准的定额的贡赋"，而且土地账册系统是混乱甚至假造的，预算显然也是不可靠的。韦伯因此断言："帝国其实可说是在最高祭司长统领下的一个督抚领区所结合成的邦联（Konföderation）……实际上，所有这些措施都不足以建立起一套精确而统一的行政体"。韦伯甚至认为，下属官府通常都将中央政府的令谕视作"伦理性的、权威性的建议或期望，而不是命令"。①

由于韦伯名义上将帝制中国称为家产官僚制国家，却在实质上视中国为纯家产制国家，所以他对中国法的描述，也必然与家产制理念型中的法律形象高度吻合。结果，韦伯展现的中国法运作图景，近乎戏剧和漫画。在立法层面上，中国虽然拥有一定程度上合理的刑法，却完全没有私法。中国也没有法律职业阶层，甚至不存在"英国那样的中央法庭"。而在日常行政和司法中，也处处充斥着非理性色彩：官员极为重视当事人的实际身份和各种具体、独特的案情细节，并依据判决结果的实质公道来进行权衡。这种法的具体性（Rechtsparikularitäten），必然体现为恣意和去规则化的形态，亦即符合韦伯法律社会学中的实质非理性法律或卡迪司法这一理念型。②

拥有数千年文官政治传统的大一统帝制中国，本该是韦伯家产官僚制研究的绝佳案例。但由于韦伯以一种目的论的普遍历史观，将中国置于人类合理化普遍历史的开端，而将近代西方置于此过程的终点，所以他倾向于只关注中国家产官僚制及其法律中的非理性面向，而忽视其中的合理性面向。在明晰韦伯此一方法论局限后，中国法律史学理应以更从容的姿态，去面对韦伯的理论遗产。家产官僚制的概念不应被抛弃，但韦伯有关中国家产官僚制的具体论述必须受到质疑。在概念的启示下，我们可以重新思考的是：在清代法律领域，究竟是家产制的成分居多，还是官僚制的成分居多？

---

① 参见［德］马克斯·韦伯：《中国的宗教；宗教与世界》，康乐、简惠美译，桂林：广西师范大学出版社，2004，第92—95页。
② 参见本书第三章中的相关讨论。

(二) 清代制度化皇权下的国家与法制

正如郑秦早在上世纪 80 年代就指出的,尽管清代的皇权专制高度发达,但悖论的是,这种专制权力却也实现了高度的"制度化"和"法律化"(这种观点在当时中国学界实属罕见)。① 郑秦本人是在刑事审判领域中观察皇权的制度化,但类似的趋势也出现在清代国家治理的方方面面。正如何炳棣所言,"如果将唐代以来各朝代的行政法进行比较,那么我们将发现,在诸如不同官职之管辖权、官职间相互关系、文书分类和传递、决策得以做出和执行的程序,以及有关任命、惩戒和其他事项的一系列章程上,清代的体制似乎都更为谨慎、正规和合理。"②

对"以法治国"的高度重视,在某种程度上源自清朝最高统治者自身的需求和认识。一方面,明末政治腐败、法纪废弛的状况对清初统治者构成强烈警醒,这促使他们将法制视为整肃纲纪、维持稳定的重要依靠;另一方面,法制也是清初君主集权的关键手段。在当时,诸王贝勒等亲贵,通过议事会议等形式,既在名义上又在实质上分享最高政治决策权。在这种局面下,强化法制便成为君主集权并限制亲贵分权、巩固君主权威的重要手段。严格执行法律,必然对亲贵特权构成打击,从而有利于稳固君权。在顺、康时期,皇权除了以法制约束亲贵,还通过严格依法治吏,对贪赃舞弊之官员严格依法处理,在官僚群体中彻底树立起君主权威。③

君主出于自身集权和长治久安考虑而强调法制,这等于实际上维持了一个庞大、稳固、复杂的文官体制及其相应法制。朱勇将这套法制体系称为

---

① 参见郑秦:《清代司法审判制度研究》,长沙:湖南教育出版社,1988,第 144 页。
② Ping-Ti Ho, "The Significance of the Ch'ing Period in Chinese History", *The Journal of Asian Studies*, Vol.26, No.2(1967), p.193.
③ 参见张晋藩主编:《清朝法制史》,北京:中华书局,1998,第 11—12 页,第 17、20 页,第 453—455 页。

"官法同构"下的"六事法体系":帝制中国制定法体系的特征在于,因事设官,依官制法,以直接治官,实现间接治民;至清代,与中央六部官制相对应,以吏事法、户事法、礼事法、兵事法、刑事法、工事法为主体的六事制定法体系达到最成熟阶段。① 在某种意义上,几乎所有清代制定法都可被称为行政法。很显然,只有在官僚制度——尤其是中央官僚制度——异常成熟、稳固的文化中,才会产生对法律的如此认识。

这种"官僚法"(我并非在昂格尔的原意上使用该词)的最突出表现,便在于统治者对制定包罗万象之典章制度的高度重视。在清代,典章制度中的最重要者,就是《大清会典》或《大清会典事例》。如其名称所表明的,会典是清代的综合性法典,它对于国家权力架构、中央机构设置、各部各司执掌、行政行为流程乃至对外关系,都有明确而详细的规定。事例则指作为会典细目的历年积存事件或案例。自《乾隆会典》(1764)起,会典与事例发生分离。事例开始自成一部,称为会典事例,"附在会典之后,作为会典的辅助,把各门各目的'因革损益'情况,按年排比。这样既有门类,又有时间顺序,查阅起来非常方便"。② 至少在制度表达层面,会典和会典事例就是法律,而非给官员提供指导意见的行政手册。即使从严格的实证法学角度来看,会典或会典事例对大量违法行为都直接规定了惩罚措施,因此也符合最狭义的对"法律"的理解。③

"官僚法"也体现在清代中央各部对编纂则例的重视上。所谓则例,是指中央政府各部就本部行政事务随时做出处置的实例或官员就行政事宜以奏折方式所提建议,经由有关人员审议并做适度抽象,交由皇帝批准生效的单行法规。尽管明代也存在规范各部行政事务的各种条例、事类,但这类法

---

① 参见朱勇:《论中国古代的"六事法体系"》,《中国法学》2019 年第 1 期。
② 苏亦工:《明清律典与条例》(修订本),北京:商务印书馆,2020。
③ 参见同上,第 48—56 页;Macabe Keliher, "Administrative Law and the Making of the First *Da Qing Huidian*", *Late Imperial China*, Vol. 37, No. 1(2016), p. 57。

规的编纂技巧、分类体系、内容和性质都较为混杂,与清代(特别是清中叶以后)编排比较精致、分类相对清晰、内容更为单纯的则例相比,尚有差距。自乾隆朝起,由于政府组织体制的发展趋于成熟,加以政务繁多,以法律方式规范日常政务、提升办事效率,便成为必需。则例编纂由此进入了成熟化、规范化的轨道。各部一般都定期修例,或五年一修,或十年一修。其所修之则例,既有《钦定吏部则例》《钦定礼部则例》《钦定户部则例》这种本部门一般则例,也有《钦定吏部处分则例》《钦定重修六部处分则例》《铨选满洲官员则例》《铨选汉官则例》和《钦定科场条例》这类特别则例。[①]

因此,韦伯有关帝制中国官僚制实际上不发达、因而法制亦不发达的论断,至少在面对清代官僚制和行政法时是失效的。清代的六事法体系是合理性的文官制度登峰造极之产物。在某种程度上,这些卷帙浩繁的法律文件(至少其中部分文件)可被说成是繁文缛节,但繁文缛节也恰恰是官僚制本身才带有的弊病。

(三)清代刑事司法的中央集权与职业主义

韦伯从清代财政角度出发,得出清代中央集权和官僚制水平有限的结论。但如果韦伯将视角转移到清代刑事司法(此处指对可能处以徒刑以上案件的处理)体制,就很可能得出不同结论。清代刑事司法体制是高度中央集权之产物。而最能体现司法中央集权的,则是严格的审转制度,或者说"逐级审转复核制"。对徒刑案件,州县官要在查清事实的基础上,援引《大清律例》的条款提供初步的"拟罪"或"拟律"意见,然后将包括拟律在内的全部案卷报送上司复审;案卷在经过知府复核并提供意见后,又被送至省按察使司,由按察使再度复核并提供审判意见;案卷最终被送至督抚处,督抚审核无异

[①] 参见苏亦工:《明清律典与条例》(修订本),北京:商务印书馆,2020,第62—63页,第279—281页。

议,方可批复执行。对流刑、充军、发遣案件,上述审转程序还须延伸到中央刑部,由刑部做出最终判决。对于死刑案件,审转程序要在上述基础上延续到三法司和皇帝层面。当死刑案件经审转抵达省级政府层面后,即由督抚以题本方式报告皇帝,再由皇帝下发刑部、三法司办理;刑部核拟、三法司会谳后,再以三法司名义向皇帝具题,并由皇帝朱笔批示。① 简言之,在这种复杂、繁琐的刑事审判流程中,地方官没有实质的独立审判权。做出终局性裁判的权力,根据案件的轻重,分别被集中至督抚、刑部,乃至皇帝本人手中。

作为天下刑名总汇之处的刑部,实质上成为清帝国最高司法机关,并以一种官僚制方式履行其繁重职责。作为直属皇权的六部之一,刑部以皇帝在法律事务上的代理人身份,负责核拟全国死刑案件,办理秋审、朝审事宜,审理京师刑事案件,批结全国军、流、遣案件并须承担造册汇题、考核命盗重案办理、管理狱政、督查赃款收缴等繁杂的司法行政事务。自乾隆五年(1740)起,刑部下属的律例馆也承担起定期修例之责。② 如此繁重的任务,必然促使刑部以一种依法办事、遵循先例、技术导向和科层分明的高效方式运行。与地方官兼理司法不同,刑部官员是专职司法官,普遍具有较高的律学素养,在审办案件过程中遵循严格的程序要求。疑难案件在刑部内的处理,需经反复驳议,这在客观上促使承办官员力求言必有据、事必循法,以免遭批驳。同时,刑部是清代中央层级规模最大的机构。在人员上,刑部法定编制超过 300 人,另设书吏近 100 人;但刑部实际职官吏役总数已达 1 100 多人,仅职官就在 600 人以上,远超法定数额。在下属机构方面,除秋审处、律例馆等辅助机构,尚有基本对应各省而设置的 18 清吏司(此为雍正朝以降数字)。各司一般设郎中、员外郎和主事各 2 人,还有经承 2 至 4 人。③ 正

---

① 参见郑秦:《清代司法审判制度研究》,长沙:湖南教育出版社,1988,第 7—56 页,第 144—170 页。
② 参见同上,第 27—29 页,第 33—34 页。
③ 参见王志强:《清代国家法:多元差异与集权统一》,北京:社会科学文献出版社,2017,第 94—96 页。

是凭借此种官僚制条件,刑部才在有清两百余年间承担起创设刑法规范、监督司法运行、维持法制统一的艰巨任务,并在六部中发展成最具技术官僚色彩的部门。

清代律学之发达,也与刑事司法的官僚化高度相关。与西方历史上的法学要么是一种解决现实纠纷的技艺(如古罗马法学),要么是一种相对独立于政治影响、具有自治精神的学术传统(如中世纪以降大学中的法学)这两种情形不同,清代律学更多是高度发达之司法官僚制的产物。鉴于审转制度和刑部内部程序都具有的层层监督特性,律学的主要作用,在于协助刑部和地方各级官员在起草法律文书时,做到援引和解释法条上尽可能的精确性和无疑义性,以免遭上级追责。邱澎生的研究表明,正是这种将压力层层传导的司法官僚制,促使官员广泛依赖《刑案汇览》《审看拟式》这类刑案汇编作品。一方面,部驳制度迫使刑部和京外官员将各自法律推理技艺深入磨炼。刑部可能对督抚的案件处理提出不同意见,亦即部驳;督抚也未必照单全收,而是可能与刑部官员覆文商榷;但刑部驳至三次后,督抚仍不遵循刑部意见时,就必须强制执行刑部意见,且承审各官及督抚俱照失入、失出各条治罪。在这种由科层关系限定的紧张书面博弈中,高水平律学作品都成为各方的重要论辩资源。另一方面,刑部承审官员为防止自己就疑难案件所出具之说贴遭堂官否决,也不得不潜心研读、甚至自行编纂律学作品,强化自身专业能力。[①] 尽管明清律均规定断罪须引律、例等制定法,但陈张富美(Fu-mei Chang Chen)却在清代刑案中发现了不容忽视的直接引用沈之奇《大清律辑注》、王肯堂《大明律附例笺释》和万维翰《大清律例集注》等作品的情形,而且这些引用在相当程度上得到上级的默认。[②] 律学的发达及

[①] 参见邱澎生:《当法律遇上经济:明清中国的商业法律》,杭州:浙江大学出版社,2017,第187—194页。
[②] 参见 Fu-Mei Chang Chen, "The Influence of Shen Chih-Ch'i's *Chi-chu Commentary* upon Ch'ing Judicial Decisions", in Jerome A. Cohen, R. Randle Edwards, and Fu-Mei Chang Chen (eds.), *Essays on China's Legal Tradition*, Princeton: Princeton University Press, 1981, pp.170 – 220。

其在刑事司法中的实质作用,的确只是司法官僚制的一个副产品,但这一副产品所呈现的技术导向和职业主义特征仍不容忽视。

对清代刑事法而言,还有待讨论的一个问题是,清代刑事审判中法律推理所遵循的"精神"为何。对这种精神的不同理解和界定,很可能导致在清代刑法合理性问题上的不同结论。众所周知,韦伯认为,中国家产官僚制的运行精神并非那种专业分工、技术导向的近代官僚精神,而是强调整全性人格、追求实质正义的"人文主义"。① 在法律领域,这种意识形态关怀表现为,法律应严格区分每一种、甚至每一个犯罪行为(如将杀人行为区分为"六杀",并在此基础上进一步细分),并分别给予相应的具体、固定的刑罚,从而以最精确的方式弥补受害人和宇宙秩序所受伤害。这导致刑律绝大多数条文采取一种高度具体主义的规定模式。在法条数目始终有限的情况下,面对众多刑案中纷纭芜杂的案情,当现有法条无法实现对犯罪的精确惩处,对受害人、社会和宇宙的精确弥补时,司法官员就理应避免对法条的机械适用,而应以种种皇权监督下的实用方法,或比附援引,或加减刑等,或援引他律(包括不应为律这种概括性条款),以期实现"情法之平""情罪允协"。②

然而,上述"个案中的衡平"思维能否被径行界定为"实质非理性",则是一个有待商榷的问题。首先,与其说"情罪允协"是非理性的表现,毋宁说它是人类对以数学力量来对全部社会利益进行理性衡量和维护的过度自信。实际上,在现代欧陆量刑理论中,与略显主流的"幅的理论"(Spielraumtheorie,亦即认为与责任相对应的刑罚具有一定幅度)并行的,尚有一种"点的理论"(Punktstrafetheorie):不法以及对不法的责任都有确切的、可衡量的内容,与

---

① 参见[德]马克斯·韦伯:《中国的宗教;宗教与世界》,康乐、简惠美译,桂林:广西师范大学出版社,2004,第231页。
② 参见[美]D. 布迪、[美]C. 莫里斯:《中华帝国的法律》,朱勇译,南京:江苏人民出版社,2003,第309—313页;王志强:《清代国家法:多元差异与集权统一》,北京:社会科学文献出版社,2017,第102—136页。

责任相对应的刑罚只能是正确确定的某个特定的刑罚点。① 其次,尽管"情罪允协"模式允许根据个案实情进行刑罚调整,但这种调整并非漫无限制。对多数普通案件的处理,由于相关法条本来就能实现个案衡平,所以本来就无须刑罚调整,这类案件的审判也就有着充分的合法性和合理性。而对少数疑难案件的刑罚调整,也需要与制定法条文构成关联(哪怕只是名义上),调整幅度也不可能过大。再次,在官僚制施加的强大压力下,清代刑事审判未必一定会对所有案情细节都予以全方位纳入和考量,而是可能出现相反情形:通过对复杂事实的人为剪裁,使之符合已有条文的事实构成,从而将疑难案件转化为毫无疑义、更易处理的简单案件,并使其在司法科层制中更为顺畅地向上传递。而这种做法显然更符合韦伯所描述的那种机械论般的形式合理性法律。② 最后,现代西方(尤其是欧陆)刑法也普遍存在针对个案情形在法定量刑幅度内对判决结果的调整。由于现代刑法条文对事实构成多做抽象规定,且条文中的刑罚规定多为可由法官自由裁量决定的量刑幅度,所以这种调整是以"法内"和"罪刑法定"的名义展开,而非直接诉诸"法外"的情理。但无论具体采取何种方式,中西刑法在实际运行中都存在调整这一事实毕竟不可否认。如果西方的调整被认为属于合理性范围,那么清代刑法的调整亦不宜直接被斥为漫画般的卡迪司法。综上,与其说本着"情法之平"追求的清代刑事审判对疑难案件的处理注定就是非理性的,毋宁说这种并未完全脱离制定法、且受到官僚制严格限制的量刑调整,仍然具有足够的可预见性,亦即合理性(虽然法条只规定了偷只鸡必须惩罚,但偷了只鸭的嫌疑人——只要他心智正常——不可能真心相信自己不会受到任何惩处)。

最后,皇权对刑事司法的介入及其限度问题,也值得讨论。首先要强调

---

① 参见张明楷:《责任刑与预防刑》,北京:北京大学出版社,2015,第 154 页。
② 参见 Bradly W. Reed, "Bureaucracy and Judicial Truth in Qing Dynasty Homicide Cases", *Late Imperial China*, Vol.39, No.1(2018), pp.67-105。

的是,清代皇权对司法的介入,大多发生在法律程序允许的界限之内。《大清律例》本身中就有百余条律、例明确规定某些类型的案件(多涉及特殊身份群体,或可能判处死刑)必须通过各种形式上奏皇帝、由其亲自进行实体性裁夺。① 在这些情况中,与其说皇帝是作为一种法外因素介入司法,毋宁说是作为履行特殊和重大案件终局审判权的司法机关之一,参与到高度复杂之清代法律机器的日常运行之中。这种介入行为完全是可预见的。其次,在实体法层面,皇帝行使上述审判权的方式,也绝非完全不顾法律推理的恣意妄断。尽管不存在任何规范明确要求皇帝不得恣意妄断,但他实际上仍使用着与司法官僚一样的"情法之平"逻辑,对已由官僚完成的个案法律推理予以监督、确认和补救。结果,尽管皇帝在理论上可以否决刑部的任何意见,但他在现实中极少做出改判,而且其改判相对于原判而言的调整幅度亦相当有限。② 最后,即使是本应最符合卡迪司法模型的高度政治性的案件,在现实中也呈现出依法审判的外观(从而与明代的廷杖实践构成鲜明对比)。正如郑秦所言,"清代的钦案更加注意使之符合法定司法程序,这与专制权力的制度化、法律化是一致的"。③ 以雍正朝著名的年羹尧案(1725—1726)为例,尽管皇帝本人急于治罪年氏,但该案并非由皇帝直接发动,而是经过如下"正当程序":在数百名部院大臣、八旗王公、督抚、将军表态愿意参劾的情形下,雍正三年(1725)六月吏部正式领衔上本参劾年羹尧,皇帝下令内外大臣发表意见;九月下令逮捕年羹尧,下刑部狱,三法司审理完毕后,十二月刑部领衔正式具题,罗列年所犯各类罪名(大逆、欺罔、僭越、贪黩等),

---

① 参见王志强:《试论清代中期的君权与司法——以律例和〈刑案汇览〉为中心》,《法制史研究》第 13 期(2008),第 73—76 页。
② 参见同上文,第 88—93 页。王志强对《刑案汇览》所做的统计表明,在该资料所收近 5 000 件各类刑案中,有 86 件被皇帝驳改,参见王志强:《试论清代中期的君权与司法——以律例和〈刑案汇览〉为中心》,《法制史研究》第 13 期(2008),第 78 页。何勤华对《驳案新编》的统计表明,在该资料所收 312 件命案中,皇帝做出改判的为 28 件,参见何勤华:《清代法律渊源考》,《中国社会科学》2001 年第 2 期,第 119 页。
③ 郑秦:《清代司法审判制度研究》,长沙:湖南教育出版社,1988,第 14 页。

援引清律条款确定死刑；最终皇帝予以批准，但又"从宽"改为赐死。① 这整个过程虽然看似虚伪可笑，但的确呈现出清代皇权对法律的高度正当性依赖。

综上，虽然清代国家法并未呈现现代意义上的"法治"，但高度发达的司法官僚制仍使法律运行体现出不容忽视的职业主义倾向。即使用昂格尔有关现代法"自治性"的标准来分析，我们也能看到，现实中（而非意识形态中）的清代国家法至少在机构、方法和职业三个层面大体符合法律自治的标准（在实体内容上则仍然大量依赖儒家伦理，因而未能实现充分自治）。②

第三节　家产官僚制对社会-法律齐平化的影响

（一）齐平化概念及其对中国社会-法律史的适用性

齐平化（nivellement, Nivellierung, levelling），是指某个群体中各成员相互间在社会、经济和法律地位上不断趋近的过程。在托克维尔《论美国的民主》(1835、1840)一书中，这一概念首度得到清晰阐释。托克维尔在实地观察中发现，19世纪上半叶的美国人无论在财富还是在学识上，都呈现出欧洲人难以想象的平等（或平庸）状态。在财富方面，尽管美国不是没有富人，但是"财富却以难以置信的飞快速度在周转，而且经验表明，很少有上下两代全是富人的家庭"。在知识方面，"无知识的人竟如此之少，而有学识的人又如此不多。在美国，初等教育人人均可受到，而高等教育却很少有人问

---

① 参见郑秦：《清代司法审判制度研究》，长沙：湖南教育出版社，1988，第14—17页。
② 参见[美]R. M. 昂格尔：《现代社会中的法律》，吴玉章、周汉华译，南京：译林出版社，2001，第49—50页。

津"。① 在托克维尔看来,美国社会如此齐平化的原因,主要是信奉平等主义的清教教义、早期欧洲移民以中产为主的阶级构成,以及以诸子平分(而非一子继承)为原则的继承法等因素。②

托克维尔正确地认识到,齐平化并非专属于美国历史的独特事件,而是人类文明发展的一个普遍趋势。在他看来,促成齐平化的一般化条件,主要是君主与贵族斗争、工商业的发达、科学技术的发展、文学艺术的繁荣等因素。对于托克维尔的祖国法国而言,上述因素中的第一个是该国齐平化运动的最关键动力:中世纪以来的法国国王为限制贵族势力,主动让国内的下层阶级参与政府,并"总是以最积极和最彻底的平等主义者自诩"。结果,"在社会的阶梯上,贵族下降,平民上升……这样,每经过半个世纪,他们之间的距离就缩短一些,以致不久以后他们就汇合了"。③ 托克维尔这一洞见,显然能对理解家产官僚制中国的类似现象构成启发。

韦伯在其支配社会学研究中,也使用了相当篇幅处理齐平化议题。韦伯主要讨论的是齐平化与各类支配间的相互关系。在韦伯看来,齐平化主要是与官僚制高度关联的一种现象。一方面,齐平化社会能促进官僚制的产生和发展。这种社会预设了各成员间的(至少是法律上的)平等地位,而官僚制是一种基于规则的支配形态,正能够实现和保护社会平等。在齐平化社会中,身份制和等级制因素被消灭,所谓名门望族(Honoratioren)被一扫而空,不收取薪资的、兼职性的望族行政也就不复存在,要实现有效治理,就只得依赖支薪的职业官僚。④ 另一方面,官僚制也是促成齐平化的一个重要动力。官僚制对于专业能力(而非出身)的重视,使得人才甄选范围得以

---

① 参见[法]托克维尔:《论美国的民主》(上卷),北京:商务印书馆,1988,第57—58页
② 参见同上书,第29—51,第53—57页。
③ 参见同上书,第5—7页。
④ 参见[德]马克斯·韦伯:《支配社会学》,康乐、简惠美译,桂林:广西师范大学出版社,2004,第58—61页。

尽可能地扩大,这导致各阶层参与政治或行政的权利趋于平等。官僚制机器自上而下的膨胀过程,也能逐步挤压原有各中间阶层在政治、法律、经济上的势力,从而愈发塑造出一个同质化的平民社会。①

宋代以降的帝制中国,很有可能是前工业时期在齐平化方面最为彻底的社会。伴随着完善的中央集权和官僚制行政,东汉以来在历史上反复出现的门阀、世家、庄园制经济等准封建制因素,至此已退出历史舞台。平民家庭不经过身份制社会组织,而与皇权及其官僚形成直接对应关系的"一君万民"大一统理想,成为逐渐稳固的现实。② 与同时期的明清皇权相比,绝对主义的法国君主制实际上并不绝对:贵族制并未取消(虽然贵族头衔已高度商品化),国家治理仍保留大量区域性、封建制因素,官职与征税权亦长期处于私有状态。③ 直至大革命前夜,君主解决财政危机的方式,居然还是召开等级会议。这对于清帝国这种"高配版"绝对主义政权来说,是不可想象的。

韦伯清醒地意识到帝制中国家产官僚制下的种种齐平化现象。科举制度意味着按照对几乎全体平民开放的考试来决定品级与官职,这显然有利于社会的齐平化。韦伯甚至认为中国在这方面"比俄国推行得更彻底"。④ 继承法上的诸子均分原则,也大大加强了土地分配上的"民主化"。⑤ 甚至连买官盛行的现象也意味着齐平化,"这是身份齐平化与财政货币经济所造成的自

---

① 参见[德]马克斯·韦伯:《经济与历史;支配的类型》,康乐等译,桂林:广西师范大学出版社,2004,第 320—321 页。
② 参见[日]内藤湖南:《概括性的唐宋时代观》,载[日]内藤湖南:《东洋文化史研究》,林晓光译,上海:复旦大学出版社,2016,第 103—111 页。
③ 参见[美]利瓦伊:《统治与岁人》,周军华译,上海:格致出版社、上海人民出版社,2010,第 100—128 页;James B. Collins, *Fiscal Limits of Absolutism: Direct Taxation in Early Seventeenth-Century France*, Berkeley: University of California Press, 1988;[美]托马斯·埃特曼:《利维坦的诞生:中世纪及现代早期欧洲的国家与政权建设》,郭台辉译,上海:上海人民出版社,2016,第 106—181 页。
④ 参见[德]马克斯·韦伯:《支配社会学》,康乐、简惠美译,桂林:广西师范大学出版社,2004,第 62 页。
⑤ 参见[德]马克斯·韦伯:《中国的宗教;宗教与世界》,康乐、简惠美译,桂林:广西师范大学出版社,2004,第 136 页。

然结果"。①

但韦伯并未在其中国研究中对齐平化问题予以深究。这或许与《儒教与道教》一书的核心问题意识——士人阶层的经济伦理——并不在此有关。然而,齐平化却能成为我们观察清代法律与社会的一个极佳视角。带着这一问题意识,我们可以追问:清代法律及其实践,在多大程度上体现了社会的齐平化趋势？又在多大程度上是对这一趋势的"反动"(countermovement)？

(二) 清代法的齐平化及其限度

尽管官僚或贵族犯罪时在刑事责任上的优免待遇是中国法律儒家化运动、乃至中华法文化的一个核心标志,但清代法却对这类特权予以严格限制。早在上世纪60年代,布迪(Derk Bodde)和莫里斯(Clarence Morris)通过对《刑案汇览》的考察,就已发现,清代官员犯罪时(至少是在犯私罪时),并未在实际审判中享有明显的减免特权。多数案件中的官员都承担了与民人一样的惩罚,甚至包括笞杖这类体罚。② 苏亦工的研究揭示出,作为法律儒家化重大成就之一的"八议"(对亲、故、贤、能、功、贵、勤、宾八种人的犯罪行为,须奏请皇帝亲自裁决并减免刑责)律文,在明清时期也经历重大变动:相比于魏晋八议律中硬性规定贵族、官僚犯罪一定会获得减刑的做法,以及唐宋律中对特权阶层严重犯罪采取由君主自由裁夺的弹性规定、而对一般犯罪采取硬性规定的折中办法,明清律中的相应规定几乎全为弹性,没有硬性优免。在清代的司法实践中,八议律也极少得到援引,因而形同具文。在解释为何《大清律》仍在名义上保留此条时,雍正帝声称,若径行删去,则"恐人

---

① 参见[德]马克斯·韦伯:《中国的宗教;宗教与世界》,康乐、简惠美译,桂林:广西师范大学出版社,2004,第202页。
② 参见[美]D. 布迪、[美]C. 莫里斯:《中华帝国的法律》,朱勇译,南京:江苏人民出版社,2003,第125、127页。

不知其非理而害法"。①

在税法层面,官绅阶层在明代长期合法享有的赋役优免特权,在清代法律中也被严格削减。根据明代法律和实践,所有官绅,无论是否品官,无论是否致仕,均只需缴纳税粮正供,无须承担各种差役。这导致基层社会严重的赋役不均。而不具有功名的土地业主为减轻自身税负,经常将土地投献或诡寄于官绅之户。这导致享有优免待遇的土地面积越来越大,以致剩余土地上的中小业主被迫承担不断加大的赋役负担,政府征税难和税负不平等问题也进一步加剧。绅士的赋役优免可说是明亡的一大原因。有鉴于此,清初统治者对绅士拖欠和包揽赋税的行为采取严厉打击态度。② 绅士原本享有的免纳丁税特权,也由于雍正年间"摊丁入亩"(将丁银平均地摊入由土地面积决定的田赋之中,绅士只要有土地就需要缴纳被均摊下来的丁银额度)政策的施行,至少在名义上不复存在。尽管早期研究认为,在清代地方实践中,官绅之家在赋税承担上仍有特权③,但最新的档案研究表明,当时地方各大小户之间的实征税率差异并不悬殊,至少不如明代悬殊④。税负特权的严格限制,以及同一地区不同身份之业主税率的趋同化,充分体现出清代国家对特权阶层的严格控制趋势,以及对齐平化社会图景的追求。

与少数官僚、贵族特权相比,更值得重视的,是清朝在更大范围人口的身份法领域所做的某些主动改革。尽管明代法律曾一度尝试与时代潮流不符的"人户以籍为定"政策,将被统治者分为军、民、灶、匠各类,各有专门户籍,身份世袭,严禁脱籍,但清代法律却经历了统治者主动开启的、大规

---

① 参见苏亦工:《明清律典与条例》(修订本),北京:商务印书馆,2020,第 333—375 页。
② 参见[韩]吴金成:《国法与社会惯行:明清时代社会经济史研究》,崔荣根译,薛戈校,杭州:浙江大学出版社,2020,第 174—181 页,第 191—219 页。
③ 参见[美]王业键:《清代田赋刍论(1750—1911)》,高风等译,北京:人民出版社,2008,第 49—52 页;[美]张仲礼:《中国绅士:关于其在 19 世纪中国社会中作用的研究》,李荣昌译,上海:上海社会科学院出版社,1991,第 40—42 页。
④ 参见周健:《维正之供:清代田赋与国家财政(1730—1911)》,北京:北京师范大学出版社,2020,第 198—204 页。

模的贱民开豁运动。自雍正朝直至嘉庆朝,清廷逐步将山西、陕西乐户,浙江绍兴府惰民,江南(或安徽)徽州、宁国、池州等府之伴当及世仆,广东蜑户,苏州府常熟、昭文二县丐户,均豁免为良,削除贱籍。这些经开豁的人群,经过三、四代繁衍后,子孙亦可参加科考和捐官,从而彻底获得良民待遇。①

明清雇工人法之变迁,也是明清法律史上身份平等化的一个重要案例。面对农业生产中已经出现的基于契约而形成的雇佣关系,明代法律试图将这种关系编织进传统五服谱系之中,从而人为地将契约关系身份化。相关立法对雇工人侵犯雇主及其有服亲属的行为,比照子孙或卑幼侵犯父母、尊长的罪行来加重处刑。而家长及其有服亲属侵犯雇工人,则和尊亲属侵犯卑幼一样,要么无罪,要么减刑。雇工人若因"违犯教令"而遭主人殴打,"邂逅致死",主人勿论。② 相比之下,清中叶之后的法律将这种人为造就的尊卑关系大大缓和。乾隆五十三年(1788)的新例,尤为明确地将"农民、佃户雇倩耕种工作之人,并店铺小郎之类,平日共坐共食,彼此平等相称,不为使唤服役,素无主仆名分者"的情形,排除在原雇工人法的适用范围之外。从此以后,从法律上讲,受雇佣的农业劳动者,无论有无文契,无论长工短工,均被视作凡人,与雇主法律地位平等。③ 此处暂且勿论这是否意味着清代国家对"资本主义萌芽"的承认,但农业劳动关系中的身份平等化法律措施,至少体现出清代统治者对社会齐平化的认可和推动。

苏成捷(Matthew H. Sommer)有关清代与性相关法律的研究,也深刻揭示出清代法律、政治与文化中无处不在的齐平化思维。根据他的梳理,从唐代直至清初,指导性方面法律的原则是"身份表演"(status performance):不

---

① 参见张晋藩主编:《清朝法制史》,北京:中华书局,1998,第 269—270 页。
② 参见经君健:《明清两代"雇工人"的法律地位问题》,载经君健:《经君健选集》,北京:中国社会科学出版社,2011,第 1—16 页。
③ 参见经君健:《明清两代农业雇工法律上人身隶属关系的解放》,载经君健:《经君健选集》,北京:中国社会科学出版社,2011,第 17—66 页。

同身份的人群必须执行不同的性道德标准,良民和绅士家庭中的女性被认为必须服从父权制家庭理念和贞操观念,而贱民女性则无须、甚至无权适用这类标准。具体而言,良人家庭中的婢女,被认为不具有独立的贞操权,因而必须服从男性主人之性要求,此类性行为也不被认为构成奸罪。良人男性强奸其他良人之婢女,所受刑罚亦轻于强奸其他良人之妻女。某些贱籍女子也无须服从严格的贞操要求,其(无论已婚未婚)对良人男性提供的性服务被认为是合法的。然而,清雍正年间(1723—1735)一系列改革,意味着涉性法律核心精神从身份表演转变成去身份化的"性别表演"(gender performance):原本仅适用于良民女性的婚姻、家庭规范,被拓展到了全部女性;无论其原本出身为何,自此以后全部女性都有资格、并有义务适用统一的性道德标准。出于"立廉耻""广风化"之目的,雍正帝下令将乐户之类原本从事性工作之贱籍取消,并禁止卖淫行为。主人对婢女的性权利也受到严格限制,法律要求主人及时为婢女安排婚配;若两者间发生性关系,则婢女身份将自动升格为允许发生合法性关系的妾;主人与男奴之妻间的性关系亦被认定为奸罪。良人若强奸他人之婢女,其所受处罚同于强奸良家妇女。[1] 尽管上述种种改革并非出于"解放"贱民之目的,但这场性道德统一运动的确有助于抹平不同群体间的身份等差,从而与此处讨论的齐平化议题高度相关。

齐平化的尝试止步于儒家法文化的最硬核部分:亲属关系。对家庭成员间或亲属间暴力行为,严格执行"准五服以制罪",是帝制中国法律最持久、鲜明的特色之一。丧服与刑法两大制度在法律儒家化运动中的精确融合,使得亲属间犯罪行为必须依据施害者与受害人间的具体亲疏和尊卑关系,来个殊性地确定刑罚。简言之,刑罚的确定,以一种"越是亲亲,就越是尊尊"的方式得以精密地展现:在以尊犯卑的情形中,亲属关系越近,则尊长

---

[1] 参见 Matthew H. Sommer, *Sex, Law, and Society in Late Imperial China*, Stanford: Stanford University Press, 2000。

在减免刑罚上的特权就越大；亲属关系越远，则尊长此方面特权也就越小。在以卑犯尊的情形中，亲属关系越近，则卑幼在加重处罚上之负担就越大；亲属关系越远，卑幼的此种不利负担也就越轻。根据《大清律例》，父祖故杀子孙，仅处以杖六十、徒一年的刑罚。殴打子孙未致死则不负任何刑事责任。父祖以外的尊长殴卑幼，非折伤以上不论。若构成折伤的，则按亲疏关系予以不同程度减刑，殴缌麻亲减凡人一等，殴小功亲减二等，殴大功亲减三等。与此相反，子孙仅仅骂祖父母、父母，就会被绞立决。若是殴祖父母、父母，其处罚则是斩立决。殴祖父母、父母致死者，将被处以凌迟。甚至连误杀父母亦要被凌迟。凡子孙不孝致祖父母、父母自尽，即使并无直接的"触犯"情节，仍须拟绞监候。在判例中，哪怕父母因琐事殴骂子孙自行跌毙，俱比照子孙违犯父母教令致父母自尽例，处以绞监候。卑幼侵犯父祖以外的尊亲属，刑事责任也要加重，只是不如侵犯父祖时重。① 家庭制度在传统法制和意识形态中的核心地位，也在清末"礼法之争"（1906—1911）中得到体现：即使面临模范西方法制、以撤废列强在华领事裁判权的巨大现实压力，法律改革中的"保守派"（他们其实在其他方面并不保守），仍主张旧律中干名犯义、子孙违犯教令、杀有服卑幼、无夫奸等条不应删去，并与激进派发生剧烈冲突。②

即便如此，有必要说明的是，父权制的广泛存在并不必然与齐平化冲突。处在齐平化社会对立面的，是封建制及身份制社会。齐平化主要打破的是横亘在最高统治者和下层民众间的种种政治经济组织，如等级会议、庄园、行会或宗族（正是这些身份和组织的存在，使得社会呈现出层级构造）。只要无数平民小家庭（如中国历史上典型的"五口之家"）能够直接对接君权及其官僚，齐平化就可谓基本实现。在这种状态下，层级式社会构造趋于消

---

① 参见［美］D. 布迪、［美］C. 莫里斯：《中华帝国的法律》，朱勇译，南京：江苏人民出版社，2003，第 21 页；瞿同祖：《中国法律与中国社会》，北京：中华书局，1981，第 27—49 页。
② 参见梁治平：《礼教与法律：法律移植时代的文化冲突》，桂林：广西师范大学出版社，2015。

退，取而代之的，是众多规模和实力大致相同的父权制平民家庭，作为社会行动的主体（以家长作为每个家庭的代表），相互间展开相对平等的交往。至少相比于层级式社会，这种由大量实力大致接近的父权制家庭构成的社会，显然更容易产生私法和市场秩序，从而具有相当程度的现代性。无论是在古罗马法中，还是在早期现代英格兰普通法中，抑或在《法国民法典》（1804）和《德国民法典》（1900）中，都存在无可置疑的父权制因素。这些法律文化中妻子、子女的人身和财产，均受到来自夫权/父权的不同程度支配。① 但上述法律秩序仍被认为是"平等主体"（实际上是"平等家父"）间的秩序，而且在历史上也未曾阻碍经济（尤其是资本主义经济）的发展。所以，尽管清代法未能完成对家庭内成员关系的齐平化改造，但它基本实现了对社会本身的齐平化改造仍是一个不可否认的成就。

家产官僚制仍旧是理解清代法律与社会之齐平化趋势及其限度的最佳视角。正如韦伯所言，官僚制与齐平化之间具有充分的选择性亲缘关系。官僚制的持续稳固运行，使得清代国家几乎下意识地以法律手段不断塑造一个齐平化社会，以便利国家治理。无论是赋权型法律（如开豁贱籍和雇工人法）还是压制型法律（如涉性法律），都意味着以一种相对抽象和统一的规则，来对正在逐步实现身份同质化的社会实施治理。家产制因素对齐平化的影响则略显悖论。一方面，君主出于稳固自身权力之目的，对官僚阶层演化成一个牢固的身份团体始终心怀忌惮，因而在时机成熟时必然会对官僚的法律特权（如犯罪后的优免特权和赋役优免）予以限制，而该举措显然有利于齐平化。另一方面，由于皇权支配的正当性仍建立在儒家家庭伦理的基础之上，所以刑法在遭遇亲属间犯罪时，在定罪量刑上始终恪守严格的父

---

① 参见［德］马克斯·卡泽尔、［德］罗尔夫·克努特尔：《罗马私法》，田士永译，北京：法律出版社，2018，第 601—654 页；John Baker, *An Introduction to English Legal History, 5th Edition*, Oxford: Oxford University Press, 2019, pp. 499 – 500, pp. 522 – 28;［德］茨威格特、［德］克茨：《比较法总论》，潘汉典等译，北京：中国法制出版社，2016，第 164—166 页，第 281 页。

权制和个殊主义(particularistic)精神。此外,为防止官僚制走向彻底自律,皇权也倾向于限制文官政府的规模和层级,这导致地方政府对基层的实际渗透力明显弱于现代国家。于是,家产官僚制国家为了实现有效的间接治理和社会控制,也不得不重视家庭(乃至宗族)制度,并赋予尊长法律特权。

第四节　家产官僚制下的市场、习惯与法律

(一) 家产官僚制对经济的复杂影响

韦伯以大量篇幅讨论过各类支配形态与经济形态(尤其是近代资本主义)间的复杂关系。很显然,官僚制与近代资本主义有着紧密联系。官僚制打破了封建特权,促进了社会齐平化,因而与追求全国统一市场的资产阶级形成了"大规模的历史性同盟"。[①] 韦伯也反复强调,官僚制下的合理性司法和行政,是近代资本主义运行的有力保障。因为这种追求持续的、可计算之利润的经济体制,迫切依赖稳定、严格、密集和可计算的司法和行政,否则资本积累的过程就会被非理性的公权力运行所打乱。[②]

家产制与经济的关联则更为多样。在韦伯看来,大体而言,家产制对经济发展有着如下多种影响:(1)家产制"福利国家"心态及其支配结构,都导致权力运行呈现为一种恣意状态,这对于近代资本主义的持续稳定发展显

[①] 参见[德]马克斯·韦伯:《支配社会学》,康乐、简惠美译,桂林:广西师范大学出版社,2004,第68页。除了近代资本主义,韦伯认为官僚制在某些情况下也可能走向对私人资本予以限制的"国家社会主义"(Staatssozialismus),参见[德]马克斯·韦伯:《支配社会学》,康乐、简惠美译,桂林:广西师范大学出版社,2004,第69页。但无论是近代资本主义还是国家社会主义,在韦伯眼中都是合理性的、可计算的,从而有别于各类"传统"经济。
[②] 参见[德]马克斯·韦伯:《经济与历史;支配的类型》,康乐等译,桂林:广西师范大学出版社,2004,第166、319页。

然不利①;(2)家产制的传统主义心态也束缚了新的经济机会,从而不利于经济发展②;(3)为满足财政需求,家产制可能以"赋役制"(Leiturgie)方式来组织经济,强制不同区域和人群承担不同的生产义务,并以指令形式将各种财政需求与各种世袭性赋役供应团体直接对应③;(4)家产制也可以垄断经营某些商品的方式,来满足财政需求,此处的垄断既可是国家专营,也可是授权私人资本专营某一产品(即重商主义)④;(5)相比于封建制,家产制君主反而更可能利用自己相对不受限制的专制权力,打破种种传统束缚,从而在一定程度上促进近代资本主义的发展⑤。总体而言,韦伯笔下的家产制对经济发展——尤其对近代资本主义的发展——的作用主要是负面的。

关于家产官僚制这一混合支配类型对经济的一般影响,韦伯着墨不多。韦伯提到过,早期现代欧洲家产官僚制曾打破种种传统经济力量,从而有助于资本主义的发展。⑥ 但韦伯似乎倾向于认为,家产官僚制更容易发展出重商主义这种"政治资本主义",而非建基于私人产权和自由竞争的近代资本主义。⑦

---

① 参见[德]马克斯·韦伯:《支配社会学》,康乐、简惠美译,桂林:广西师范大学出版社,2004,第163—164页,第241页,第242—243页,第258页;[德]马克斯·韦伯:《经济与历史;支配的类型》,康乐等译,桂林:广西师范大学出版社,2004,第350—351页。
② 参见[德]马克斯·韦伯:《支配社会学》,康乐、简惠美译,桂林:广西师范大学出版社,2004,第239页;[德]马克斯·韦伯:《经济与历史;支配的类型》,康乐等译,桂林:广西师范大学出版社,2004,第344页。
③ 参见[德]马克斯·韦伯:《支配社会学》,康乐、简惠美译,桂林:广西师范大学出版社,2004,第244页;[德]马克斯·韦伯:《经济与历史;支配的类型》,康乐等译,桂林:广西师范大学出版社,2004,第345—346页。
④ 参见[德]马克斯·韦伯:《支配社会学》,康乐、简惠美译,桂林:广西师范大学出版社,2004,第244—246页;[德]马克斯·韦伯:《经济与历史;支配的类型》,康乐等译,桂林:广西师范大学出版社,2004,第346页。
⑤ 参见[德]马克斯·韦伯:《支配社会学》,康乐、简惠美译,桂林:广西师范大学出版社,2004,第240页。
⑥ 参见同上书,第240页。
⑦ 参见同上书,第244页;[德]马克斯·韦伯:《经济与历史;支配的类型》,康乐等译,桂林:广西师范大学出版社,2004,第350—351页。

具体到中国家产官僚制对经济的影响上,韦伯的论述散见于《儒教与道教》等作品各处。一方面,韦伯认为儒教福利国家心态、家产制下的非理性法律、法典中私法条款的缺失、不动产习惯中的大量传统氏族(Sippen)因素、氏族在经济上的保守性等因素,都对资本主义发展构成不利条件①;另一方面,为便利国家治理而实施的编户齐民与土地私有权确认、儒教信奉的不与民争利的"自由放任"经济政策、国家对基层社区相对较弱的直接控制力、身份等差的齐平化、迁徙自由与职业自由的存在等条件,又显然有利于资本主义发展②。但总体而言,韦伯还是认为帝制中国盛行的只是政治资本主义(如通过做官来获取经济利益),而非近代的、职业性(gewerblicher)的资本主义。

由上可见,韦伯是在"政治支配与资本主义"这个议题之下,来讨论家产制、官僚制和家产官僚制对经济的各自影响。然而,对当代学术而言,以"资本主义"这一概念来展开比较政治经济史的研究,却有一定不便之处。首先,这一概念在长期的学术和政治论争中,已被注入过多的模糊性与歧义性。韦伯本人也不得不在"资本主义"一语前添加各种定语,如"商业""职业"或"政治",以示其相互间区别。其次,即使其内涵能够相对固定,但以此概念能否界定经济现代性的本质或全貌,仍有疑问。最后,将这一西方中心主义色彩过重的概念运用到对前工业时期非西方世界(包括中国在内)之经济的研究中,也曾造成激烈争论。有鉴于此,"市场"这一更为中性、更具普遍适用潜力的概念,或许是讨论中西政治经济的更合适基点。为此目的,有必要引入波兰尼对市场形成史的研究,并以此补充和重构韦伯理论。

---

① 参见[德]马克斯·韦伯:《支配社会学》,康乐、简惠美译,桂林:广西师范大学出版社,2004,第163—164页;[德]马克斯·韦伯:《经济与历史;支配的类型》,康乐等译,桂林:广西师范大学出版社,2004,第170页;[德]马克斯·韦伯:《中国的宗教;宗教与世界》,康乐、简惠美译,桂林:广西师范大学出版社,2004,第131—134页,第145页,第151—162页,第201页。
② 参见[德]马克斯·韦伯:《中国的宗教;宗教与世界》,康乐、简惠美译,桂林:广西师范大学出版社,2004,第114、129页,第155—156页,第198、201页。

市场意味着商品能够在一定范围内自由流通,并依供求模式和价格机制展开交换。而这整套机制得以运行的根本预设,乃是人类的经济活动都是为了追逐利润。市场首先表现为一般商品或服务的自由交易。但随着整个社会市场化程度的不断深入,劳动力、土地、货币也以可自由流通的生产要素形态,进入市场之中。一个自律性的市场经济体制就此形成。①

波兰尼指出,市场的发展,经历了一个从其诞生时内嵌于社会或国家,但最终从中脱嵌的过程。人类早期社会几乎都不知市场为何物。经济活动须服从社会本身的结构和需求,亦即要遵从互惠(reciprocity)、再分配(redistribution)和家计(householding)等原则。图利动机对于维持该体制的运行并不重要。当市场诞生于封建时代时,这一机制多停留在地方范围,并受到各种社会组织(村落、庄园、市镇、行会)所施加的严格限制。直到重商主义时代(15至18世纪),国家为整合国内经济资源,从而更有效地参与国际贸易和地缘政治竞争,主动创造了全国性市场。但此时市场虽然从社会中脱嵌,却仍然内嵌于重商主义国家之中,受国家的严格管制。市场此时亦只是服务于国家理由(raison d'état)的一个工具。18世纪末以来,西方各国经济才开始完全按照自律性市场的逻辑来运行:各种管制被认为违背"自然",并被废除,不仅是商品,劳动力、土地和货币此时也彻底被市场化,成为可以而且必须被买卖的对象。②

脱嵌引发了巨大的社会危机。自律性市场会反噬社会本身,并遭到来自多方的"反动"。过度市场化导致的危机尤其体现在两种生产要素之上:劳动力与土地。所谓劳动力,实际上就是人。劳动力市场化,也就意味着大量人口必须服从市场的供求和价格(工资)波动。对具体的人而言,市场波动导致的失业和大幅降薪,实际上是不堪忍受的,这继而导致贫困、饥荒、犯

---

① 参见[英]卡尔·波兰尼:《巨变:当代政治与经济的起源》,黄树民译,北京:社会科学文献出版社,2017,第123—124页。
② 参见同上书,第93—132页。

罪和动乱等一系列社会问题。而作为自然一部分的土地在被生产要素化后,也会产生环境污染、粮食危机等问题。针对这种种危机,19世纪部分政客、地主阶级、工人阶级自发地通过保护性立法和工会等方式,尝试对自律性市场予以节制,使其不至于摧毁社会。①

波兰尼的作品至少能为我们提供如下启发:首先,市场不是天然就存在的,而是必须有一个多方助力下的形成和成熟过程;其次,国家,哪怕是"专制"国家,也可能有动力去创设市场,或至少能与之兼容;最后,市场并非万能,不受节制的市场甚至可能引发社会秩序紊乱,而国家或其他力量也有可能对此实施"反动"和牵制。

结合韦伯与波兰尼的理论,我们可以在"家产官僚制与市场(以及法律在其中的作用)"这个议题范围内,对清代中国提出如下问题:清代家产官僚制促进的是何种经济体制?是赋役制、垄断经济,还是以市场为主的经济?清代法律与习惯是否适应(可能的)新经济趋势?市场是否可能发生脱嵌,从而引发社会混乱和治理危机?家产官僚制国家对此又如何应对?

(二) 清代家产官僚制下的市场与习惯

如上文所述,清代家产官僚制已经创设了一个相对齐平化的社会,尽管总的来说这一社会的行动主体主要是家庭(及家长),而非真正意义上的个人。在如何安排这一齐平化社会的经济体制方面,统治者一般而言面临两个选项:要么是借助已经发展起来的官僚机器,强行将众多平民家庭固定在政府分配的土地或职业上,并令其经济生产与国家财政需求直接对应(亦即赋役制,在中国历史上则表现为均田制和职业导向的户籍制度),要么是以垄断方式介入市场,以特定种类商品(如盐、茶、烟、酒)的国家专营或授

---

① 参见[英]卡尔·波兰尼:《巨变:当代政治与经济的起源》,黄树民译,北京:社会科学文献出版社,2017,第129页,第189—281页。

权专卖方式来满足国库需求。相比之下,容许甚至保护私有财产,并在此基础上促进市场的形成和发展,很难想象是家产官僚制会主动选择的经济方案。

但颇令人意外的是,清代中国的经济,的确呈现为一幅赋役制色彩不断减弱、各类垄断和特许经营逐渐被取消、市场不断深化的图景。这一局面可能是由如下几个互相关联的因素造成的:之前历朝所颁行的干预土地市场的"田制"无一成功的教训、与之前朝代相比更显简陋的基层国家机器及其对经济事务的更弱控制、仁政意识形态和永不加赋口号下国家对社会资源汲取需求的减少。对于一个已初步实现齐平化和同质化的社会而言,只要政府对社会成员的人身与财产自由予以保护(甚至只需默认),以平等自愿交易为根本原则的市场将会很容易地生长起来。

于是,清代经济的市场化水平,实际上远超出清代官方所能表达和20世纪学界曾经认识到的限度。在诸多领域,市场都成为资源配置的核心机制,并实现了对前工业时代而言颇高的经济效率。除了资本市场落伍于同时期的欧洲,18世纪中国的土地市场、劳动力市场、农产品市场、乡村手工业产品市场的成熟度和整合度,即使不说远高于,也能被认为是完全不逊于同时期欧洲各类市场。清代绝大多数农地均为可自由买卖的私有土地,而西欧土地的自由流转则始终受封建法与习惯的限制。清代政府允许跨区域移民,甚至对此予以鼓励乃至资助,而西欧的劳动力迁徙则受法律、国界、地理和成本等因素的制约。相比欧洲农民,清代农民有更多机会将农产品投入更为自由竞争的市场之中。清代农村家庭的手工业受到鼓励,且其产品(尤其纺织品)拥有充分的销路,而同时期欧洲市镇行会制度仍在大力限制农村家庭的手工业生产和产品销售。① 李伯重甚至认为,就粮食、布匹这类大宗

---

① 参见[美]彭慕兰:《大分流:中国、欧洲与现代世界经济的形成》,黄中宪译,北京:北京日报出版社,2021,第78—102页,第185—208页。

商品(而非仅就奢侈品)而言,统一的全国性市场已在清代形成。①

尽管帝制中国的律典以刑事条文为主,而司法机关也未能以判例法形式创设出完整的私法规范(这方面韦伯是对的),但这并不意味着帝制中国不存在调整日常社会经济生活的私法。只不过这一私法的大部分实体内容并非存在于国家法中,而在于习惯层面。这些习惯的载体也并非欧洲中世纪盛期或早期现代那种习惯(法)汇编,而是无数张契约本身。现有研究表明,清代各方面社会经济生活,几乎全都是以契约形式安排,并受其约束。人们以契约安排分家、出租或抵押土地、创设田面权、绝卖土地、安排婚姻,以致买卖妻女。② 除了安排上述种种"交易",清朝人还使用契约建立各种更长期的社会经济组织:宗族信托基金(族产)、维持灌溉的组织、商业合伙、行会。③ 总体而言,这些契约对各方当事人的权利义务和风险分配都予以仔细、精确的界定,甚至对违约责任有所规定,从而有效降低了交易成本,便利了资源流通。④

与韦伯的理解不同,相比于其他文明中的土地法与习惯,清代地权习惯很可能实现了前工业时代最强烈的市场理性。伴随着核心家庭土地私有制的不断深入、社会身份的齐平化趋势,以及商品经济的不断发展,清代农业经济已发展为高度繁荣的地权市场体系。清代民间广泛适用包括永业权/

---

① 参见李伯重:《中国全国市场的形成,1500—1840 年》,载李伯重:《千里史学文存》,杭州:杭州出版社,2004,第 269—287 页。
② 参见 Fu-Mei Chang Chen and Ramon H. Myers, "Customary Law and the Economic Growth of China during the Ch'ing Period", *Ch'ing-shih wen-t'i*, Vol. 3, No. 5(1976), pp. 1 - 32。
③ 参见 Fu-Mei Chang Chen and Ramon H. Myers, "Customary Law and the Economic Growth of China during the Ch'ing Period", *Ch'ing-shih wen-t'i*, Vol. 3, No. 5(1978), pp. 4 - 27。
④ 参见 Rosser H. Brockman, "Commercial Contract Law in Late Nineteenth-Century Taiwan", in Jerome A. Cohen, R. Randle Edwards, and Fu-Mei Chang Chen (eds.), *Essays on China's Legal Tradition*, Princeton: Princeton University Press, 1981, pp. 76 - 136; Ramon H. Myers, "Customary Law, Markets, and Resource Transactions in Late Imperial China", in Roger L. Ransom, Richard Sutch, and Gary M. Walton (eds.), *Explorations in the New Economic History: Essays in Honor of Douglass C. North*, New York: Academic Press, 1982, pp. 273 - 98。

所有权、永佃权/田面权、典权、抵押权、押租、普通租佃等习惯在内的多种地权安排和交易方式。所有这些安排,基本都满足供求均衡下的等价交易原则,并具有成本-收益分析上的可计算性。多样化的交易形态和产权安排,使得资金和土地处于高度流动状态。地权的多样性,更意味着土地或资金的拥有者,能够在不同经济形势下,选择最合适的交易工具,以满足不同的融资和投资需求,从而既在单个经济行动又在市场整体上增进效率。①

关于田面权和典权等清代常见地权中的经济理性,学界已有较多研究,本书亦不再赘述。②此处重点介绍曹树基团队对清代和民国四川地区押租制度的研究。所谓押租,是指名义上是"佃户"的钱主在承租土地时,必须一次性付给地主若干押金的习惯。通过仔细观察押租制实态,可发现押金与地租的支付比例绝非任意,而是有严格规律可循。押金实际上意味着对原本在未来才交纳之地租的提前变现。在押金利率不变的情况下,钱主支付押金越多,其未来所须支付的地租也就越少;而押金支付得越少,日后支付的地租也就越高。押租制实际上可以进一步用田面权概念予以描绘。当钱主交纳押金较少时,未来交给地主的地租额("大租")就高,土地剩余收益就少,这时钱主获得的"田面"就难以转佃收取"小租"。此时的田面可称为"相对的田面"。当钱主交纳押金较多时,大租额就较少,此时的田面由于保留较多收益,就有可能通过转佃收取小租,从而建立起地主-钱主-佃耕户间的经典一田多主结构。此时田面可称为"公认的田面"。当押金进一步增加,

---

① 参见 Kenneth Pomeranz, "Land Markets in Late Imperial and Republican China", *Continuity and Change*, Vol. 23, Iss. 1(2008), pp. 101 – 50;龙登高:《地权市场与资源配置》,福州:福建人民出版社,2012;龙登高:《中国传统地权制度及其变迁》,北京:中国社会科学出版社,2018;曹树基、刘诗古:《传统中国地权结构及其演变》,上海:上海交通大学出版社,2015。
② 参见汪洋:《明清时期地权秩序的构造及其启示》,《法学研究》2017年第5期;龙登高、温方方:《论中国传统典权交易的回赎机制——基于清华馆藏山西契约的研究》,《经济科学》2014年第5期;赖骏楠:《清代的典习俗、法律应对与裁判实践:以浙闽两省为考察中心》,《中外法学》2021年第3期。

以致钱主在未来无须支付任何大租时,钱主可以独享土地收益,其所获田面的流转空间更大。此时的田面可称为"绝对的田面"(实际上就是典)。各种不同类型的"田面权"安排,都贯穿着同样的经济性质。曹树基主张,以这种视角去观察整个地权结构,就会发现所谓的普通租佃、永佃、押租、一田多主、典等安排,实际上只是土地金融市场中经济理性的不同呈现形态而已。①

在经济组织方面,即使是在韦伯眼中对近代经济构成严重阻碍的宗族之类"血缘"组织,也不见得完全处在持续性营利和市场的对立面。络德睦就借助社会经济史的研究成果,从公司法的角度,对清代宗族提出了并非凭空杜撰的创造性理解。他认为,清代的宗族,尤其是宗族中的祭祀公业(ancestral trust),在功能上正相当于西方的商事公司(commercial corporation)。祭祀公业为宗族提供了一种确保资产免遭分家导致的分割、并以所有权和管理权分离方式来运行的、谋取持续利润的制度结构。即使以现代公司为标准来分析,祭祀公业与前者间也并非存在天壤之别:祭祀公业是自愿的联合体,并非全部宗族成员都能自动成为该联合体的成员,而不具有血缘关系的人群也可以拟制成宗族,并建立祭祀公业、谋取经济利益;尽管祭祀公业名义上的成立理由是祭祀祖先,但其在现实中所获收益远超祭祀需要;相当数量的祭祀公业拥有官僚化的管理机构,有些甚至有全职受薪经理人,有时辅以助理、会计、记录人员;祭祀公业可以自己名义,独立进行民事交往;只是在祭祀公业之股份的可转让性,以及投资者所承担责任之范围上,尚有模糊之处(股份原则上不得让与族外人员,有限责任制度并未牢固确立)。上述习惯,也均能获得官府和法律的认可。②

---

① 参见曹树基、刘诗古:《传统中国地权结构及其演变》,上海:上海交通大学出版社,2015,第29页,第31—32页,第290—291页。
② 参见[美]络德睦:《法律东方主义:中国、美国与现代法》,魏磊杰译,北京:中国政法大学出版社,2016,第61—109页。

从某种程度上说,上述民商事习惯也符合习惯法的定义。这些规则不仅是民间长期存在的客观上行为模式或惯行,而且被民众主观上认为应该遵循,从而具备了法律确信(opinio necessitatis)。这些习惯甚至具有基层社区范围内的强制性,因为当地领袖可以利用自己的权威执行这些规则。①

(三) 清代国家法对市场的多重回应

清代国家法承认上述蕴含着市场法理之习惯的合法性。诚如韦伯所言,帝制中国制定法的首要关注是在刑事领域,相比之下私法的条文要么不存在,要么间接地存在于《大清律例》这类法典中。② 但这并不必然意味着,国家可以专断方式对民间社会经济秩序予以肆意破坏。相反,结合清代政治语境,制定法中私法条款的相对缺失,实际上意味着国家认可私人生活领域几乎完全由个人、家庭或社会实施自治,国家在理论上只实施极其有限的干预。③ 与其说清代国家法与习惯法处于对立状态,毋宁说这两套适用于不同领域的规范体系,呈现出一种互补关系,以共同服务于社会治理之目的。国家法与习惯法发生明显冲突,反而更可能发生在民族国家大规模编纂私法典之际。此时国家为了便利行政管理和征税,以便立足于更为剧烈的地缘政治竞争环境,要么对各地习惯法予以汇编和统一,要么从自身理念出发编纂体系性民法典。无论何种措施,实际上都意味着国家从自身意志和利益出发,对各地习惯法予以类型化和统一化改造(尤其是对地权类型的简单化和类型化,亦即所谓"物权法定")。结果,从国家建设这一视野来看,民法

---

① 参见[英]S. 斯普林克尔:《清代法制导论——从社会学角度加以分析》,张守东译,北京:中国政法大学出版社,2000,第 129 页;[美]R. M. 昂格尔:《现代社会中的法律》,吴玉章、周汉华译,南京:译林出版社,2001,第 46 页。
② 参见[德]马克斯·韦伯:《中国的宗教;宗教与世界》,康乐、简惠美译,桂林:广西师范大学出版社,2004,第 157—158 页。
③ 参见苏亦工:《明清律典与条例》(修订本),北京:商务印书馆,2020,第 23—24 页。

典更意味着对绝对"私法自治"的限制。①

将民事习惯作为重要法源的清代民事司法,具有足够的可预见性和合理性,从而有助于资源流通与效率。清代州县民事司法(绝大多数民事诉讼由州县官自理)的法源或推理模式问题,曾在学界引起激烈争议。争论中的一方认为清代民事审断并非只依赖制定法上少数相关条文,而是会例行参酌无法实定化的"情理"。因此,民事司法呈现为一种个案衡平的状态,从而不具备规则性外观。② 另一方则主张州县官在大部分案件中都严格执行《大清律例》条文,因而判决具有韦伯意义上的可预见性和合理性。③ 但双方似乎都是从一种高度国家主义或精英主义的视野来看待"法源",这导致他们能够想到的清代民事司法之裁量依据,要么是统治阶层对在个案中实现绝对实质公道的夸张表达,要么是同样由这一阶层制定的律例。习惯法在民事司法中的作用,未能受到他们的严肃关注。实际上,即使不考虑习惯在法律体系中的位置问题,长期受困于有限司法行政资源的州县官,为确保及时平息纠纷、减轻自身词讼负担,在现实审断中亦多倾向于以一种实用主义精神来解决纠纷。当缺乏可适用的制定法条文,或条文本身窒碍难行时,适用本地人共同遵循的习惯,自然就成为州县官最为实用、便利的方案。由于在特定的时空范围内(如果不是在全帝国范围内),习惯具有相对清晰的、内容上的确定性,所以以习惯为主要法源的民事审判(尤其是对财产案件的审

---

① 参见[美]詹姆斯·C. 斯科特:《国家的视角:那些试图改善人类状况的项目是如何失败的》,王晓毅译,胡搏校,北京:社会科学文献出版社,2004,第 3—110 页;Melissa Macauley, "A World Made Simple: Law and Property in the Ottoman and Qing Empires", *Journal of Early Modern History*, Vol. 5, Iss. 4(2001), pp. 331-52。
② 参见[日]滋贺秀三:《清代诉讼制度之民事法源的概括性考察——情、理、法》,载[日]滋贺秀三等:《明清时期的民事审判与民间契约》,王亚新、梁治平编,北京:法律出版社,1998,第 19—53 页;[日]寺田浩明:《"非规则型法"之概念——以清代中国法为素材》,载[日]寺田浩明:《权利与冤抑:寺田浩明中国法史论集》,王亚新等译,北京:清华大学出版社,2012,第 357—393 页。
③ 参见[美]黄宗智:《清代以来民事法律的表达与实践:历史、理论与现实》(卷一),北京:法律出版社,2014,第 66、73、190 页。

判),也就具有足够的规则性、可预见性和合理性。①

清代国家法中的某些主动变革也顺应了市场的需求。邱澎生对清代商业法律的研究表明,从明清律中《市廛》章相应条款之变迁来看,清代政府对市场的态度,呈现出管制范围缩小、管制方式更尊重市场规律的趋势。法律缩小了对一般商品价格的行政干预范围,只集中于调节粮食价格。而干预市场的具体手段,也从具有强烈行政色彩的"时估""和买"和制定"官价",转变为依赖供求和价格规律本身的、以平粜政策设法平抑粮价的机制。此外,在客商与牙行间债负分配、当铺和染坊中寄存财物受损时赔偿责任等问题上,清代律学作品和司法审判也做到了区分有无参与侵权和违约、有无主观过错、是否存在意外事件,并以之决定当事人的责任种类和范围,从而对各方权利义务做出了清晰、合理的划分。② 我对清代各级立法中有关典权之规定的梳理也表明,这些法律应对在有意无意间实现了典习俗的市场化"提纯",亦即将该习俗进一步往明晰产权和提升效率的方向引导:找价次数被限制为一次、年代久远且性质不明交易的回赎受到限制、典权人的转典权也得到承认。③

借用波兰尼的术语来说,清代制定法对习惯法效力的认可、基层审判对习惯的重视、国家法中某些顺应市场发展趋势的改革举措,实际上都意味着国家权力对市场自律性和市场从国家与社会中脱嵌的背书。当然,这种背

---

① 习惯法在基层审判中的强度,尤其体现在19世纪我国台湾地区与一田两主有关的诉讼卷宗之中。即使福建省当局严令禁止一田两主习俗,田面主依然可在诉讼过程中公然主张自己的权利,并请求官府保护。而官府也遵循习惯,对田面与田底一体保护。当田面主欠缴地租时,官府也不会直接判决取消田面权或撤佃(因习惯不允许),而只能要求田面主补足欠租。参见赖骏楠:《清代民间地权习惯与基层财税困局——以闽台地区一田多主制为例》,《法学家》2019年第2期,第60—65页。
② 参见邱澎生:《当法律遇上经济:明清中国的商业法律》,杭州:浙江大学出版社,2017,第12—68页,第270—324页。
③ 参见赖骏楠:《清代的典习俗、法律应对与裁判实践:以浙闽两省为考察中心》,《中外法学》2021年第3期,第570—574页。

书有其限度。

面对市场的脱嵌及其带来的社会和政治威胁,清代国家从其家产制本能出发,实施了种种效果成疑的法律上"反动"。首先,在现实的民事司法中,的确有州县官出于矜弱的伦理,对市场化的契约和习惯予以"道义经济"(moral economy)式的干预。在地权领域,这种干预最经典的方式,就是允许绝产的回赎或找价(尽管法律明令禁止),以保护作为想象中的弱者的地权让渡方。① 但有必要强调的是,这种司法形式的干预,是随机、零散且不稳定的,而且可执行力较弱。即使是在本应充分呈现出这种矜弱逻辑的清代官箴或判词汇编这类资料中,岸本美绪所谓"感情性判决"也未必占据多数。官员在更多的场合,是以实用主义的安靖地方态度,对更易得到纠纷当事人和普通民众支持的契约和习惯本身,予以支持。② 而且很难想象的是,相比于拥有更多司法和行政资源的省级和刑部官员,身处基层诉讼爆炸中的州县官真的有足够精力去所有案件中耐心实现"诉诸情感"或个案衡平。因此,正如彭凯翔所言,司法中的"人道主义"干预,"对作为市场经济核心之价格机制的扭曲是很有限的"。③

国家对市场脱嵌的更积极"反动",体现在立法领域。尽管清代中央政府对民事纠纷的反应较为迟滞,但省级政府因距离基层较近,就能以立法形式对各种纠纷予以更及时、更有针对性的回应。在省例这种省级法令汇编中,我们发现,地权再度成为国家与市场间控制与反控制之争的重要领域。尽管清代国家对地权秩序在原则上持放任态度,但一旦过度市场化的地权安排导致纠纷频发、诉讼爆炸,以及征税困难,从而威胁社会安定和国家治

---

① 参见[日]岸本美绪:《明清时期的"找价回赎"问题》,载杨一凡、[日]寺田浩明编:《日本学者论中国法制史论著选》(明清卷),北京:中华书局,2016,第371—374页。
② 参见赖骏楠:《清代的典习俗、法律应对与裁判实践:以浙闽两省为考察中心》,《中外法学》2021年第3期,第574—580页。
③ 彭凯翔:《从交易到市场:传统中国民间经济脉络试探》,杭州:浙江大学出版社,2015,第410页。

理,清代国家中的家产制因素和官僚制因素均会本能性地尝试对地权的市场属性予以节制。在《福建省例》中,我们能体会到,省级官僚对引发大量诉讼和抗税问题的一田多主习俗,是多么地深恶痛绝。由于一田多主结构中的田面权是一种无法由田底主单方面取消的"世业",所以在田面主欠缴地租时,田底主无法以"撤佃"方式自力救济,只得将田面主告上官府,请求司法介入。这一民事纠纷也极易转变成田底主与官府间的税收纠纷,因为田底主会坚持"粮从租出"的原则,从而在官府解决欠租纠纷之前拒缴田赋。从雍正八年(1730)到乾隆三十年(1765),福建省当局数次明令禁止田面习俗,并规定"以田皮、田根等名色私相售顶、承卖即到官控告者,务即按法重究,追价入官,田归业主另行召佃"。其规定不可不谓严厉。然而,鉴于基层官员有限的行政资源,这一禁令显然未得到严格执行。在乾隆朝之后,省当局似乎也放弃了这方面的尝试。在19世纪的台湾(当时仍属福建省)地方法庭上,一田多主是一种可公开存在的事物。与田底主一样,田面主例行地摆明自己的身份和权利,并请求官府保护。而官府亦默认该习俗在地方上的合法性。甚至有新竹知县在向福建省当局提交案件汇报时,毫无贬义地介绍起该地的一田多主制。①

因此,面对市场脱嵌趋势带来的种种威胁,家产官僚制的清代国家有时会在名义上采取"反动",但又在多数场合无能为力。清代国家中的家产制因素从福利国家和社会和谐的意识形态出发,官僚制因素从减轻词讼负担、便利征税的角度出发,合力采取种种反脱嵌法律举措,以期将市场的负外部性控制在可忍受的范围之内。但由于市场能以种种灵活姿态规避干预,且前现代国家始终缺少足够资源去切实执行干预,这些举措的实效往往是有限的。清代高度商业化和市场化的经济环境,甚至导致诸多农村家庭敢于违反律例中的相关禁止性规定,公然在性/婚姻市场中将典妻或卖妻作为一

---

① 参见赖骏楠:《清代的民间地权习惯与基层财税困局——以闽台地区一田多主制为例》,《法学家》2019年第2期,第57—61页。

种融资工具,以满足家庭的生活和经济需求。面对如此既有悖伦常又触犯国法的行为,州县官在相关案件中的处理方式竟多为默认卖妻的事实,将妻子"所有权"判给已经掏钱的后夫。① 脱嵌和物化的极致,莫过于此。

小　结

韦伯曾在《儒教与道教》中写道:"在中国,正如在西方(wie im Okzident),家产官僚制是个强固且持续成长的核心,也是这个大国形成的基础。"② 然而,在一种极端的欧洲中心主义认识论的支配下,韦伯在其对中国法律、社会与文化的研究中,忽略了自己本已做出的上述"正如在西方"的论断,转而处处强调中西家产官僚制间的差异。结果,包括清代法在内的中国法,在韦伯笔下呈现出强烈的非理性色彩,而且这一法律据信不存在私法,或者只存在反市场的不动产法。无论是近代资本主义还是市场经济,都被认为无法出现在这一法律环境中。幸运的是,正如本书已指出的,韦伯这一认识论局限及其导致的有关中国法的诸多论断,已受到中外学者的反思与批判。

尽管有着上述种种缺陷,韦伯的作品仍给我们提供了一个用以理解帝制中国法律与社会的,迄今为止最权威、最富启发的社会科学概念和理论体系。通过参考更为丰富、扎实的中国法律史经验研究、通过以其他社会科学家之概念和洞见对韦伯理论予以补充和完善,并通过在理论和经验间不断

---

① 参见[日]岸本美绪:《妻可卖否?——明清时代的卖妻、典妻习俗》,李季桦译,载洪丽完、陈秋坤主编:《契约文书与社会生活(1600—1900)》,台北:台湾"中研院"台史所筹备处,2001,第 225—264 页;Matthew H. Sommer, *Polyandry and Wife-Selling in Qing Dynasty China: Survival Strategies and Judicial Interventions*, Oakland: University of California Press, 2015;陈志武等:《清代妻妾价格研究——传统社会里女性如何被用作避险资产?》,《经济学》2019年第 1 期。
② 参见[德]马克斯·韦伯:《中国的宗教;宗教与世界》,康乐、简惠美译,桂林:广西师范大学出版社,2004,第 96 页。

往返,韦伯与清代法之间仍能产生富有建设性的对话成果。我们最终得以继续使用韦伯的概念和方法,对清代法予以更为理论化的界定和描绘。本章表明,清代的家产官僚制支配,对清代国家、社会和经济都造成了广泛又深刻的影响,并使这些领域的法律与习惯都呈现出朝向早期现代性的发展趋势:清代国家中高度发达的官僚制因素使得皇权得以制度化,皇权下的各官僚部门均须遵循实定的行政法规,从而形成"官法同构"局面;清代刑事司法呈现出高度中央集权和官僚化的特色,相关审判遵循职业化的法律推理,从而具备可预见性;皇权对刑事司法的家产制式干预尽管存在,但范围和效果有限,且同样具有可预见性;与家产官僚制努力消除封建制和身份制因素的趋势相对应,清代家产官僚制法律尝试创设一个身份齐平化的社会,尽管这种创设的目的未必是"个体解放",且齐平化也遭遇了来自父权制家庭伦理的阻碍;在清代独特的政治和意识形态语境下,已初步实现齐平化的清代社会,逐渐实现以市场作为资源配置主要手段的经济体制,而各类民事习惯也呈现出明显的市场-产权逻辑;清代家产官僚制法在原则上尊重习惯、保护产权、认可甚至促进市场自律性,但一旦面临市场脱嵌带来的社会和政治威胁,家产制和官僚制的因素也会合力施加效果并不明显的局部干预。

在韦伯社会理论与清代法研究之间进行的理论-经验对话,让我们更加清晰地认识到清代国家、社会与经济间的复杂互动,以及法律在这些互动中的多重角色。这场对话也更加清晰地呈现出清代中国与历史上欧洲绝对主义国家共同拥有的早期现代性,并有助于激发更富创造力的比较历史学作品的出现。

第八章
结　　论

"普遍历史""世界历史"这些能指,本身或许是中性甚至有积极意义的。毕竟我们都是人类,自古以来就分享着某些共同的生理、心理,乃至文化和习性。我们生活于同一星球,位于不同位置的不同族群,自古以来就产生着或多或少的交流。人类命运共同体的提倡,也离不开一种将全人类视作历史行动主体的、更具普遍性的史观,它能使我们意识到,无论古今,人类的命运都是联系在一起的。[①]

然而,近代西方出现过的普遍历史观,却常常是过度形而上学化的普遍历史观,以及将地方性包装成普遍性而建构的普遍历史观。这种普遍历史的提倡者,往往从西方历史经验出发,来建构出一个从"野蛮"到"文明"、从"非理性"到"理性"的线性或准线性系谱,并且将他们当时所能观察到的非西方各大文化,在这个系谱中进行严格的对号入座。这些非西方的文化样本,绝大多数都只能被安排在"前文明"或"前理性"的某一位阶上,它们在达到相应位阶后,便陷入"停滞"。只有西方文化拥有完整的"历史",并最终自发地产生出现代性。没有"历史"或只拥有不完整"历史"的非西方,只能在近代殖民主义遭遇中接受来自西方的"冲击""启蒙"和"文明化"。

[①] 这种视野下的历史研究,参见[印]纳扬·昌达:《绑在一起:商人、传教士、冒险家、武夫是如何促成全球化的》,刘波译,北京:中信出版社,2008;[以色列]尤瓦尔·赫拉利:《人类简史:从动物到上帝》,林俊宏译,北京:中信出版社,2014。

本书以马克斯·韦伯跨文化法律研究的历程为例,呈现了一名伟大的、但又深受欧洲中心主义认识论支配的社会科学家,是如何与上述普遍历史观发生纠缠和搏斗的。启蒙时期产生的普遍历史观,尽管在19、20世纪渐趋褪色,但仍构成韦伯的比较法律研究的根本背景。韦伯尝试描绘一幅从中国法、印度法,经历古犹太教法、伊斯兰教法、中世纪天主教法,直至西方近代法(尤其是德国法)的、线性的法律合理化发展图景。在这里,中国古代法是作为映衬西方近代法的绝对的"他者"般的存在,从而表现出高度非理性的特色。

这种定位导致韦伯在具体描绘中国法时,相关描述严重脱离了其支配社会学的原有概念逻辑。在其理论建构中,家产官僚制由于混合了家产制与官僚制两种支配因素,是一种非理性支配与合理性支配间的混杂或中间状态,该支配下的司法与行政因而并不体现为完全的恣意和擅断。韦伯认为帝制中国是家产官僚制的典型代表,并在其作品中偶尔承认中国官僚制运行中的合理性成分。然而,由于韦伯将中国法定位在普遍历史的开端(亦即处在一种非理性远多于合理性的状态),所以他有意无意间忽略了帝制中国家产官僚制中官僚制的面向,且刻意放大其家产制面向,从而使其笔下的中国法呈现为一幅实质非理性的"卡迪司法"画面。

在普遍历史的另一端,韦伯也在西方近代法中发现了一系列与原本预设——近代西方意味着最高的合理性——不符的悖论性现象。他对这些悖论的处理,也呈现出自己高度复杂和纠结的个人情感、阶级立场、政治倾向和理论痛思。面对不同领域的非理性,韦伯采取了不同的应对方式。在与资本主义经济发生紧密互动关系的近代私法领域,韦伯对其中的反形式主义要素无法做到清醒把握。这主要是因为,韦伯本人的阶级立场和政治倾向,使其无法勇敢地承认资本主义法律与经济界域之内的诸多"反常"现象(如私法的实质化、垄断资本主义)。相反,在公法和政治领域中,由于韦伯相关的立场和前见包袱较轻,又由于其对"政治"的理论界定本身就能与若干非理性要素兼容,还由于韦伯对德国官僚制现实运行效果的不满,所以他反倒能够摆脱原本的普遍历史偏见,坦然面对近代西方大众民主中的卡理斯玛要素,并能够在理论和现实两个层面,对近代政治中的合理性与非理性要素予以较为成功的调和,这尤其体现在其"政治著作"对"领袖民主"的宪制设计上。正如本书第六章小结部分已经指出的,韦伯对西方近代法律、经济与政治的这些研究经历说明,无法摆脱欧洲中心主义的认识局限,甚至会让欧洲学者自我麻痹,导致无法清醒地认识和界定其所处的社会本身;而一旦能够抛弃这种偏见,西方学者自身也将受益良多,并建构出更符合西方经验、更具洞见、对人类思想也更有贡献的理论和制度设计主张。

对韦伯理论的扬弃,对这一体系中的过度个人化的情感、认识论局限和政治偏见成分予以剥离,最终使得我们能够重新利用经过改造的韦伯概念体系,并结合清代法律史的当代经验研究,展开更为平等、有效的理论与经验间全面对话。这一对话表明,家产官僚制概念仍是理解清代法的核心线索。这一支配类型对清代国家、社会和经济等领域中的法律与习惯,产生了广泛又深刻的影响。在清代刑法与行政法中,家产官僚制中的官僚制成分起着主导作用,从而使法律运行呈现出职业化和合理性色彩。清代家产官僚制法律尝试创设一个身份齐平化的社会,但该进程遭遇了来自父权制家庭伦理的阻碍。在清代独特的政治和意识形态语境下,已初步实现齐平化的清代社会,实现了以市场作为资源配置主要手段的经济体制,诸多民事习惯也呈现出明显的市场-产权逻辑。清代国家法在原则上尊重习惯,保护产权,认可市场。但当面临市场脱嵌带来的社会和政治威胁时,国家法又倾向于从家产官僚制的本能出发,施加效果并不明显的局部干预。以修正后的韦伯理论重观清代法,有助于发现这一法律体系所蕴含的、与欧洲历史上绝对主义国家之法律具有足够可比较性的早期现代性。将韦伯理论宝库中的诸多概念和思路,以一种更不带成见、更尊重经验的方式,运用到理解中国社会、经济、政治、文化与法律之中,并在此基础上提出更具包容性和洞见性的新理论,无疑尚须大量的工作。本书第七章的理论-经验对话,也仅仅是这方面的初步探索。

使用"合理性/非理性"这一概念框架检验韦伯对中西法律文化的研究,并不意味着本书就将合理性视作应当追求的价值目标,也不意味着本书认为合理性能够涵盖现代性的一切维度。这一框架之所以在本书分析中占据如此大的分量,是因为它在韦伯本人的理论体系里就是占据如此分量。利用这一框架,我们能够最准确地挖掘出韦伯本人在研究中经历的自信、困难和犹豫,也能够最完整地展现出韦伯与欧洲中心主义和普遍历史观的缠斗过程。至于对理性(Vernunft/reason)或者合理性(Rationalität/rationality)是否就是近代人的命运归宿这一问题,我本人毋宁持保留态度。一方面,我相信,对"自由"(无论它的意涵是多么地暧昧不明)的热爱与追求,将始终激励人类不断去尝试打破"铁笼"与规训。另一方面,我更相信人类本性和心理机制的多样性,并欣赏这种多样性。与理性类似,情感也是人性中不可磨灭、值得正视的一部分。在柏拉图那里,人至少拥有智慧、节制、勇敢、正义四种德性,将这些德性按照不同比例进行调配,就能塑造出形形色色的人与公民。① 只是到了近代,哲学家和经济学家眼中的人性才逐渐坍缩成了只有计算理性一维,而其他心理机制都被认为是必须克服的非本质成分。如何让情感在心理学之外的其他社会科学中占据一席之地,或许是对当代学者的重大考验之一。② 让我们不要忘记,实际上正是韦伯自己从心理状态的角度,在《经济与社会》中建构了四种社会行动类型:目的合理性的、价值合理性的、情感的和传统的。但略为遗憾的是,后世的社会学、政治学与经济学似乎

---

① 参见[古希腊]柏拉图:《理想国》,郭斌和、张竹明译,北京:商务印书馆,1986,第168—171页。
② 从2023年春季学期起,我本人也尝试在复旦大学的研究生教学中,开设"情感政治学"专题研讨课。这门课将从认知心理学的基本前提出发,并结合对涂尔干、韦伯、迈克尔·曼、本尼迪克特·安德森等名家作品的阅读,让课程参与者深刻体验现代政治与法律中普遍存在的情感性因素。

长期未能充分聆听韦伯的这一"理解社会学"(die verstehenden Soziologie)教诲。

中西之间的差异并不绝对,对异与同的界定常常取决于研究者本人的认识论,以及与此相关的现实政治经济力量对比、个人经历乃至情感取向。甚至连韦伯本人也逐渐意识到,中国与西方在地理上的遥远距离,并不意味着其各自文化形态就注定迥然有异。在 21 世纪的政治经济形势下,我们完全能够主张一种更为平等的中西对话,以及更具包容性的法律理论建构。甚至,我期待,最终会有一天,全世界的知识分子都不再是意识形态的俘虏,而能够将各自观点带入全球学术的盛大舞台,实现"现存思想潮流的相互渗透和理解的可能性"①。在这个学术的大同世界中,"不仅是思想的内容,而且思想基础本身,都被加以综合了"。②

---

① [德]卡尔·曼海姆:《意识形态与乌托邦》,黎鸣、李书崇译,周纪荣、周琪校,北京:商务印书馆,2000,第 164 页。
② 同上书,第 156 页。

References

参考文献

（按姓名字母排序）

韦伯原著及译本

WEBER, MAX (1915), "Die Wirtschaftsethik der Weltreligionen. Religionssoziologische Skizzen. Einleitung", *Archiv für Sozialwissenschaft und Sozialpolitik*, Bd. 41, S. 1 - 30.

WEBER, MAX (1922), *Grundriss der Sozialökonomik*, Ⅲ. Abteilung, *Wirtschaft und Gesellschaft*, Tübingen: Mohr Siebeck.

WEBER, MAX (1968), "Die drei reinen Typen der legitimen Herrschaft" (ca. 1918), in Max Weber, *Gesammelte Aufsätze zur Wissenschaftslehre*, Johannes Winckelmann (hrsg.), Tübingen: Mohr Siebeck, 3. Aufl., S. 475 - 488.

WEBER, MAX (1986), *Max Weber Gesamtausgabe, Band Ⅰ/2. Die römische Agrargeschichte in ihrer Bedeutung für das Staats-und Privatrecht: 1891*, Jürgen Deininger (hrsg.), Tübingen: Mohr Siebeck.

WEBER, MAX (1988), "Beiträge zur Verfassungsfrage anläßlich der Verhandlungen im Reichsamt des Innern vom 9. bis 12. Dezember 1918" (1918), in Max Weber, *Max Weber Gesamtausgabe, Band Ⅰ/16. Zur Neuordnung Deutschlands: Schriften und Reden 1918 - 1920*, Wolfgang J. Mommsen und Wolfgang Schwentker (hrsg.), Tübingen: Mohr Siebeck, S. 49 - 90.

WEBER, MAX (1988), "Deutschlands künftige Staatsform", in Max Weber, *Gesammelte politische Schriften*, Johannes Winckelmann (hrsg.), Tübingen: Mohr Siebeck, 5. Aufl., S. 448 - 483.

WEBER, MAX (1988), "Die Abänderung des Artikel 9 der Reichsverfassung" (1917), in Max Weber, *Gesammelte politische Schriften*, Johannes Winckelmann (hrsg.), Tübingen: Mohr Siebeck, 5. Aufl., S. 222 - 225.

WEBER, MAX (1988), "Die kommende Reichsverfassung" (1919), in Max Weber,

Max Weber Gesamtausgabe, Band Ⅰ/16. *Zur Neuordnung Deutschlands：Schriften und Reden 1918 – 1920*，Wolfgang J. Mommsen und Wolfgang Schwentker（hrsg.），Tübingen：Mohr Siebeck，S. 447 – 449.

WEBER，MAX（1988），"Entwürfe für die Paragraphen 11 und 12 einer Verfassung des Deutschen Reiches"（1919），in Max Weber，*Max Weber Gesamtausgabe*，Band Ⅰ/16. *Zur Neuordnung Deutschlands：Schriften und Reden 1918 – 1920*，Wolfgang J. Mommsen und Wolfgang Schwentker（hrsg.），Tübingen：Mohr Siebeck，S. 147 – 151.

WEBER，MAX（1998）［德］马克斯·韦伯：《社会科学和经济科学"价值无涉"的意义》，载马克斯·韦伯：《社会科学方法论》，韩水法、莫茜译，北京：中央编译出版社，第 136 – 182 页（WEBER，MAX ［1968］，"Der Sinn der 'Wertfreiheit' der soziologischen und ökonomischen Wissenschaften" ［1918］，in Max Weber，*Gesammelte Aufsätze zur Wissenschaftslehre*，Johannes Winckelmann ［hrsg.］，Tübingen：Mohr Siebeck，3. Aufl.，S. 489 – 540）。

WEBER, MAX（1998）［德］马克斯·韦伯：《社会科学认识和社会政策认识中的"客观性"》，载［德］马克斯·韦伯：《社会科学方法论》，韩水法、莫茜译，北京：中央编译出版社，第 1 – 61 页（WEBER，MAX ［1968］，"Die 'Objektivität' sozialwissenschaftlicher und sozialpolitischer Erkenntnis" ［1904］，in Max Weber，*Gesammelte Aufsätze zur Wissenschaftslehre*，Johannes Winckelmann ［hrsg.］，Tübingen：Mohr Siebeck，3. Aufl.，S. 146 – 214）。

WEBER，MAX（2004）［德］马克斯·韦伯：《比较宗教学导论——世界诸宗教之经济伦理》，载［德］马克斯·韦伯：《中国的宗教；宗教与世界》，康乐、简惠美译，桂林：广西师范大学出版社，第 461 – 504 页（WEBER MAX ［1989］，"Die Wirtschaftsethik der Weltreligionen. Vergleichende religionssoziologische Versuche. Einleitung" ［1915/1920］，in Max Weber，*Max Weber Gesamtausgabe*，Band Ⅰ/19，Helwig Schmidt-Glintzer ［hrsg.］，Tübingen：Mohr Siebeck，S. 84 – 127）。

WEBER，MAX（2004）［德］马克斯·韦伯：《经济行动与社会团体》，康乐、简惠美译，桂林：广西师范大学出版社（WEBER，MAX ［1964］，*Wirtschaft und Gesellschaft: Grundriss der verstehenden Soziologie*，Johannes Winckelmann ［hrsg.］，Köln; Berlin: Kiepenheuer & Witsch）。

WEBER，MAX（2004）［德］马克斯·韦伯：《经济与历史；支配的类型》，康乐等译，桂林：广西师范大学出版社（WEBER，MAX ［1964］，*Wirtschaft und Gesellschaft: Grundriss der verstehenden Soziologie*，Johannes Winckelmann ［hrsg.］，Köln; Berlin: Kiepenheuer & Witsch）。

WEBER，MAX（2004）［德］马克斯·韦伯：《韦伯论帝国总统》，载［德］马克斯·韦伯：《学术与政治》，钱永祥等译，桂林：广西师范大学出版社，第 307 – 313 页（WEBER，MAX ［1988］，"Der Reichspräsident" ［1919］，in Max Weber，

Gesammelte politische Schriften, Johannes Winckelmann［hrsg.］, Tübingen: Mohr Siebeck, 5. Aufl., S.498 – 500）。

WEBER, MAX（2004）［德］马克斯·韦伯：《学术作为一种志业》,载［德］马克斯·韦伯：《学术与政治》,钱永祥等译,桂林：广西师范大学出版社,第 153 – 191 页（WEBER, MAX［1968］, "Wissenschaft als Beruf"［1918 – 1919］, in Max Weber, *Gesammelte Aufsätze zur Wissenschaftslehre*, Johannes Winckelmann［hrsg.］, Tübingen: Mohr Siebeck, 3. Aufl., S.582 – 613）。

WEBER, MAX（2004）［德］马克斯·韦伯：《政治作为一种志业》,载［德］马克斯·韦伯：《学术与政治》,钱永祥等译,桂林：广西师范大学出版社,第 193 – 274 页（WEBER, MAX［1988］, "Politik als Beruf"［1919］, in Max Weber, *Gesammelte politische Schriften*, Johannes Winckelmann［hrsg.］, Tübingen: Mohr Siebeck, 5. Aufl., S.505 – 559）。

WEBER, MAX（2004）［德］马克斯·韦伯：《支配社会学》,康乐、简惠美译,桂林：广西师范大学出版社（WEBER, MAX［1964］, *Wirtschaft und Gesellschaft: Grundriss der verstehenden Soziologie*, Johannes Winckelmann［hrsg.］, Köln; Berlin: Kiepenheuer & Witsch）。

WEBER, MAX（2004）［德］马克斯·韦伯：《中国的宗教；宗教与世界》,康乐、简惠美译,桂林：广西师范大学出版社（WEBER, MAX［1989］, "Konfuzianismus und Taoismus"［1915/1920］, in Max Weber, *Max Weber Gesamtausgabe*, Band Ⅰ/19, Helwig Schmidt-Glintzer［hrsg.］, Tübingen: Mohr Siebeck, S.31 – 478）。

WEBER, MAX（2004）［德］马克斯·韦伯：《中间考察——宗教拒世的阶段与方向》,载［德］马克斯·韦伯：《中国的宗教；宗教与世界》,康乐、简惠美译,桂林：广西师范大学出版社,第 505 – 550 页（WEBER MAX［1989］, "Zwischenbetrachtung: Theorie der Stufen und Richtungen religiöser Weltablehnung"［1915/1920］, in Max Weber, *Max Weber Gesamtausgabe*, Band Ⅰ/19, Helwig Schmidt-Glintzer［hrsg.］, Tübingen: Mohr Siebeck, S.479 – 522）。

WEBER, MAX（2004）［德］马克斯·韦伯：《资本主义精神与理性化》,载［德］马克斯·韦伯：《中国的宗教；宗教与世界》,康乐、简惠美译,桂林：广西师范大学出版社,第 447 – 460 页（WEBER, MAX［2016］, *Max Weber Gesamtausgabe, Band Ⅰ/18. Die protestantische Ethik und der Geist des Kapitalismus/Die protestantischen Sekten und der Geist des Kapitalismus. Schriften 1904 – 1920*, Wolfgang Schluchter［hrsg.］, Tübingen: Mohr Siebeck, S.101 – 121）。

WEBER, MAX（2005）［德］马克斯·韦伯：《法律社会学》,康乐、简惠美译,桂林：广西师范大学出版社（WEBER, MAX［1964］, *Wirtschaft und Gesellschaft: Grundriss der verstehenden Soziologie*, Johannes Winckelmann［hrsg.］, Köln; Berlin: Kiepenheuer & Witsch）。

WEBER, MAX（2005）［德］马克斯·韦伯：《社会学的基本概念》,顾忠华译,桂林：

广西师范大学出版社(WEBER, MAX [1964], *Wirtschaft und Gesellschaft: Grundriss der verstehenden Soziologie*, Johannes Winckelmann [hrsg.], Köln; Berlin: Kiepenheuer & Witsch).

WEBER, MAX (2005)[德]马克斯·韦伯:《印度的宗教——印度教与佛教》,康乐、简惠美译,桂林:广西师范大学出版社(WEBER, MAX [1989], *Max Weber Gesamtausgabe, Band I /20. Die Wirtschaftsethik der Weltreligionen. Hinduismus und Buddhismus 1916 – 1920*, Helwig Schmidt-Glintzer [hrsg.], Tübingen: Mohr Siebeck).

WEBER, MAX (2005)[德]马克斯·韦伯:《宗教社会学》,康乐、简惠美译,桂林:广西师范大学出版社(WEBER, MAX [1964], *Wirtschaft und Gesellschaft: Grundriss der verstehenden Soziologie*, Johannes Winckelmann [hrsg.], Köln; Berlin: Kiepenheuer & Witsch).

WEBER, MAX (2006)[德]马克斯·韦伯:《经济通史》,姚曾廙译,上海:上海三联书店(WEBER, MAX [2011], *Max Weber Gesamtausgabe, Band III /6. Abriß der universalen Sozial- und Wirtschaftsgeschichte. Mit- und Nachschriften 1919 – 1920*, Wolfgang Schluchter und Joachim Schröder [hrsg.], Tübingen: Mohr Siebeck).

WEBER, MAX (2007)[德]马克斯·韦伯:《古犹太教》,康乐、简惠美译,桂林:广西师范大学出版社(WEBER, MAX [2005], *Max Weber Gesamtausgabe, Band I /21, 2. Halbband. Die Wirtschaftsethik der Weltreligionen. Das antike Judentum. Schriften und Reden 1911 – 1920*. Eckart Otto [hrsg.], Tübingen: Mohr Siebeck).

WEBER, MAX (2007)[德]马克斯·韦伯:《新教伦理与资本主义精神》,康乐、简惠美译,桂林:广西师范大学出版社(WEBER, MAX [2016], *Max Weber Gesamtausgabe, Band I /18. Die protestantische Ethik und der Geist des Kapitalismus/Die protestantischen Sekten und der Geist des Kapitalismus. Schriften 1904 – 1920*, Wolfgang Schluchter [hrsg.], Tübingen: Mohr Siebeck).

WEBER, MAX (2009)[德]马克斯·韦伯:《德国的选举权与民主》,载[德]马克斯·韦伯:《韦伯政治著作选》,[英]彼得·拉斯曼、[英]罗纳德·斯佩尔斯编,阎克文译,北京:东方出版社,第66 – 106页(WEBER, MAX [1988], "Wahlrecht und Demokratie in Deutschland" [1917], in Max Weber, *Gesammelte politische Schriften*, Johannes Winckelmann [hrsg.], Tübingen: Mohr Siebeck, 5. Aufl., S. 245 – 290).

WEBER, MAX (2009)[德]马克斯·韦伯:《罗雪尔与克尼斯:历史经济学的逻辑问题》,李荣山译,上海:上海人民出版社(WEBER, MAX [1968], "Roscher und Knies und die logischen Problem der historischen Nationalökonomie" [1903 – 1906], in Max Weber, *Gesammelte Aufsätze zur Wissenschaftslehre*, Johannes Winckelmann [hrsg.], Tübingen: Mohr Siebeck, 3. Aufl., S. 1 – 145).

WEBER, MAX (2009)[德]马克斯·韦伯:《民族国家与经济政策》,载[德]马克斯·韦伯:《韦伯政治著作选》,[英]彼得·拉斯曼、[英]罗纳德·斯佩尔斯编,阎克文译,北京:东方出版社,第 1 - 23 页(WEBER, MAX [1988], "Der Nationalstaat und die Volkswirtschaftspolitik" [1895], in Max Weber, *Gesammelte politische Schriften*, Johannes Winckelmann [hrsg.], Tübingen: Mohr Siebeck, 5. Aufl., S. 1 - 24)。

WEBER, MAX (2009)[德]马克斯·韦伯:《新政治秩序下的德国议会与政府——对官员和政党制度的政治评论》,载[德]马克斯·韦伯:《韦伯政治著作选》,[英]彼得·拉斯曼、[英]罗纳德·斯佩尔斯编,阎克文译,北京:东方出版社,第 107 - 217 页(WEBER, MAX [1988], "Parlament und Regierung im neugeordneten Deutschland. Zur politischen Kritik des Beamtentums und Parteiwesens" [1918], in Max Weber, *Gesammelte politische Schriften*, Johannes Winckelmann [hrsg.], Tübingen: Mohr Siebeck, 5. Aufl., S. 306 - 443)。

WEBER, MAX (2010)[德]马克斯·韦伯:《经济与社会》(全二卷),阎克文译,上海:上海人民出版社(WEBER, MAX [1964], *Wirtschaft und Gesellschaft: Grundriss der verstehenden Soziologie*, Johannes Winckelmann [hrsg.], Köln; Berlin: Kiepenheuer & Witsch)。

WEBER, MAX (2019)[德]马克斯·韦伯:《中世纪商业合伙史》,陶永新译,上海:东方出版中心(WEBER, MAX [2008], *Max Weber Gesamtausgabe, Band Ⅰ/1. Zur Geschichte der Handelsgesellschaften im Mittelalter. Schriften 1889 - 1894*, Gerhard Dilcher und Susanne Lepsius [hrsg.], Tübingen: Mohr Siebeck)。

中文论著

曹树基、刘诗古(2015):《传统中国地权结构及其演变》,上海:上海交通大学出版社。
曹新宇(2009):《异端的谱系:从传教士汉学到社会科学》,载黄兴涛主编:《新史学》(第 3 卷,文化史研究的再出发),北京:中华书局,第 184 - 215 页。
陈志武等(2019):《清代妻妾价格研究——传统社会里女性如何被用作避险资产?》,《经济学》2019 年第 1 期。
高鸿钧(2006):《无话可说与有话可说之间——评张伟仁先生的〈中国传统的司法和法学〉》,《政法论坛》2006 年第 5 期。
顾忠华(2004):《韦伯学说》,桂林:广西师范大学出版社。
何勤华(2001):《清代法律渊源考》,《中国社会科学》2001 年第 2 期。
何日取(2011):《西方中心主义与韦伯宗教研究》,《宗教学研究》2011 年第 3 期。
经君健(2011):《明清两代"雇工人"的法律地位问题》,载经君健:《经君健选集》,北京:中国社会科学出版社,第 1 - 16 页。
经君健(2011):《明清两代农业雇工法律上人身隶属关系的解放》,载经君健:《经君健选集》,北京:中国社会科学出版社,第 17 - 66 页。
赖骏楠(2015):《国际法与晚清中国:文本、事件与政治》,上海:上海人民出版社。
赖骏楠(2016):《马克斯·韦伯"领袖民主制"宪法设计的思想根源》,载《人大法律评论》2016年卷第1辑,北京:法律出版社,第151-179页。

赖骏楠(2019):《清代民间地权习惯与基层财税困局——以闽台地区一田多主制为例》,《法学家》2019年第2期。

赖骏楠(2021):《清代的典习俗、法律应对与裁判实践:以浙闽两省为考察中心》,《中外法学》2021年第3期。

李伯重(2004):《中国全国市场的形成,1500—1840年》,载李伯重:《千里史学文存》,杭州:杭州出版社,第269-287页。

里赞(2010):《晚清州县诉讼中的审断问题:侧重四川南部县的实践》,北京:法律出版社。

梁治平(1996):《清代习惯法:社会与国家》,北京:中国政法大学出版社。

梁治平(2015):《礼教与法律:法律移植时代的文化冲突》,桂林:广西师范大学出版社。

林端(2014):《韦伯论中国传统法律:韦伯比较社会学的批判》,北京:中国政法大学出版社。

龙登高(2012):《地权市场与资源配置》,福州:福建人民出版社。

龙登高(2018):《中国传统地权制度及其变迁》,北京:中国社会科学出版社。

龙登高、温方方(2014):《论中国传统典权交易的回赎机制——基于清华馆藏山西契约的研究》,《经济科学》2014年第5期。

彭凯翔(2015):《从交易到市场:传统中国民间经济脉络试探》,杭州:浙江大学出版社。

邱澎生(2017):《当法律遇上经济:明清中国的商业法律》,杭州:浙江大学出版社。

瞿同祖(1981):《中国法律与中国社会》,北京:中华书局。

苏亦工(2020):《明清律典与条例》(修订本),北京:商务印书馆。

汪晖(1997):《韦伯与中国的现代性问题》,载汪晖:《汪晖自选集》,桂林:广西师范大学出版社,第1-35页。

汪洋(2017):《明清时期地权秩序的构造及其启示》,《法学研究》2017年第5期。

王志强(2008):《试论清代中期的君权与司法——以律例和〈刑案汇览〉为中心》,《法制史研究》第13期。

王志强(2017):《清代国家法:多元差异与集权统一》,北京:社会科学文献出版社。

魏磊杰(2022):《法律东方主义在中国:批判与反思》,北京:商务印书馆。

邢来顺(2002):《迈向强权国家——1830—1914年德国工业化与政治发展研究》,武汉:华中师范大学出版社。

徐忠明(2019):《清代中国司法类型的再思与重构——以韦伯"卡迪司法"为进路》,《政法论坛》2019年第2期。

尤陈俊(2006):《中国传统法律文化的重新解读与韦伯旧论的颠覆——〈韦伯论中国传统法律:韦伯比较社会学的批判〉评介》,《法制与社会发展》2006年第2期。

张辉(2017):《论中国传统法律的理性——从韦伯的"中国法"问题说起》,《学术交流》2017年第12期。

张辉(2020):《正当性与合理性:韦伯支配理论中的"中国法问题"》,《哈尔滨工业大学学报》(社会科学版)2020年第6期。

张晋藩(1998):《清朝法制史》,北京:中华书局。

张玲玉(2012):《韦伯"卡迪司法"论断辨正》,《环球法律评论》2012年第3期。

张玲玉(2018):《理性之辩:韦伯论中国传统法的批判性反思》,《西南政法大学学报》2018年第4期。

张明楷(2015):《责任刑与预防刑》,北京:北京大学出版社。

郑秦(1988):《清代司法审判制度研究》,长沙:湖南教育出版社。

周健(2020):《维正之供:清代田赋与国家财政(1730—1911)》,北京:北京师范大学出版社。

朱勇(2019):《论中国古代的"六事法体系"》,《中国法学》2019年第1期。

中文译著

ARON, RAYMOND (2000) [法]雷蒙·阿隆:《社会学主要思潮》,葛智强等译,北京:华夏出版社。

BEETHAM, DAVID (1989) [英]戴维·比瑟姆:《马克斯·韦伯与现代政治理论》,徐鸿宾等译,杭州:浙江人民出版社。

BENDIX, REINHARD (2002) [美]莱因哈特·本迪克斯:《马克斯·韦伯思想肖像》,刘北城等译,上海:上海人民出版社。

BODDE, DERK and MORRIS, CLARENCE (2003) [美]D. 布迪、[美]C. 莫里斯:《中华帝国的法律》,朱勇译,南京:江苏人民出版社。

CHANDA, NAYAN (2008) [印]纳扬·昌达:《绑在一起:商人、传教士、冒险家、武夫是如何促成全球化的》,刘波译,北京:中信出版社。

CHANG, CHUNG-LI (1991) [美]张仲礼:《中国绅士:关于其在19世纪中国社会中作用的研究》,李荣昌译,上海:上海社会科学院出版社。

CONDORCET, MARQUIS DE (2013) [法]孔多塞:《人类精神进步史表纲要》,何兆武、何冰译,北京:北京大学出版社。

DURKHEIM, ÉMILE (2000) [法]涂尔干:《社会分工论》,渠东译,北京:生活·读书·新知三联书店。

ERTMAN, THOMAS (2016) [美]托马斯·埃特曼:《利维坦的诞生:中世纪及现代早期欧洲的国家与政权建设》,郭台辉译,上海:上海人民出版社。

FUKUYAMA, FRANCIS (2012) [美]弗朗西斯·福山:《政治秩序的起源:从前人类时代到法国大革命》,毛俊杰译,桂林:广西师范大学出版社。

HARARI, YUVAL N. (2014) [以色列]尤瓦尔·赫拉利:《人类简史:从动物到上帝》,林俊宏译,北京:中信出版社。

HEGEL, G. W. F. (2006) [德]黑格尔:《历史哲学》,王造时译,上海:上海书店出版社。
HUANG, PHILIP C. C. (2014)［美］黄宗智：《清代以来民事法律的表达与实践：历史、理论与现实》（全三卷），北京：法律出版社。
KANT, IMMANUEL (1986)［德］康德：《道德形而上学原理》，苗力田译，上海：上海人民出版社。
KANT, IMMANUEL (1990)［德］康德：《世界公民观点之下的普遍历史观念》，载［德］康德：《历史理性批判文集》，何兆武译，北京：商务印书馆，第 1 - 21 页。
KANT, IMMANUEL (2004)［德］康德：《纯粹理性批判》，邓晓芒译，杨祖陶校，北京：人民出版社。
KASER, MAX and KNÜTEL, ROLF (2018)［德］马克斯·卡泽尔、［德］罗尔夫·克努特尔：《罗马私法》，田士永译，北京：法律出版社。
KISHIMOTO MIO (2001)［日］岸本美绪：《妻可卖否？——明清时代的卖妻、典妻习俗》，李季桦译，载洪丽完、陈秋坤主编：《契约文书与社会生活（1600—1900）》，台北：台湾"中研院"台史所筹备处，第 225 - 264 页。
KISHIMOTO MIO (2016)［日］岸本美绪：《明清时期的"找价回赎"问题》，载杨一凡、［日］寺田浩明编：《日本学者论中国法制史论著选》（明清卷），北京：中华书局，第 350 - 380 页。
KUHN, PHILIP A. (2012)［美］孔飞力：《叫魂：1768 年中国妖术大恐慌》，陈兼、刘昶译，北京：生活·读书·新知三联书店。
LANGE, OSKAR RYSZARD (2017)［波兰］奥斯卡·R. 兰格：《政治经济学》（第一卷），王宏昌译，北京：商务印书馆。
LEVI, MARGARET (2010)［美］利瓦伊：《统治与岁入》，周军华译，上海：格致出版社、上海人民出版社。
LOCH, WERNER E. (1976)［民主德国］维纳·洛赫：《德国史》（中册），北京大学历史系世界近代现代史教研室译，北京：生活·读书·新知三联书店。
LUKÁCS, GEORGE (2011)［匈］卢卡奇：《历史与阶级意识——关于马克思主义辩证法的研究》，杜章智等译，北京：商务印书馆。
LUKÁCS, GEORGE (1988)［匈］卢卡奇：《理性的毁灭：非理性主义的道路——从谢林到希特勒》，王玖兴等译，济南：山东人民出版社。
MAINE, HENRY S. (1959)［英］梅因：《古代法》，沈景一译，北京：商务印书馆。
MANNHEIM, KARL (2000)［德］卡尔·曼海姆：《意识形态与乌托邦》，黎鸣、李书崇译，周纪荣、周琪校，北京：商务印书馆。
MATHIAS, PETER and POSTAN, MICHAEL M. (eds.) (2003)［英］彼得·马赛厄斯、［英］M. M. 波斯坦主编：《剑桥欧洲经济史·第 7 卷，工业经济：资本、劳动力和企业》（上册，英国、法国、德国和斯堪的纳维亚），徐强等译，北京：经济科学出版社。
MEIER, HEINRICH (2002)［德］迈尔：《隐匿的对话：施米特与施特劳斯》，朱雁冰、汪庆华等译，北京：华夏出版社。

MEIER, HEINRICH（2004）［德］迈尔：《古今之争中的核心问题：施米特的学说与施特劳斯的论题》，林国基等译，北京：华夏出版社。
MEINECKE, FRIEDRICH（2008）［德］弗里德里希·迈内克：《马基雅维里主义："国家理由"观念及其在现代史上的地位》，时殷弘译，北京：商务印书馆。
NAITŌ KONAN（2016）［日］内藤湖南：《概括的唐宋时代观》，载［日］内藤湖南：《东洋文化史研究》，林晓光译，上海：复旦大学出版社，第103-111页。
OH KEUM-SUNG（2020）［韩］吴金成：《国法与社会惯行：明清时代社会经济史研究》，崔荣根译，薛戈校，杭州：浙江大学出版社。
PLATO（1986）［古希腊］柏拉图：《理想国》，郭斌和、张竹明译，北京：商务印书馆。
POLANYI, KARL（2017）［英］卡尔·波兰尼：《巨变：当代政治与经济的起源》，黄树民译，北京：社会科学文献出版社。
POMERANZ, KENNETH（2021）［美］彭慕兰：《大分流：中国、欧洲与现代世界经济的形成》，黄中宪译，北京：北京日报出版社。
RICKERT, HEINRICH（1986）H. 李凯尔特：《文化科学和自然科学》，涂纪亮译，杜任之校，北京：商务印书馆。
ROTH, GUENTHER（2010）［美］京特·罗特：《导读》，载［德］马克斯·韦伯：《经济与社会》（第一卷），阎克文译，上海：上海人民出版社，第7-88页。
RUSKOLA, TEEMU（2016）［美］络德睦：《法律东方主义：中国、美国与现代法》，魏磊杰译，北京：中国政法大学出版社。
SAID, EDWARD（2007）［美］爱德华·W. 萨义德：《东方学》，王宇根译，北京：生活·读书·新知三联书店。
SAVIGNY, FRIEDRICH KARL VON（2001）［德］弗里德尼希·卡尔·冯·萨维尼：《论立法与法学的当代使命》，许章润译，北京：中国法制出版社。
SCHLUCHTER, WOLFGANG（2004）［德］施路赫特：《理性化与官僚化：对韦伯之研究与诠释》，顾忠华译，桂林：广西师范大学出版社。
SCHMITT, CARL（2004）［德］卡尔·施米特：《当今议会制的思想史状况》，载［德］卡尔·施米特：《政治的浪漫派》，冯克利、刘锋译，上海：上海人民出版社，第157-225页。
SCHMITT, CARL（2004）［德］卡尔·施米特：《合法性与正当性》，载［德］卡尔·施米特：《政治的概念》，刘宗坤等译，上海：上海人民出版社，第189-264页。
SCHMITT, CARL（2004）［德］卡尔·施米特：《政治的概念》，载［德］卡尔·施米特：《政治的概念》，刘宗坤等译，上海：上海人民出版社，第87-160页。
SCHMITT, CARL（2004）［德］卡尔·施米特：《政治的神学：主权学说四论》，载［德］卡尔·施米特：《政治的概念》，刘宗坤等译，上海：上海人民出版社，第1-43页。
SCHMITT, CARL（2005）［德］卡尔·施米特：《宪法学说》，刘锋译，上海：上海人民出版社。

SCHMITT, CARL (2008) [德]卡尔·施密特:《宪法的守护者》,李君韬、苏慧婕译,北京:商务印书馆。

SCOTT, JAMES C. (2004) [美]詹姆斯·C.斯科特:《国家的视角:那些试图改善人类状况的项目是如何失败的》,王晓毅译,胡搏校,北京:社会科学文献出版社。

SHIGA SHŪZŌ (1998) [日]滋贺秀三:《清代诉讼制度之民事法源的概括性考察——情、理、法》,载[日]滋贺秀三等:《明清时期的民事审判与民间契约》,王亚新、梁治平编,北京:法律出版社,第19-53页。

SLAGSTAD, RUNE (1997) [挪]朗内·斯莱格斯塔德:《自由立宪主义及其批评者:卡尔·施米特和马克斯·韦伯》,载[美]埃尔斯特、[挪]斯莱格斯塔德编:《宪政与民主——理性与社会变迁研究》,潘勤、谢鹏程译,朱苏力校,北京:生活·读书·新知三联书店,第119-150页。

STRAUSS, LEO (2003) [美]列奥·施特劳斯:《自然权利与历史》,彭刚译,北京:生活·读书·新知三联书店。

TERADA HIROAKI (2012) [日]寺田浩明:《"非规则型法"之概念——以清代中国法为素材》,载[日]寺田浩明:《权利与冤抑:寺田浩明中国法史论集》,王亚新等译,北京:清华大学出版社,第357-393页。

THORNHILL, CHRIS (2009) [英]克里斯·桑希尔:《德国政治哲学:法的形而上学》,陈江进译,北京:人民出版社。

TOCQUEVILLE, ALEXIS DE (1988) [法]托克维尔:《论美国的民主》(上卷),北京:商务印书馆。

TROELTSCH, ERNST (1991) [德]特尔慈:《基督教社会思想史》,戴盛虞、赵振嵩译,香港:基督教文艺出版社。

UNGER, ROBERTO M. (2001) [美]R. M. 昂格尔:《现代社会中的法律》,吴玉章、周汉华译,南京:译林出版社。

VAN DER SPRENKEL, S. (2000) [英]S. 斯普林克尔:《清代法制导论——从社会学角度加以分析》,张守东译,北京:中国政法大学出版社。

WANG, YEH-CHIEN (2008) [美]王业键:《清代田赋刍论(1750—1911)》,高风等译,北京:人民出版社。

WEBER, MARIANNE (2002) [德]玛丽安妮·韦伯:《马克斯·韦伯传》,阎克文等译,南京:江苏人民出版社。

WIEACKER, FRANZ (2006) [德]弗朗茨·维亚克尔:《近代私法史——以德意志的发展为观察重点》(下),陈爱娥、黄建辉译,上海:上海三联书店。

YANG C. K. (2004) [美]杨庆堃:《导论》,载[德]马克斯·韦伯:《中国的宗教;宗教与世界》,康乐、简惠美译,桂林:广西师范大学出版社,第335-376页。

ZWEIGERT, KONRAD and KÖTZ, HEIN (2016) [德]茨威格特、[德]克茨:《比较法总论》,潘汉典等译,北京:中国法制出版社。

西文论著

ARON, RAYMOND (1971), "Max Weber and Power-politics", in Otto Stammer (ed.), *Max Weber and Sociology Today*, Kathleen Morris (trans.), Oxford: Basil Blackwell, pp. 83 – 100.

BAKER, JOHN (2019), *An Introduction to English Legal History*, 5th Edition, Oxford: Oxford University Press.

BOUCOCK, CARY (2000), *In the Grip of Freedom: Law and Modernity in Max Weber*, Toronto: University of Toronto Press.

BROCKMAN, ROSSER H. (1981), "Commercial Contract Law in Late Nineteenth-Century Taiwan", in Jerome A. Cohen, R. Randle Edwards, and Fu-Mei Chang Chen (eds.), *Essays on China's Legal Tradition*, Princeton: Princeton University Press, pp. 76 – 136.

BUXBAUM, DAVID C. (1971), "Some Aspects of Civil Procedure and Practice at the Trial Level in Tanshui and Hsinchu from 1789 to 1895", *The Journal of Asian Studies*, Vol. 30, No. 2, pp. 255 – 79.

CAIN, MAUREEN (1980), "The Limits of Idealism: Max Weber and the Sociology of Law", *Research in Law and Sociology*, Vol. 3, Greenwich, CT: JAI Press, pp. 53 – 83.

CAYGILL, HOWARD (1995), *A Kant Dictionary*, Oxford, U.K.; Malden, Mass., U.S.: Blackwell Publishers.

CHEN, FU-MEI CHANG (1981), "The Influence of Shen Chih-Ch'i's *Chi-chu Commentary* upon Ch'ing Judicial Decisions", in Jerome A. Cohen, R. Randle Edwards, and Fu-Mei Chang Chen (eds.), *Essays on China's Legal Tradition*, Princeton: Princeton University Press, pp. 170 – 220.

CHEN, FU-MEI CHANG and MYERS, RAMON H. (1976), "Customary Law and the Economic Growth of China during the Ch'ing Period", *Ch'ing-shih wen-t'i*, Vol. 3, No. 5, pp. 1 – 32.

CHEN, FU-MEI CHANG and MYERS, RAMON H. (1978), "Customary Law and the Economic Growth of China during the Ch'ing Period", *Ch'ing-shih wen-t'i*, Vol. 3, No. 10, pp. 4 – 27.

CHEN, LI (2015), *Chinese Law in Imperial Eyes: Sovereignty, Justice, and Transcultural Politics*, New York: Columbia University Press.

COLLINS, JAMES B. (1988), *Fiscal Limits of Absolutism: Direct Taxation in Early Seventeenth-Century France*, Berkeley and Los Angeles: University of California Press.

COTTERREL, ROGER (1995), *Law's Community: Legal Theory in Sociological Perspective*, Oxford: Clarendon Press; New York: Oxford University Press.

DRONBERGER, ILSE (1971), *The Political Thought of Max Weber: In Quest of Statesmanship*, New York: Appleton-Century-Crofts.

FREUND, JULIEN (1968), *The Sociology of Max Weber*, Mary Ilord (trans.), New York: Pantheon Books.

FREUND, JULIEN (1987), "Die Rationalisierung des Rechts nach Max Weber", in Manfred Rehbinder und Klaus-Peter Tieck (hrsg.), *Max Weber als Rechtssoziologe*, Berlin: Duncker & Humblot, S. 9 – 35.

HAMILTON, GARY G. (1984), "Patriarchalism in Imperial China and Western Europe: A Revision of Weber's Sociology of Domination", *Theory and Society*, Vol. 13, No. 3, Special Issue on China, pp. 393 – 425.

HANKE, EDITH (2001), "Max Webers 'Herrschaftssoziologie'. Eine Werkgeschichtliche Studie", in Edith Hanke und Wolfgang J. Mommsen (hrsg.), *Max Webers Herrschaftssoziologie: Studien zu Entstehung und Wirkung*, Tübingen: Mohr Siebeck, S. 19 – 46.

HENNIS, WILHELM (1988), *Max Weber: Essays in Reconstruction*, Keith Tribe (trans.), London: Allen and Unwin.

HEWITSON, MARK (2001), "The *Kaiserreich* in Question: Constitutional Crisis in Germany before the First World War", *The Journal of Modern History*, Vol. 73, No. 4, pp. 725 – 80.

HO, PING-TI (1967), "The Significance of the Ch'ing Period in Chinese History", *The Journal of Asian Studies*, Vol. 26, No. 2, pp. 189 – 95.

HUNT, ALAN (1978), *The Sociological Movement in Law*, London: Macmillan.

JASPERS, KARL and DREIJMANIS, JOHN (eds.) (1989), *Karl Jaspers on Max Weber*, Robert J. Whelan (trans.), New York: Paragon House Publishers.

KAESLER, DIRK (2017), "Universal Rationalization: Max Weber's great narrative", *Irish Journal of Sociology*, Vol. 25, Iss. 3, pp. 315 – 23.

KALYVAS, ANDREAS (2008), *Democracy and the Politics of the Extraordinary: Max Weber, Carl Schmitt, and Hannah Arendt*, Cambridge; New York: Cambridge University Press.

KELIHER, MACABE (2016), "Administrative Law and the Making of the First *Da Qing Huidian*", *Late Imperial China*, Vol. 37, No. 1, pp. 55 – 107.

KELLY, DUNCAN (2003), *The State of the Political: Conceptions of Politics and the State in the Thought of Max Weber, Carl Schmitt and Franz Neumann*, Oxford; New York: Oxford University Press.

KELSEN, HANS (1985), *Reine Rechtslehre*, Darmstadt: Scientia Verlag Aalen.

KENNEDY, DUNCAN (2004), "The Disenchantment of Logically Formal Legal Rationality, or Max Weber's Sociology in the Genealogy of the Contemporary Mode of

Western Legal Thought", *Hastings Law Journal*, Vol. 55, Iss. 5, pp. 1031 – 76.

KNAPP, PETER (1986), "Hegel's Universal in Marx, Durkheim and Weber: The Role of Hegelian Ideas in the Origin of Sociology", *Sociological Forum*, Vol. 4, No. 4, pp. 586 – 609.

KOHLER, JOSEF and WENGER, LEOPOLD (1914), *Allgemeine Rechtsgeschichte. Erste Hälfte. Orientalisches Recht und Recht der Griechen und Römer*, Leipzig; Berlin: B. G. Teubner.

KROESCHELL, KARL (1992), *Rechtsgeschichte Deutschlands im 20. Jahrhundert*, Göttingen: Vandenhoeck & Ruprecht.

KRONMAN, ANTHONY T. (1983), *Max Weber*, Stanford: Stanford University Press.

LEVINE, DONALD N. (1981), "Rationality and Freedom: Weber and Beyond", *Sociological Inquiry*, Vol. 51, Iss. 1, pp. 5 – 25.

LOEWENSTEIN, KARL (1966), *Max Weber's Political Ideas in the Perspective of Our Time*, Richard and Clara Winston (trans.), Amherst: University of Massachusetts Press.

LÖWITH, KARL (1993), *Max Weber and Karl Marx*, Hans Fantel (trans.), London: Routledge.

MACAULEY, MELISSA (2001), "A World Made Simple: Law and Property in the Ottoman and Qing Empires", *Journal of Early Modern History*, Vol. 5, Iss. 4, pp. 331 – 52.

MARSH, ROBERT M. (2000), "Weber's Misunderstanding of Traditional Chinese Law", *American Journal of Sociology*, Vol. 106, No. 2, pp. 281 – 302.

MAYER, J. P. (1943), *Max Weber and German Politics: A Study in Political Sociology*, London: Faber and Faber.

MENGER, ANTON (1908), *Das bürgerliche Recht und die besitzlosen Volksklassen*, Tübingen: Verlag der H. Laupp'schen Buchhandlung, 4. Aufl.

MENGER, CHRISTIAN-FRIEDRICH (1986), *Deutsche Verfassungsgeschichte der Neuzeit: eine Einführung in die Grundlagen*, Heidelberg: C. F. Müller Juristischer Verlag, 5. Aufl.

MOMMSEN, WOLFGANG J. (1974), *The Age of Bureaucracy: Perspectives on the Political Sociology of Max Weber*, New York: Harper & Row.

MOMMSEN, WOLFGANG J. (1990), *Max Weber and German Politics, 1890 – 1920*, Michael S. Steinberg (trans.), Chicago; London: The University of Chicago Press.

MOMMSEN, WOLFGANG J. (2001), "Politik im Vorfeld der 'Hörigkeit der Zukunft'. Politische Aspekte der Herrschaftssoziologie Max Webers", in Edith Hanke und Wolfgang J. Mommsen (hrsg.), *Max Webers Herrschaftssoziologie: Studien zu Entstehung und Wirkung*, Tübingen: Mohr Siebeck, S. 303 – 319.

MYERS, RAMON H. (1982), "Customary Law, Markets, and Resource Transactions in Late Imperial China", in Roger L. Ransom, Richard Sutch, and Gary M. Walton (eds.), *Explorations in the New Economic History: Essays in Honor of Douglass C. North*, New York: Academic Press, pp. 273 – 98.

NEUMANN, FRANZ (1986), *The Rule of Law: Political Theory and the Legal System in Modern Society*, Leamington Spa; Dover: Berg.

NISBET, ROBERT A. (1969), *Social Change and History: Aspects of the Western Theory of Development*, New York: Oxford University Press.

POMERANZ, KENNETH (2008), "Land Markets in Late Imperial and Republican China", *Continuity and Change*, Vol. 23, Iss. 1, pp. 101 – 50.

QIAN X. Y. (2010), "Traditional Chinese Law v. Weberian Legal Rationality", *Max Weber Studies*, Vol. 10, No. 1, pp. 29 – 45.

REED, BRADLY W. (2018), "Bureaucracy and Judicial Truth in Qing Dynasty Homicide Cases", *Late Imperial China*, Vol. 39, No. 1, pp. 67 – 105.

REHBINDER, MANFRED (1987), "Max Weber und die Rechtswissenschaft", in Manfred Rehbinder und Klaus-Peter Tieck (hrsg.), *Max Weber als Rechtssoziologe*, Berlin: Duncker & Humblot, S. 127 – 150.

ROSENBERG, HANS (1958), *Bureaucracy, Aristocracy and Autocracy: The Prussian Experience, 1600 – 1815*, Cambridge, MA: Harvard University Press.

ROSSI, PIETRO (1987), "Die Rationalisierung des Rechts und ihre Beziehung zur Wirtschaft", in Manfred Rehbinder and Klaus-Peter Tieck (hrsg.), *Max Weber als Rechtssoziologe*, Berlin: Duncker & Humblot, S. 37 – 54.

SCHLUCHTER, WOLFGANG (1981), *The Rise of Western Rationalism: Max Weber's Developmental History*, Guenther Roth (trans.), Berkeley: University of California Press.

SCHLUCHTER, WOLFGANG (1989), *Rationalism, Religion and Domination: A Weberian Perspective*, Neil Solomon (trans.), Berkeley: University of California Press.

SCHLUCHTER, WOLFGANG (2009), *Wirtschaft und Gesellschaft. Entstehungsgeschichte und Dokumente*, Tübingen: Mohr Siebeck.

SCHMITT, CARL (2006), "Die Diktatur des Reichspräsidenten nach Artikel 48 der Weimarer Verfassung", in Carl Schmitt, *Die Diktatur: von den Anfängen des modernen Souveränitätsgedankens bis zum proletarischen Klassenkampf*, Berlin: Duncker & Humblot, S. 211 – 257.

SITHER, JOHN W. (1995), *Form, Substance, and History in Max Weber's Sociology of Law*, Ph. D. Thesis in Jurisprudence and Social Policy, University of California, Berkeley.

SOMMER, MATTHEW H. (2000), *Sex, Law, and Society in Late Imperial China*, Stanford: Stanford University Press.

SOMMER, MATTHEW H. (2013), "The Field of Qing Legal History", in Haihui Zhang et al. (eds.), *A Scholarly Review of Chinese Studies in North America*, Ann Arbor: Association for Asian Studies, pp. 113 – 26.

SOMMER, MATTHEW H. (2015), *Polyandry and Wife-Selling in Qing Dynasty China: Survival Strategies and Judicial Interventions*, Oakland: University of California Press.

STAMMER, OTTO (ed.) (1971), *Max Weber and Sociology Today*, Kathleen Morris (trans.), Oxford: Basil Blackwell.

TENBRUCK, FRIEDRICH H. (1989), "The Problem of Thematic Unity in the Works of Max Weber", M. S. Whimster (trans.), in Keith Tribe (ed.), *Reading Weber*, London; New York: Routledge, pp. 42 – 84.

THOMAS, CHANTAL (2006), "Max Weber, Talcott Parsons and the Sociology of Legal Reform: A Reassessment with Implications for Law and Development", *Minnesota Journal of International Law*, Vol. 15, No. 2, pp. 383 – 424.

TITUNIK, REGINA F. (2005), "Democracy, Domination, and Legitimacy in Max Weber's Political Thought", in Philip S. Gorski and David M. Trubek (eds.), *Max Weber's Economy and Society: A Critical Companion*, Stanford: Stanford University Press, pp. 143 – 63.

TRUBEK, DAVID M. (1972), "Max Weber on Law and the Rise of Capitalism", *Wisconsin Law Review*, Vol. 1972, No. 3, pp. 720 – 53.

TURNER, CHARLES (1992), *Modernity and Politics in the Work of Max Weber*, London; New York: Routledge.

ULMEN, GARY L. (1991), *Politischer Mehrwert: eine Studie über Max Weber und Carl Schmitt*, Weinheim: VCH.

VAN DER SPRENKEL, OTTO B. (1964), "Max Weber on China", *History and Theory*, Vol. 3, No. 3, pp. 348 – 70.

WINCKELMANN, JOHANNES (1952), *Legitimität und Legalität in Max Webers Herrschaftssoziologie*, Tübingen: Mohr Siebeck.

WINCKELMANN, JOHANNES (1960), "Vorbericht", in Max Weber, *Rechtssoziologie*, Neuwied: Luchterhand.

ZINGERLE, ARNOLD (1972), *Max Weber und China*, Berlin: Duncker & Humblot.

图书在版编目(CIP)数据

中西之间:马克斯·韦伯的比较法律社会史/赖骏楠著. —上海:复旦大学出版社,2023.8
ISBN 978-7-309-16936-2

Ⅰ.①中… Ⅱ.①赖… Ⅲ.①韦伯(Weber, Max 1864-1920)-法律社会学-思想评论 Ⅳ.①B516.59②D902

中国国家版本馆 CIP 数据核字(2023)第 132725 号

中西之间:马克斯·韦伯的比较法律社会史
ZHONGXI ZHI JIAN: MAKESI WEIBO DE BIJIAO FALV SHEHUISHI
赖骏楠 著
责任编辑/张 鑫

复旦大学出版社有限公司出版发行
上海市国权路 579 号 邮编:200433
网址:fupnet@fudanpress.com http://www.fudanpress.com
门市零售:86-21-65102580 团体订购:86-21-65104505
出版部电话:86-21-65642845
上海盛通时代印刷有限公司

开本 787×960 1/16 印张 15.5 字数 206 千
2023 年 8 月第 1 版
2023 年 8 月第 1 版第 1 次印刷

ISBN 978-7-309-16936-2/B·788
定价:68.00 元

如有印装质量问题,请向复旦大学出版社有限公司出版部调换。
版权所有 侵权必究